साहित्य और संगीत-2

साहित्य और संगीत-2

सम्पादक

मुकेश गर्ग

वाणी प्रकाशन

वाणी प्रकाशन
4695, 21-ए, दरियागंज, नयी दिल्ली 110 002

शाखा
अशोक राजपथ, पटना 800 004

फ़ोन: +91 11 23273167 फ़ैक्स: +91 11 23275710

www.vaniprakashan.in
vaniprakashan@gmail.com

SAHITYA AUR SANGEET-2
Edited by Mukesh Garg

ISBN : 978-93-5072-651-8
Literature/Sangeet

प्रथम संस्करण
मूल्य : ₹ 375

हर्ष प्रिंटर्स, दिल्ली-110 093 में मुद्रित

वाणी प्रकाशन का लोगो मक़बूल फ़िदा हुसेन की कूची से

अनुक्रम

शेक्सपीयर का संगीत

•

डॉ. काशीकुमार कर्ण

"ले लो सारा इंगलैंड, लेकिन शेक्सपीयर न दूँगा!"—महाकवि शेक्सपीयर के सम्बन्ध में अँग्रेज ही नहीं, किसी भी देशवासी के मुख से ऐसे उद्‌गार टपक सकते हैं। सारा विश्व ऐसी महान् विभूतियों का कायल है। भाव और भाषा किसी भी साहित्य की धरोहर होती है, किन्तु शेक्सपीयर के साहित्य में इन दोनों के अतिरिक्त लय और संगीत का बड़ा ही महत्त्व है। चाहे उसकी चतुर्दशपदी कविताएँ हों, चाहे व्यंग्य; कामदी (कॉमेडी) या त्रासदी (ट्रेजेडी)—सर्वत्र अपनी गजगामिनी पंक्तियों में लरजते शब्दों को उन्होंने यूँ पिरोया है कि लगता है कि ये शब्द इन्हीं वाक्यों के लिए बने थे। ठीक वैसे ही, जैसे दादरा और रूपक ताल कुछ विशिष्ट गीतों के लिए बने हैं और घटा-बढ़ाकर उन्हें त्रिताल का विकल्प नहीं किया जा सकता। कविता केवल तुकबन्दी नहीं होती, हालाँकि बेसिर-पैर के भाव एवं लयविहीन पंक्तियों से तुकबन्दी कहीं अच्छी; किन्तु शेक्सपीयर जैसे फनकार के लिए अतुकान्त छन्दों में भी लय एवं रस भर देना साधारण-सी बात थी। 'काव्य उत्तम शब्दों का उत्तम क्रम है'—काव्य की यह परिभाषा शायद शेक्सीपयर की पंक्तियों को देखकर ही लिखी गयी थी। क्यों न हो, आखिर द्वादश सहस्र शब्दों को साधिकार प्रयोग करने की क्षमता जिस व्यक्ति में हो, वह साहित्य में क्या नहीं कर सकता!

भारतीय एवं पाश्चात्य स्वरों में आन्दोलन संख्या-विभेद से स्वरों का माधुर्य स्थिर किया जाता है, किन्तु 'श्रूयते इति श्रुतिः' के आधार पर श्रुतियों का माधुर्य तो श्रवण करने पर ही है, आन्दोलन-संख्या उसे जो भी बनाती हो! शेक्सपीयर ने शब्दों में संगीत कैसे उड़ेला, इसकी एक लम्बी कहानी है।

महाकवि शेक्सपीयर के युग में संगीत सारे यूरोप में कलात्मक ऊँचाइयों तक पहुँच चुका था। संगीत-रचनाकार तो थे ही, संगीत की चर्चा-प्रशंसा भी बड़े पैमाने पर फैल चुकी थी। मध्य-युग में संगीत गिरजाघरों एवं मठ-विहारों तक ही सीमित था, क्योंकि पारिवारिक जीवन इतना सुरक्षित नहीं था कि सामान्य जन किसी भी

कला को गम्भीरतापूर्वक लेते। फिर, पुनर्जागरण की बेला आयी और संगीत को आगे बढ़ने का अवसर मिला। मुद्रण-कला का भी आविष्कार हुआ। इटली के दरबारों की ही भाँति यूरोप के राजदरबारों में भी संगीत का उपयोग होने लगा। श्री हेनरी अष्टम से महारानी एलिजाबेथ के शासन-काल तक सारी अँग्रेजी अदालतें संगीत में सक्रिय रुचि लेने लगीं। हेनरी सप्तम स्वयं एक श्रेष्ठ रचनाकार था, एडवर्ड षष्ठ बाँसुरी बजाने में प्रवीण था और उसकी दोनों बहनें—मेरी और एलिजाबेथ—बड़ी ही सिद्धहस्त मंच-कलाकार थीं।

निजी एवं सार्वजनिक थिएटरों में सामान्यतया एक संगीत-कक्ष हुआ करता था, जो परदानुमा बक्सा था। यह संगीत-कक्ष पिछली गैलरी का एक अंश था और बाद में मंच के एक अंश को आड़ देने के लिए भी प्रयुक्त होता था। बहुधा संगीतज्ञों को मंच पर ही अपना कार्यक्रम पेश करने का अवसर मिलता था, किन्तु कभी-कभार (जैसे 'ऐंटनी और क्लियोपेट्रा' नामक नाटक में) वे मंच के नीचे भी अपना कौशल दिखाते थे। इस प्रकार यह स्पष्ट है कि आरम्भ से ही संगीत किसी भी थिएटर का आकर्षण था और नाटक के पात्र तथा पेशेवर संगीतज्ञ कई प्रकार के वाद्य बजाने में भी निपुण थे।

शेक्सपीयर स्वयं एक महान् संगीतज्ञ थे। उनकी कविताओं एवं नाटकों में इस आशय के प्रचुर सन्दर्भ दिखाई पड़ते हैं। संगीत के सम्बन्ध में यत्र-तत्र स्पष्ट और प्रत्यक्ष रूप से तो वे कहते ही हैं, प्रायः संगीत के तकनीकी पहलू का भी परोक्ष रूप से वे वर्णन करते हैं। जहाँ एक ओर उन्नीसवीं सदी के लेखक अपने सांगीतिक वर्णन में कभी-कभी हास्यास्पद भूल कर बैठते हैं, शेक्सपीयर में ऐसी कोई त्रुटि परिलक्षित नहीं होती। कठिन एवं दुरूह संगीत-भावों को भी वे वड़े सहज ढंग से प्रस्तुत करते हैं। शेक्सपीयर को संगीत का ज्ञान कैसे प्राप्त हुआ, यह अनुमान का विषय है। शायद उसने 'स्टैटफोर्ड विद्यालय' में गायन के साथ ही संगीत की आधारभूत बातें सीखी हों। यह भी सम्भव है कि अपने गाँव में उसे कोई 'लूट' (Lute) सिखानेवाला शिक्षक मिल गया हो। बहरहाल, ये सम्भावनाएँ ही हैं, इस सम्बन्ध में कोई सबल प्रमाण हमारे पास उपलब्ध नहीं है।

शेक्सपीयर के नाटकों में प्रयुक्त संगीत को तीन भागों में बाँटा जा सकता है—1. 'फ़ैन-फेयर' या धूमधड़ाका, 2. नृत्य, और 3. गीत। प्रथम श्रेणी में बिगुल, नगाड़े और अन्य सभी वाद्य आते हैं, जिनका सम्बन्ध युद्ध से है। यदि हम 'सॉनेट' शब्द की व्युत्पत्ति पर समुचित ध्यान दें तो स्पष्ट होगा कि यह किसी दीर्घकालीन संगीत से सम्बद्ध है और साथ ही 'सोनाटा' नामक वाद्य से भी। ठीक वैसे ही, जब हम शेक्सपीयर के साहित्य में नृत्य की बात करते हैं, तो वहाँ भी हमें विशुद्ध वाद्य-संगीत के संकेत प्राप्त होते हैं, क्योंकि कवि के समय में जो उत्तम वाद्य-संगीत की रचना होती थी, वह नृत्य से ही उद्धृत की जाती थी। निस्सन्देह

बाद में यूँ ही 'नृत्य के लिए संगीत' एवं 'संगीत के लिए संगीत' विषय पर भी चर्चा होने लगी। नाटकों के मौलिक मंचन के समय रचना के आरम्भ में तुरही की ऊँची ध्वनि ही 'भूमिका' हुआ करती थी।

विभिन्न नाटकों में प्रयुक्त संगीत

'द टेमिंग ऑव् द श्रू' का प्रथम अंक तुरही-वादन से आरम्भ होता है। इस कामदी (कॉमेडी) में हार्टेन्सियों एक संगीतज्ञ है, जो अपने लूट-वादन के कौशल से कैथरिना का कृपाभाजन बनने की कोशिश करता है। 'दी टू जेंटलमेन ऑव व्हेरोना' में कुछ गायक सिलकिया के रूप-गुण की प्रशंसा करते हैं और 'जूलिया' के अशान्त मन पर इस गीत का गहरा प्रभाव पड़ता है। 'किंग हेनरी द सिक्स्थ' में भी फ्लरिश या तुरही की ध्वनि सुनाई पड़ती है। 'लव्स लेबर्स लॉस्ट' में छोटे शिशु द्वारा गाया हुआ मॉथ गीत आयरलैंड का गीत ही है। 'दी मर्चेंट ऑव् व्हेनिस' में अवसर के अनुरूप एकाकी गायन भी है और सामूहिक गायन भी। 'हेनरी फोर्थ' में जिस बालक ने ओवेन ग्लेडोवर की भूमिका निभाई है, उसे वेल्स का गीत गाना पड़ा है। 'ए मिडसमर नाइट्स ड्रीम' और 'द मेरी वाइव्स ऑव् विंडसर' नामक नाटकों में गायक और नर्तक छोटे शिशु हैं। इन दोनों नाटकों का प्रणयन अवसर सापेक्ष ही है। 'मच ऐडो एबाउट नथिंग' नामक नाटक में गायक नाटक का लघु पात्र भी है। उक्त नाटक में दो नृत्य भी हैं। इस प्रकार इस नाटक में संगीत का प्रचुर उपयोग हुआ है। 'ऐज यू लाइक़ इट' में निर्वासित ड्यूक का परिचायक 'एमिएन्स' गायक भी है। इसके अतिरिक्त दो अन्य बाल-गायक भी हैं। इसी नाटक में हास्य-नायक 'टचस्टोन' गायन की क्षमता से युक्त है। 'ट्वेल्फ्थ नाइट' नामक प्रेममूलक नाटक संगीत एवं प्रेम के सम्बन्ध से ही आरम्भ होता है। अनेक संगीतज्ञों की उपस्थिति में ड्यूक के ये उद्गार—'इफ़ म्यूजिक बी द फूड ऑव् लव्ह प्ले ऑन' बड़े ही मार्मिक एवं अर्थ पूर्ण हैं। इस नाटक में 'आर्सिनो-जैसे अस्थिर-चित्त व्यक्ति के लिए भी संगीत का आयोजन हुआ है और सर टॉवी और सर ऐंड्र्यू-जैसे व्यक्तियों ने समवेत गान गाये हैं।

शेक्सपीयर ने त्रासदी-नाटकों में भी संगीत का बड़ा ही हृदयग्राही उपयोग किया है। इन गीतों का सम्बन्ध सर्वप्रथम असामान्य मनःस्थिति से है। 'हैमलेट' में ऑफीलिया एवं 'किंग लीयर' में एडगर कुछ ऐसी ही मनःस्थिति के आखेट हैं। प्रतिशोध की ज्वाला में दहकता हैमलेट भी मन को शान्त करने के लिए संगीत का आश्रय लेता है। यही नहीं, अपने एक मित्र को वह 'पाइप' बजाना भी सिखाता है। 'पाइप' के छिद्र, उनमें फूँक मारकर स्वर निकालना आदि सारी बातें हमें शेक्सपीयर के संगीत-प्रेम का स्मरण कराती हैं। संगीत लीयर-जैसे अशान्तचित्त व्यक्ति को मानसिक स्वास्थ्य प्रदान करने में भी सक्षम है। डेसडेमोना के गीत एक

ओर उसकी दारुण वेदना को दर्शाते हैं और दूसरी ओर उसकी निर्मम हत्या के पूर्व उसके अवर्णनीय सौन्दर्य को भी दिग्दर्शन कराते हैं। संगीत में वह संजीवनी शक्ति है, जो हेमेलोन की मूर्ति में भी जान फूँक दे और लिओंटीज किंकर्त्तव्यविमूढ़ देखता रहे।

शेक्सपीयर की अन्तिम अवधि की रचनाओं में भी संगीत का प्रभाव स्पष्ट परिलक्षित होता है। 'विंटर्स टेल' नामक नाटक में आटोलायकस अपने गीतों को बेचता है। उसे एक ऐसे पात्र की जरूरत है, जो गीतों को दक्षता से गा सके। 'सिंबेलाइन' में एक ऐसे विलक्षण वाद्य का वर्णन है, जिसे यदि गति दी जाए तो संगीत स्वयमेव उत्पन्न हो जाता है। फिर 'टेंपेस्ट' में तो संगीत की भरमार है, जिसे महाकवि ने प्रभावशाली ढंग से प्रस्तुत किया है। फिर भी संगीत नाटक पर हावी नहीं होता, ठीक वैसे ही, जैसे 'एरियल' 'प्रास्पेरो' पर हावी नहीं होता।

शेक्सपीयर के सम्बन्ध में एक विशेष बात ध्यान देने-योग्य है कि समस्त सांगीतिक ज्ञान के बावजूद एवं थिऐटर-हेतु उसकी अपरिहार्यता को समझाते हुए भी शेक्सपीयर ने कभी भी 'ऑपेरा' के सिद्धान्त को नहीं अपनाया। विद्वानों ने महाकवि के संगीत को आधार 'जादू-टोना' या 'अलौकिक' माना है, जो किसी असामान्य मनोवैज्ञानिक स्थिति को उजागर करता है। शेक्सपीयर के लिए यह कोई नयी बात नहीं थी, क्योंकि परम्परा ने उसका मार्गदर्शन किया था। एलिजाबेथ-काल के दर्शकों का संगीत से गहरा लगाव था और शेक्सपीयर के रंगमंच इतने समृद्ध हो गये थे कि अनेक संगीतज्ञों को वहाँ खपाया जा सकता था। यह संगीत ही है, जिसके आधार पर 'एरियल' को 'अलौकिक' चरित्र के रूप में हम सामान्य पात्रों से पृथक् कर सकते हैं। विद्वानों का यह भी अनुमान है कि यदि शेक्सपीयर को इटली के ऑपेरा-सिद्धान्तों की कोई धारणा होती तो संकट के क्षणों में हैमलेट और ऑथेलो के कंठ से भी संगीत फूट पड़ता। साथ ही जिन पात्रों के साथ संगीत है, यदि वे वास्तविक जीवन में होते तो निश्चय ही इसे कला के रूप में ग्रहण कर लोगों का मनोरंजन करते।

यह समस्त अध्ययन हमें इस निष्कर्ष पर लाता है कि 'संगीत' शेक्सपीयर की भाषा न होकर दर्शकों एवं श्रेताओं पर प्रभाव डालनेवाला आध्यात्मिक अस्त्र था। उसके पात्र पेशेवर गायक-वादक नहीं हैं; उनका संगीत भले ही कुछ सर्जन न करे, हमें आनन्द की गहराइयों तक अवश्य खींच ले जाता है।

वीणावादिनी, वर दे

•

हरदयाल मलगोत्रा

वीणावादिनी वर दे, वर दे!
प्रिय स्वतन्त्र रव अमृत मंत्र नव भारत में भर दे, भर दे!
काट अन्ध के उर बन्धन स्तर, बहा जननि ज्योतिर्मय निर्झर।
कलुष भेद तम हर, प्रकाश भर, जगमग जग कर दे, कर दे!
नव गति, नव लय, ताल-छन्द नव, नवल कंठ, नव जलद मन्द्र रव।
नव नभ के नव विहग वृन्द को नव पर, नव स्वर दे, स्वर दे!

❑ सूर्यकान्त त्रिपाठी 'निराला'

• **स्थायी** — **तीनताल/कहरवा ताल**

0				3				×				2			
गमं	प	रे	–	सा	–	ऩि	ध़	ऩि	रे	सा	–	ऩि	रे	ग	–
वीऽ	ऽ	णा	ऽ	वा	ऽ	दि	नी	व	र	द	ऽ	व	र	द	ऽ
प	प	प	प	–	प	प	प	म	ध	निध	नि	प	प	प	प
प्रि	य	स्व	तं	ऽ	त्र	र	व	अ	मृ	तऽ	मं	ऽ	त्र	न	व
मं	ध	नि	रें	नि	ध	नि	ध	मं	ग	मं	ग	रे	–	सा	–
भा	ऽ	र	त	में	ऽ	भ	र	दे	ऽ	भ	र	दे	ऽ	ऽ	ऽ

• **अंतरा. 1**

0				3				×				2			
प	–	प	सां	सां	सां	सां	सां	सां	–	सां	–	रें	रें	सां	सां
का	ऽ	ट	अं	ऽ	ध	उ	र	के	ऽ	बं	ऽ	ध	न	स्त	र

सा			सां												
ध	ध	–	ध	सां	सां	सां	–	रें	रें	सां	नि	ध	ध	प	प
ब	हा	ऽ	ज	न	नि	ज्यो	ऽ	ति	र्	म	य	नि	र्	झ	र
प	प	प	ध	–	ध	प	प	म	म	सा	रे	–	रे	सा	सा
क	लु	ष	भे	ऽ	द	त	म	ह	र	प्र	का	ऽ	श	भ	र
मं	ध	नि	रें	नि	ध	नि	ध	मं	ग	मं	ग	रे	–	सा	–
ज	ग	म	ग	ज	ग	क	र	दे	ऽ	क	र	दे	ऽ	ऽ	ऽ

- **अंतरा**

0				3				×				2			
सां	नि	ध॒	ध॒	प	प	प	प	मं	ग	मं	मं	–	मं	ग	ग
न	व	ग	ति	न	व	ल	य	ता	ऽ	ल	छं	ऽ	द	न	व
सा	सा	सा	म	–	म	म	म	म	नि॒	ध	नि	सां	सां	सां	सां
न	व	ल	कं	ऽ	ठ	न	व	ज	ल	द	मं	ऽ	द्र	र	व
सां	सां	सां	सां	रें	–	सां	सां	सां	नि	सां	नि॒	–	प	प	प
न	व	न	भ	के	ऽ	न्	व	वि	ह	ग	वृं	ऽ	द	को	ऽ
मं	ध	नि	रें	नि	ध	नि	ध	मं	ग	मं	ग	रे	–	सा	–
न	व	प	र	न	व	स्व	र	दे	ऽ	स्व	र	दे	ऽ	ऽ	ऽ

जयशंकर प्रसाद और संगीत : प्रसाद के काव्य में संगीतात्मकता

●

डॉ. कौशलनन्दन गोस्वामी

छायावाद आधुनिक हिन्दी कविता का ऋतुराज है। हिन्दी काव्य-कानन में छायावाद के आविर्भाव के साथ रस और राग के वैभव का चरमोत्कर्ष घटित हुआ। सौरभ और काकली की धूम मच गयी। भक्तिकाल में हिन्दी के पुरोधा कवियों ने हिन्दी-काव्य को भाव-बोध और शैल्पिक चारुता के जिन शिखरों तक उठाया, असन्दिग्ध रूप से छायावादी कवियों ने अन्तश्चैतन्य और अभिराम अभिव्यक्ति-सौष्ठव की दृष्टि से कविता की अश्रुतपूर्व और अदृष्टपूर्व अभिनवता एवं गरिमा से मंडित किया। कवि के गीतों की पंक्तियाँ लोक-जिह्वा पर नृत्य करने लगीं, निविड़ निराशा के घटाटोप में भावुक के मन की टीस को सहलाने लगीं, अवसाद और पराजय की घड़ियों में मन की अन्धकाराच्छन्न कोने में आलोक की रेखा खींचने लगीं। छायावाद में जनता को अपने हृदय की विशद और विराट् प्रतिध्वनि मिली। छायावाद काव्य के इस राज्याभिषेक-समारोह में संगीत ने अत्यन्त विशिष्ट भूमिका का निर्वाह किया।

जयशंकर प्रसाद छायावाद के प्रवर्त्तक माने जाते हैं। उन्हें बाल्यकाल से ही संगीत में रुचि थी। उनका संगीतानुराग पारिवारिक वातावरण, तत्कालीन संगीत-प्रधान पारसी नाटकों की लोकप्रियता तथा कुशल संगीतज्ञों के सम्पर्क से विकसित हुआ। प्रसाद संगीतकला के पारखी और मर्मज्ञ ही नहीं थे, अपितु उसके कुशल प्रयोगकर्त्ता भी थे। निरालाजी से बाजे पर गीतों को सुनने की प्रवृत्ति इसी बात की द्योतक है। इसके अतिरिक्त 'सामवेद', 'गीतगोविन्द', 'गीतांजलि' आदि की संगीतात्मकता का भी उन पर प्रभाव पड़ा, जिससे प्रसाद के काव्य में संगीत का सहज समावेश हुआ और उनकी कविताएँ संगीत की लय में थिकरने लगीं।

प्रसाद उच्च कोटि के संगीत-साधक थे। अतः उनके काव्य में स्वर, नाद, मीड़ तान, मूर्च्छना, लय, ताल आदि संगीत-तत्त्वों का अभिप्राय उल्लेख मिलता है। इन

तत्त्वों का प्रयोग कहीं सांगीतिक वातावरण की सृष्टि के लिए और कहीं वेदना आदि भावों की अभिव्यक्ति के लिए किया गया है। एक उदाहरण प्रस्तुत है–

संहार सृजन से युगल पाद-
गतिशील अनाहत हुआ नाद।'

यहाँ स्वानुभूति की अभिव्यंजना में अनाहत नाद का उल्लेख हुआ है। इसी प्रकार 'प्रेम वेणु की स्वर-लहरी में जीवन गीत सुना जाओ' तथा 'जो गूँज उठे फिर नस-नस में, मूर्च्छना समान मचलता-सा' एवं 'नाच रही ज्यों मधुमय तान' आदि में स्वर, मूर्च्छना, तान आदि संगीत तत्त्वों के प्रयोग देखे जा सकते हैं, जिनसे कवि ने विविध भावों की अभिव्यक्ति दी है। इसके अतिरिक्त 'मृदु मृदंग मनोज स्वर से, बज रहा है ताल में' जैसी पंक्तियों में 'ताल' तत्त्व को प्रयोग संगीत के वातावरण को उपस्थित करता है। विलम्बित, मध्य और द्रुत तीनों प्रकार की लय भी प्रसाद के काव्य में मिलती हैं। 'मार्चिंग सौंग' की द्रुत लय का एक उदाहरण देखिए–

'हिमाद्रि तुंग शृंग से, प्रबुद्ध शुद्ध भारती,
स्वयं प्रभा समुज्ज्वला, स्वतंत्रता पुकारती।'

प्रसादजी ने अपनी रचनाओं में भाव और प्रकृति के अनुरूप रागों का संकेत किया है। उन्होंने कोमल तथा मधुर भाव-प्रधान गीतों में कोमल और मधुर प्रकृति के रागों को ही अपनाया है, जिसमें भैरवी, पीलू आदि उल्लेखनीय है। कवि ने गीत, गजल, भजन, ठुमरी आदि में चलनेवाले राग मांड, खमाज, झिंझौटी आदि को ग्रहण किया है। इसके साथ ही कजरी, पूर्वी-धुन, ठुमरी-धुन-जैसी अर्द्ध-शास्त्रीय तथा सुगम संगीत की धुनों को भी अपनाया है। उदाहरण के लिए 'सम्हाले कोई कैसे प्यार' गीत में सोहनी राग की योजना सटीक है, क्योंकि मधुर भाव के अनुरूप मधुर स्वर-प्रधान राग की कल्पना की गयी है। इस राग में तीव्र मध्यम स्वर का प्रयोग, प्रेम की टीस और वेदना की सहज अभिव्यक्ति देता है।

रागों के नामोल्लेख भी उनकी कविता में उपलब्ध है–'आँखों में भरे बिहाग री'। 'छायानट छवि के परदे में' तथा 'बजने लगी उदास पहाड़ी रागिनी'-जैसी पंक्तियों में क्रमशः बिहाग, छायानट तथा पहाड़ी रागिनी का उल्लेख किया गया है।

संगीतज्ञ कवि रागों के समय और ऋतु-सिद्धान्त से भी भलीभाँति परिचित था। इसीलिए 'आज मधु पीले यौवन वसन्त खिला' जैसे गीतों में वसन्त ऋतु में गेय 'राग वसन्त' की प्रसादजी ने कल्पना की है, क्योंकि यह राग यौवन की मादकता और प्रफुल्लता के उत्कर्ष में सहायक है।

यद्यपि प्रसाद ने बहुत से गीतों के गायन के लिए रागों का संकेत नहीं किया है तथापि उन्हें भाव और प्रकृत्यनुरूप विभिन्न रागों में निबद्ध किया जा सकता है। उदाहरण के लिए प्रभात-वर्णन से युक्त 'बीती विभावरी जाग री' को प्रातःगेय

'**भैरवी राग**' के स्वर और 'कहरवा ताल' में इस प्रकार गा सकते हैं–

बीती विभावरी जाग री।
अंबर पनघट में डुबो रही,
ताराघट ऊषा नागरी॥
खग-कुल कुल-कुल-सा बोल रहा,
किसलय का अंचल डोल रहा।
खो यह लतिका भी भर लाई,
मधु मुकुल नवल रस गागरी॥

इसी प्रकार प्रसाद जी 'तुमुल कोलाहल कलह में' अन्य गीत को समयानुरूप राग देश और छन्दानुरूप रूपक ताल में इस प्रकार बाँधकर गा सकते हैं–

'तुमुल कोलाहल कलह में, मैं हृदय की बात रे मन'

अतः रागों के सहयोग से कवि ने अपनी अनुभूति को साकार किया है। निःसन्देह प्रसाद राग और रस के धनी हैं।

संगीत की गायन शैलियाँ गज़ल, भजन, कजरी लोक-गीत भी प्रसाद के काव्य में विद्यमान हैं। इन्होंने गीतों का सृजन गायन-शैली को ध्यान में रखकर ही किया है। 'भाव-निधि में लहरियाँ उठती तभी' जैसे ग़ज़ल-शैली तथा 'भरा नैनों में मन में रूप' जैसे लोकधुन-शैली के गीत भी मिलते हैं।

इनके काव्य में वाद्ययन्त्रों का सम्यक् प्रयोग भी मिलता है। प्रसाद ने बाँसुरी, वंशी, वीणा, शहनाई, मृदंग, दुन्दुभी, तूर्य आदि का संकेत, कहीं प्रतीक रूप में और कहीं संगीतमय वातावरण की सृष्टि के लिए किया है। वाद्ययन्त्रों को बजाने की विधि से परिचित होने के कारण ही कवि ने वंशी में मीड़ और वीणा के तारों में करुण रागिनी की सृष्टि को सहज माना है। एक उदाहरण प्रस्तुत है–

'वंशी को बस बज जाने दो मीठी मीड़ों को आने दो'

मांगलिक अवसर की द्योतक शहनाई का प्रयोग कितना स्वाभाविक है–

'शहनाई बजती थी, मंगल-पाठ हो रहा था घर में' प्रसाद की संगीत-प्रतिभा नृत्य-वर्णन में भी देखी जा सकती है। कवि को प्रकृति भी विभिन्न मुद्राओं में नृत्य करती दिखाई देती है। कहीं तरु-शिखा का मनोहर नृत्य दर्शित है, तो कहीं पशु और पाषाण भी नृत्यमग्न हैं। उदाहरण द्रष्टव्य है–

'सरस ताम रस गर्भ विभा पर, नाच रही तरु शिखा मनोहर' और भी **'पशु कि हो, पाषाण सब में, नृत्य का नव छन्द'**।

कवि ने नृत्य के प्रकार 'तांडव' और 'लास्य' की विविध मुद्राओं का भी उल्लेख किया है–**'पद-पद पर तांडव नर्तन हो, स्वर-सप्तक होवें लय सारे'** और भी **'देखता हूँ चकित जैसे ललित लतिका लास'**। इस प्रकार प्रसाद ने सृष्टि की समस्त क्रियाओं में नृत्य का अवलोकन किया है, जिससे सृष्टि में समाविष्ट लय

और संगीत का संकेत मिलता है। अतः प्रसाद-काव्य में गायन, वादन और नृत्य का त्रिवेणी संगम है।

काव्य में गेयता की विशेषता लाने के लिए ही 'री', 'अरी', 'एरी'-जैसे शब्दों का प्रयोग हुआ है। 'सखी री सुख किसको हैं कहते'-जैसे गीतों में 'री' शब्द के प्रयोग से गायक को मात्रा-पूर्ति, स्वरविस्तार तथा तालनिबद्धता में सहयोग प्राप्त होता है।

इसके साथ ही प्रसाद के काव्य में तुक, टेक अन्त्यानुप्रास, आकार की लघुता आदि की योजना भी संगीत के लिए उपयोगी है। जैसे—

'कुंज में वंशी बजती है,
स्वर में खिचा जा रहा मन, क्यों बुद्धि बरजती है।'

संक्षेप में यह है कि प्रसाद के काव्य में संगीत के विविध पक्षों का समावेश हुआ है। नाद, स्वर आदि संगीत-तत्त्वों के साथ-साथ, संगीत के तीनों अंग—गायन, वादन और नृत्य का भी उल्लेख मिलता है। कवि ने राग और ताल का संकेत करते हुए कतिपय गीतों की स्वरलिपि स्वयं प्रस्तुत की है। इनकी रचनाओं में राग-रागीनियों का नामोल्लेख भी भावाभिव्यक्ति में सहायक रहा है। शृंगार, करुण आदि रसों तथा राष्ट्र-प्रेम की अभिव्यक्ति में संगीत वरदान सिद्ध हुआ है। उसमें रस और राग का अद्‌भुत तालमेल है। डॉ. दशरथ ओझा ने सत्य ही कहा है—'संगीतज्ञों के लिए इनमें रागों की विविधता है, तो काव्य-शास्त्रियों के लिए अनुपम काव्यत्व।' निःसन्देह संगीत प्रसाद-काव्य का सहजात गुण और अभिन्न अंग है। इसीलिए उनके गीत आज भी कलावन्तों के कंठहार बने हुए हैं।

बंगाल के बाउल-गीत और रवीन्द्रनाथ ठाकुर

•

कस्तूरी बनर्जी

बंगाल में प्रचलित विभिन्न प्रकार के गीतों में बाउल-गीतों का विशिष्ट स्थान है। सरल और सुन्दर भाव, विषय-वस्तु और संगीत में पिरोये बाउल-गीत शताब्दियों से बंगाल के कोने-कोने में आनन्द की वर्षा करते आये हैं। बाउल-गीतों को गानेवाला 'बाउल' नामक एक गायक-दल होता है। बाउल कभी अकेले और कभी दलबद्ध होकर एक जगह से दूसरी जगह विशिष्ट प्रकार की वेश-भूषा में भ्रमण करते हैं और 'एकतारा' बजाकर सड़कों पर उन्मुक्त स्वर से बाउल-गीत गाते हैं, जो श्रोताओं के हृदय में सुख, शान्ति और आनन्द का संचार करते हैं।

बाउल-गीत मनोहर, उद्‌बोधक एवं प्रेरणादायक तत्त्वों से संगठित होते हैं। बाउल किसी धर्म-शास्त्र के आचारों-नियमों को नहीं मानते। ये लोग मनुष्य को ब्रह्मांड का क्षुद्र संस्करण मानते हैं। उनका मत है कि प्रत्येक मनुष्य की 'देह' में ही परमपुरुष का अवस्थान है। बाउल इसी परमपुरुष को 'मॉनेरमानुष' कहते हैं एवं मनुष्य को इसी 'मॉनेरमानुष' की आराधना करने की प्रेरणा देते हैं। बाउल लोगों का मत है कि मनुष्य का अन्तःकरण करुणा, उदारता, सुन्दरता, सहिष्णुता, स्नेह आदि सद्‌गुणों तथा आनन्द, आलोक और माधुर्य से भरपूर है। पर मनुष्य धन, मान, बड़ाई आदि बाह्य वस्तुओं और आडम्बरों में जीवन का सुख और गौरव प्राप्त करने का प्रयास करता है एवं इन्हें प्राप्त करने के लिए उसके मन में धीरे-धीरे अहंकार, कपट, क्रोध, ईर्ष्या, लोभ आदि अवगुण घर करने लगते हैं। वह पाप के रास्ते में अग्रसर होता है और अन्त में उसके अवगुण सद्‌गुणों को आवृत्त कर लेते हैं। पर इन कर्मों और अवगुणों से भी उसे आनन्द नहीं मिलता। फलस्वरूप वह जप, तप, पूजा, पाठ, आचार विचार आदि लोक-प्रचलित धार्मिक अनुष्ठानों का सहारा लेता है, जो प्रायः व्यर्थ सिद्ध होते हैं।

बाउल सलाह देते हैं कि हृदय के आलोक-केन्द्र से यथार्थ रूप से परिचित होकर उसे प्रज्वलित करने की साधना करने का प्रयास करो। उसे जगा लेने पर अपने घर में ही सब तीर्थों के दर्शन हो जाते हैं। वेद, पुराण, यज्ञ, जप, तप, तीर्थ-यात्रा—सब झूठे हैं। बाउल कहते हैं—

'तीर्थे गीये की फॉल पाबी मोन
जोदी तीर्थे जाबे आगे तॉबे कॉरो तार आयो जॉन।
जा तोर घुमाए मॉने, ओरे चीनली ना तारे
शे ना जागीले तीर्थ फॉल की फॉल धॉरे॥'

भावार्थ–तीर्थ में जाकर क्या फल पाओगे! अगर तीर्थ जाना है, तो पहले उसका आयोजन करो। जो तुम्हारे ही हृदय में सोया हुआ है, उसे तुमने नहीं पहचाना। उसके न जागने से तीर्थ-यात्रा से भी क्या फल होगा!

बाउल कर्म और कर्तव्यों को त्यागने की बात कभी नहीं करते। उनकी दृष्टि में मनुष्य को सन्मार्ग पर चलकर अपनी सामर्थ्यानुसार कर्तव्य अवश्य करना चाहिए। कर्मों के समापन के पश्चात् निश्चित होकर दुःख, लज्जा, भय, अहं और सांसारिक चिन्ताओं को भूलकर अपने अन्तःस्वरूप का चिन्तन और उसे शुद्ध करने का प्रयास करना चाहिए। ऐसा करने पर वास्तविक सुख और असीम आनन्द मिलता है।

बाउल लोगों का जीवन-दर्शन बाउल-गीतों में अभिव्यक्त हुआ है। अधिकांश बाउल-गीत किसी विशेष बाउल-आदर्श या प्रसंग पर केन्द्रित होते हैं। साधारणतः बाउल इन गीतों में अपने जीवन-विषयक आदर्शों को सीधे और सरल ढंग से व्यक्त करते हैं। बाउल-गीतों की धुन और भाषा उनके भावों के अनुरूप होती है। उसकी धुन सम्पूर्ण गीत-रचना को इतना मनमोहक बना देती है कि श्रोता उसकी ओर अनायास आकर्षित हो जाते हैं।

बाउल-गीत की प्रथम पंक्ति यानी स्थायी की धुन से शेष पंक्तियों यानी अन्तरों की धुन अलग होती है। लेकिन सभी अन्तरे साधारणतः एक ही धुन में गाये जाते हैं। प्रथम पंक्ति को छोड़कर दूसरी सभी पंक्तियों के छन्द भी एक ही प्रकार के होते हैं। पूर्व-बंगाल (आधुनिक बँगलादेश) के बाउल-गीतों पर साधारणतः भाटियाली और सारीगीत की धुनों का प्रभाव पाया जाता है। पश्चिम-बंगाल के बाउल-गीतों में कीर्तन, विभास और झूमुर गीतों की धुनों का अधिक प्रभाव रहता है। कुछ बाउल-गीत अन्य प्रकार के भी होते हैं। कुछ बाउल-गीतों में भाटियाली या सारीगीत तथा कीर्तन की धुनों का सम्मिश्रण होता है। वस्तुतः पूर्व बंगाल के माँझी लोग अपनी जीविका के लिए पश्चिम बंगाल आते थे और उन्हीं के माध्यम से भाटियाली और सारीगीतों की धुनें पश्चिम बंगाल के कुछ अंचलों में प्रचलित हो गयीं और पश्चिम बंगाल के बाउल लोगों ने उनका उपयोग अपने गीतों में करना शुरू किया। इसी तरह पूर्व बंगाल के बहुत-से बाउल लोग किसी-न-किसी कारणवश पश्चिम बंगाल में रहने लगे और उनके गीतों में पश्चिम बंगाल के कीर्तन की धुनें मिल गयीं। बंगाल के कीर्तनों में राग-रागिनियों का प्रभाव है। भाटियाली और सारीगीत प्रधानतः नाव के माँझियों को गीत हैं। माँझी अपने कर्म

के उपरान्त नाव में एकान्त में बैठकर या नाव को धीमी गति से चलाते समय आत्म-विभोर होकर अपने नितान्त अन्तर के भावों को गीतों के द्वारा अनायास व्यक्त करता है। ये धुनें कृषकों और अन्य लोगों द्वारा भी एकान्त में गायी जाती हैं। भाटियाली गीत की मौलिक प्रकृति में भाव-गम्भीरता है। इन गीतों में छन्द कम होते हैं और इन्हें मन्थर गति से गाया जाता है। भाटियाली गीतों की धुनों में किसी-किसी स्वर पर ज्यादा समय तक ठहरना पड़ता है। साधारणतः भाटियाली गीत विलम्बित लय में गाये जाते हैं। सारीगीत एक प्रकार का सामूहिक गीत है। कई माँझी सम्मिलित होकर जब नाव चलाते हैं (और विशेषकर जब नौकादौड़-प्रतियोगिता होती है), तब उन्हें डाँड को एक साथ पानी में डालना और पानी से निकालना पड़ता है। इस क्रिया की ताल में वे गीत गाते हैं। इस प्रकार के गीतों को 'सारीगीत' कहते हैं। सारीगीतों में छन्दों की बहुलता होती है और इनके छन्द विभिन्न प्रकार के होते हैं।

बंगाल के कीर्तनों में खमाज, बिलावल और काफी रागों को अधिक प्रभाव है। बंगाल में विभास और झिंझोटी राग सबसे व्यापक रूप से प्रचलित हैं। बंगाल में प्रचलित विभास राग उत्तर-भारतीय शास्त्रीय संगीत में प्रचलित विभास राग से कुछ भिन्न है। बंगाल में विभास राग का एक विशेष रूप प्रचलित है। इसका स्वरूप देशकार राग के साथ काफी हद तक मिलता है। देशकार राग के अवरोह में निषाद प्रयुक्त करने से बंगाल में प्रचलित विभास राग का स्वरूप बनता है। इसमें कभी-कभी कोमल-निषाद का भी प्रयोग किया जाता है। विष्णुपुर-घराने में इसका बहुत प्रयोग होता है।

बंगाल के वीरभूम जिले के लोक-गीतों में प्राचीन काल से बंगाल में प्रचलित विभास राग-जैसी एक धुन का व्यापक प्रचलन रहता आया है। ऐसा समझा जाता है कि शायद इसी धुन के आधार पर बंगाल में प्रचलित विभास राग का रूप प्रचार में आया। इस धुन का बाउल-गीतों में अधिक प्रयोग मिलता है।

बाउल-गीत गाने का एक विशेष ढंग है। बाउल-गीत साधारणतः इन चार प्रकार के स्वर-समूहों में से किसी एक से आरम्भ होते हैं—1. 'सा रे म प', 2. 'सा ग म प', 3. 'सा रे ग प' अथवा 4. 'सा रे ग म प' ।

बाउल लोग गीत गाते समय संगीत की तीनों रारिताओं—गीत, वाद्य और नृत्य को मधुर संगम करते हैं। ये लोग नृत्य किसी विशेष रीति या शैली के अनुसार नहीं करते। गीत गाते हुए इन्हें जो आनन्द प्राप्त होता है, वह आनन्द ही इनके नृत्य करने की प्रेरणा बन जाता है। वे अपने नृत्य को अपने गीतों के छन्दों के अनुरूप ढाल लेते हैं। नृत्य में भाव-प्रदर्शन लय पर आधारित होता है। गीत गाते समय वे एकतारा बजाते रहते हैं। बंगाल के बाउल लोगों पर एकतारा वाद्य पश्चिम भारत के भजन गानेवाले गायकों के एकतारा से भिन्न होता है। पश्चिम

भारत में व्यवहृत एकतारा साधारणतः तानपूरा का छोटा संस्करण-जैसा होता है। बाउल लोगों के एकतारा में अधिकतर एकतन्त्री या कभी-कभी दो तन्त्रियाँ होती हैं। इनके एकतारा का दंड दो पतले बाँसों से बना रहता है। बाउल इनमें से किसी एक बाँस को एक हाथ से पकड़कर, दूसरे हाथ की पहली या दूसरी अँगुली से तन्त्री को झंकृत करते हैं। इनकी कमर के एक ओर एक डुग्गी लटकती रहती है। बाउल-गीत गाते समय एकतारा के साथ-साथ डुग्गी को भी बजाते हैं और पैरों में घुँघरू बाँधकर नृत्य भी करते हैं।

बाउल-मतानुसार साधारणतः लोग सांसारिक कर्मों और दायित्वों में आवश्यकता से अधिक उलझ जाते हैं। वे अधिक-से-अधिक धन-सम्पत्ति, मान आदि की धुन में रात-दिन खोए रहते हैं। वे सोचते हैं कि इन्हें प्राप्त कर लेने से उन्हें जीवन का आनन्द मिल जाएगा। उन्हें अपने बारे में सोचने का अवकाश नहीं रहता। इस तरह वे अपनी सद्गुण-सम्पन्न आत्मा को अनजाने खोने लगते हैं। उन पर दुर्गुणों का प्रभाव क्रमशः अधिक-से-अधिक होता जाता है और अन्त में दुर्गुण उनके अन्तःकरण में विद्यमान सद्गुणों को पूरी तरह ग्रस लेते हैं। आत्मा की इस दशा को बाउल सुन्दर रूपक बाँधकर इस प्रकार अभिव्यक्त करते हैं—

'पाखी जे कॉखोन उड़े जाय,
बॉदहावा लेगेछे गाय।'

भावार्थ—न जाने यह आत्मा-रूपी पक्षी कब उड़ जाए! क्योंकि शरीर-रूपी पिंजरे में बन्द रहने से इसे सांसारिक विकार-रूपी बदहवा का बुरी तरह सामना करना पड़ रहा है।

ग	ग	ग	ग	म	–	म	–	–	प	ध	–	प	प
पा	खी	जे	कॉ	खे	न	उ	ऽ	ऽ	ऽ	ड़े	ऽ	ऽ	ऽ

पम	–	–	–	–	–	–	–	प	नि	नि	–	नि	–	नि	ध
जाऽ	ऽ	ऽ	य	ऽ	ऽ	ऽ	ऽ	बॉ	द	हा	ऽ	वा	ऽ	ले	ऽ

ध	–	प	–	म	प	प	ध
गे	ऽ	छे	ऽ	गा	ऽ	ऽ	य

बाउल कहते हैं कि किसी मनुष्य के दुर्गुणों को देखकर यह निष्कर्ष निकालना उचित नहीं है कि उसका हृदय कलुषित है, क्योंकि हम किसी मनुष्य के बाह्य रूप को ही देख पाते हैं। पर हर मनुष्य के हृदय में एक और हृदय अवस्थित है। मनुष्य के अन्तःकरण में अधिष्ठित यह 'मॉनेरमानुष' मनुष्य का श्रेष्ठ रूप है। मनुष्य का बाह्य रूप उसके परम पुरुष के आलोक को आच्छन्न करके रखता है। मनुष्य जब अपने कर्म, कर्त्तव्यों और सांसारिक झमेलों में व्यस्त व त्रस्त रहता है, वह नहीं जानता कि उस समय भी उसका 'मॉनेरमानुष' शान्त, अविचल और

आनन्दपूर्ण स्थिति में उसके हृदय में अधिष्ठित है। निम्नलिखित बाउल-गीत में कहा गया है कि यह बड़ा आश्चर्यजनक है कि मनुष्य की अनेक प्रकार की वृत्ति-प्रवृत्तियों के मध्य एक दीप जल रहा है:–

'आठारो मोकामेर माझे।
जोलछे ऐकटा रूपेर बाती–
ए बॉड़ो आजॉब कुदरती॥'

सा रे म म म प – प प – – – प – ध नि – ध
आ ठा रो मो का मे र् मा झे ऽ * * जो ऽलू छे ऐ ऽक टा

रे
प ध प म ग –म म – – – – – – – ग म प
रू पे ऽर् बा ती ऽऽ ऽ ऽ ऽ ऽ ऽ ऽ ऽ * ए बॉ ड़ो

ग ग म ग रे सा सा सा – – – – – –
ऽ ऑ जो ऽब कु द र ती ऽ ऽ ऽ ऽ ऽ ऽ

उपर्युक्त गीत 'सा रे म प' स्वर समूह से आरम्भ होता है, जिससे कि अधिकतर बाउल-गीत आरम्भ होते हैं। इस धुन में राग देवगिरिबिलावल का आभास होता है।

मनुष्य जब कर्म करते हुए क्लान्त और उद्भ्रान्त हो जाता है, तब वह अपने हृदय-स्थित आनन्द-आश्रम में आश्रय लेने की कोशिश करता है। नीचे के बाउल-गीत में इसी भाव को दर्शाया गया है–

'आरे मॉन माझी तोर बोईठा नेरे–
आमी जे आर बाईते पारलाम ना।
आमी जॉनोम भोईरा बाईलाम बोईठा रे–
तोरी भाइटाय रॉय आर उजाय ना।
ओरे जोंगी बोशी जॉतोई कोशी,
ओरे हाइलेर जॉल माने ना।
नायेर तोली खॉशा, गोड़ा भाँगारे,
नायतो गाब गॉबोनी माने ना।'

भावार्थ–अरे, मेरे मन-रूपी माँझी, अब तू अपनी पतवार अपने हाथों में सँभाल ले। मैं अपनी जीवन-रूपी नौका अब और नहीं खे सकता। जिन्दगी-भर मैं ही पतवार खेता रहा हूँ। नाव अब उथले पानी में फँस गयी है और आगे नहीं बढ़ पा रही है।

सा रे ध ना – सा सा – सा रे ग प प – ध सां
आ रे मॉ ऽ ऽन माँ झी ऽ तो ऽर बो ई ठा ऽ ने ऽ

सां — — — नि धप ध — — — पध नि ध प — —
रे ऽ ऽ ऽ ऽ ऽऽ ऽ ऽ ऽ ऽ ऽऽ ऽ ऽ ऽ ऽ *

प सा
नि ध प म ग रे सा रे ग — ग रे रे ग रे सा
आ मी ऽ जे आ ऽर बा ई ते ऽ पा ऽर ला ऽम् ना ऽ

प
— — — — — — प ध — प ध सां सांसां सां — सां रें रें सां
ऽ ऽ ऽ ऽ * आ मी ऽ जॉ नो ऽम् भोई रा ऽ बा ई लाऽम्

प
नि ध ध नि ध प — — — प प — प नि नि नि ध ध
बो ई ठा ऽ रे ऽ ऽ ऽ ऽ तो री ऽ भा इ टा य रॉ य

ग
प प नि नि ध प म म प म ग — — — — — — नि ध
आ ऽर उ ऽ जा य ना ऽ ऽ ऽ ऽ ऽ ऽ ऽ ऽ * * आ मी

सा
प म ग रे सा रे ग — म ग रे ग रे सा — — —
ऽ जे आ ऽर बा ई ते ऽ पा ऽर् ला डम् ना ऽ ऽ ऽ ऽ

यह गीत 'सा रे ग प' स्वर समूह से शुरू होता है और इसमें पूर्व बंगाल (आधुनिक बँगलादेश) के बाउल-गीतों का प्रभाव है।

अपने मॉनेरमानुष को पाने के प्रयास में रत मनुष्य कभी-कभी अपने दुर्गुणों को देखकर चौंक पड़ता है। एक बाउल-गीत के कुछ अंशों में इसे इस प्रकार व्यक्त किया गया है :—

'दिल दोरियार माझे देखलाम, आजोब कारखाना।
देहेर माझे बाड़ी आछे, शेई बाड़ीते चोर लेगेछे,
तारा छौय जॉनेते सोंध काटीछे; चुरी कॉरे ऐकाजॉना॥'

भावार्थ— अपने हृदय के अन्दर एक अजीब कारखाना देखा। उसमें एक सुन्दर घर है, पर उसमें छह दुर्गुण भर गये हैं।

सा	सां	ग	ग	ग	म	प	नि	—	सांनि	ध	प
दि	ल	दो	रि	या	र	मा	झे	ऽ	देख	ला	म
प	ध	प	म	प	म	ग	—	—	—	—	—
आ	जो	ब	का	र	खा	ना	ऽ	ऽ	ऽ	ऽ	ऽ

म	प	प	नि	नि	–	नि	सां	–	सां	नि	–
दे	हे	र	मा	झे	ऽ	बा	ड़ी	ऽ	आ	छे	ऽ
सां	सां	ग॒	रें	सां	रें	नि	नि	नि	सां	रेंसां	निसां
शे	ई	बा	ड़ी	ते	ऽ	चो	र	ले	गे	छेऽ	ऽऽ
सां	सां	सां	सां	सां	रें	सां	सां	नि	सां	रेंसां	नि
छौ	य	जॉ	ने	ते	ऽ	सीं	ध	का	टी	छेऽ	ऽ
नि	सां	–	रें	सां	नि	ध	प	प	धप	मग	–
चु	री	ऽ	कॉ	रे	ऽ	ऐ	क	जॉ	नाऽ	ऽऽ	ऽ

यह गीत 'सा ग म प' स्वरों से शुरू होता है।

बाउल-गीतों की विशेषता है उनकी ज्ञानमूलकता, उनकी सांगीतिक धुनें और उनकी सर्वजनसुलभता। जब मनुष्य दैनिक जीवन में क्लान्त या उद्भ्रान्त हो जाता है, तब बाउल उसके द्वार पर आकर अपने गीतों से मनुष्य को आनन्द और उसकी चेतना को उज्ज्वलता प्रदान करता है।

रवीन्द्रनाथ के जीवन और कला पर बाउल-संस्कृति का व्यापक प्रभाव पड़ा। जब वे बाईस वर्ष के थे, उस समय बाउल-गीतों का एक संग्रह उन्हें प्राप्त हुआ और वे इसके प्रति आकर्षित हुए। इसमें उन्होंने सर्वसाधारण की बोलचाल की सरल भाषा का प्रयोग पाया। उन्होंने महसूस किया कि इस तरह की लोक-भाषा के माध्यम से लोक-भावों को अधिक स्पष्ट रूप से व्यक्त किया जा सकता है। इस बारे में उन्होंने अपने विचार 'बाउलेर-गान' नामक निबन्ध में अभिव्यक्त किये हैं। उन्हें अपनी जमींदारी की देख-भाल करने के लिए पद्मा नदी के तीरवर्ती शिलाईदह तथा कुष्ठिया और राजशाही जिलों के ग्राम अंचलों में सन् 1888 से 1897 की अवधि में लगातार जाना पड़ता था। इसी समय उन्हें बाउल लोगों से मिलने का अवसर प्राप्त हुआ। उन्होंने 'बाउल-गान' प्रबन्ध में लिखा है–"शिलाईदह में जब मैं रहता था, उस समय बाउल-दलों के साथ हमेशा ही मेरा साक्षात्कार और विचार-विमर्श होता था।" बाउल लोगों के जीवन-दर्शन और बाउल-गीतों ने रवीन्द्रनाथ को विशेष आकृष्ट किया। इसके पश्चात् वे विश्व की विभिन्न विचारधाराओं से भी परिचित हुए, पर बाउल-गीतों और बाउल जीवनादर्शों का प्रभाव उन पर क्रमशः गहरा होता गया। फलतः उन्होंने बाउल-जीवनादर्शों से सम्बद्ध अनेक बाउल-गीतों की रचना की। उनके द्वारा रचित कुछ गीत बाउल-जीवनादर्शों को अभिव्यंजित करते हैं, तो कुछ बाउल-गीतों की धुनों पर आधारित हैं और कुछ गीतों में बाउल-जीवनादर्शों तथा बाउल-गीतों की धुनों–दोनों का ही प्रभाव है। कुछ गीत ऐसे भी हैं, जिनके केवल कुछ अंश ही बाउल-गीतों की धुनों पर आधारित हैं।

उनके कई निबन्धों, व्याख्यानों, गीति-काव्यों आदि में भी बाउल-जीवनादर्शों का प्रभाव नजर आता है।

रवीन्द्रनाथ इस दृढ़ नतीजे पर पहुँचे कि प्रत्येक मनुष्य का अन्तःकरण सद्‌गुणों से सर्वश्रेष्ठ रूप से परिपूर्ण है। मानवात्मा विश्वात्मा का ही अंश है और यही तथ्य विश्व-मानव को एकता के सूत्र में बाँधता है। पर साधारणतः मनुष्य अपने इस सर्वश्रेष्ठ रूप को खो देता है।

उन्होंने 'पथ' नामक निबन्ध में अपना मत इस प्रकार व्यक्त किया है–"पापी हो या साधु, सबके हृदय में असीम पुण्य का आदर्श वर्तमान रहता है।" मनुष्य को अपने अन्तःकरण में विश्वात्मा को प्राप्त करने के लिए आराधना करनी चाहिए। उन्होंने 'कमला-व्याख्यान-माला' में कहा है– "मनुष्य का देवता उसका 'मॉनेरमानुष' होता है। ज्ञान, कर्म और भाव से मनुष्य जितने परिमाण में सत्य को प्राप्त करता है, उसी परिमाण से वह 'मॉनेरमानुष' को प्राप्त करता है।"

इस सम्बन्ध में एक गीत, जो राग बिलावल पर आधारित है, नीचे दिया जाता है :–

हे मॉन ताँरे देखों आँखि खुलिए,
जिनि आछेन शॉदा ऑन्तॉरे।
शॉबारे छाड़ी प्रभु कॉरो ताँरे,
देहो मॉन धॉन जोऊबॉन राखो ताँर ऑधीने॥

भावार्थ–हे मन, आँख खोलकर उसे देखो, जो सदा तुम्हारे अन्दर है! सबको छोड़कर उसी को अपना प्रभु बनाओ! देह, मन, धन, जीवन सभी उसके अधीन रखो!

0			2		3		0			2		3	
												सा	–
												हे	ऽ
नि़	ध़	नि़	सा	–	सा	–	सा	ग	रे	नि़	रे	सा	–
मॉ	ऽ	न	ताँ	ऽ	रे	ऽ	दै	ऽ	ऽ	ऽ	ऽ	खो	ऽ
सा	ग	–	म	ग	रे	–	नि़	सा	–	नि़	ध़	सा	नि़
आँ	ऽ	ऽ	ऽ	ऽ	ऽ	ऽ	ऽ	ऽ	ऽ	खि	ऽ	खु	ऽ
ग	–	रे	सा	नि़	नि़	ध़	रे	रे	गरे	गरे	गरे	गम	ग
ऽ	ऽ	लि	ए	ऽ	जि	नि	आ	छे	न	शॉऽ	दाऽ	ऑऽ	न्

रे सा नि़ | नि़ –ध़ | सा –
ताँ ऽ ऽ | रे ऽऽ | हे ऽ

| प प
| शाॅ बा

प
(सां – सां | रेंनि सां | – निनि | नि नि सां (निध प प प))
(रे ऽ छा | ड़ीऽ ऽ | ऽ प्रभु | कॉ रो ऽ (ताँऽ रे शाॅ ब))

ग
नि ध | प – | ग ग ग | ग ग | म रे | गरे म ग
तां ऽ | रे ऽ | दे हो माॅ | न ध्राॅ | न ऽ | जोऽ ऊ ऽ

रे
रे नि | सा – | सा ध़ – | रे रे | ग मग | रे सा नि़
बाॅ ऽ | न ऽ | रा खो ऽ | ताॅ र | ऑ ऽऽ | धी ऽ ऽ

ध़
नि़ –ध़ | सा – |
ने ऽऽ | हे ऽ |

रवीन्द्रनाथ सत्य के समर्थक और असत्य के घोर विरोधी थे। उन्होंने विश्व में मानव पर होनेवाले अत्याचार का जीवन-भर प्रतिरोध किया। अँगरेज शासकों द्वारा भारत में किये जा रहे उत्पीड़न और शोषण का विरोध किया। साम्प्रदायिक विद्वेष फैलाने के विरोध में सन् 1905 में बंग-भंग करने का निर्णय लिया। रवीन्द्रनाथ ने जन-आन्दोलन को सक्रिय बनाने के लिए कुछ स्वदेश-भक्ति के गीत रचे, जो बाउल-गीतों की सरल धुनों पर आधारित थे। ऐसा इसलिए आवश्यक था, क्योंकि बाउल-गीतों का जनसाधारण से सीधा, सरल और गहरा सम्पर्क था और उनमें जनसाधारण के मर्म को स्पर्श कर देश के प्रति देशवासियों की सहानुभूति तथा कर्त्तव्य की भावना को जाग्रत करने की क्षमता थी।

रवीन्द्रनाथ ने बाउल-गीतों की धुनों पर आधारित कुछ और स्वदेश-भक्ति के गीत बंग-भंग-आन्दोलन के समय सन् 1905 में रचे। बंग-भंग-आन्दोलन से पूर्व रवीन्द्रनाथ द्वारा रचित गीतों में बाउल-गीतों की धुनें बहुत कम पायी जाती हैं। पर बंग-भंग-आन्दोलन के बाद बाउल-गीतों की धुनें जैसे उनके मन पर छा गयीं। फलस्वरूप उनके द्वारा रचित प्रकृति ऋतु आदि विभिन्न अवसरों पर गाये जानेवाले गीतों में भी बाउल-गीतों की धुनों का प्रभाव लक्षित होने लगा। उन्होंने बाउल-गीतों

की धुनों का ज्यों-का-त्यों या सम्पूर्णतः उपयोग नहीं किया, अपितु उनके कुछ सुन्दर अंशों का ही उपयोग किया।

बाउल-गीत हमारे देश की अमूल्य निधि और विरासत हैं, जो विशिष्ट जीवनादर्श को अभिव्यंजित करके मानव-जाति को एकता का सन्देश देते हैं। हमारा भी कर्त्तव्य है कि हम इन्हें एकत्रित करके इनके अस्तित्व की रक्षा करें।

रवीन्द्र संगीत और उसकी विशेषताएँ

●

रमेशचन्द्र बनर्जी

टैगोर-संगीत विषयक चर्चा करने से पूर्व यह आवश्यक होगा कि भारतीय संगीत की सौन्दर्यता के साधारण प्रभाव का भी कुछ उल्लेख कर दिया जाय। भारतीय-संगीत की प्रमुख विशेषताओं में, उसमें अनेक प्रकार के राग और ताल आदि का होना है जो उसके संगीतज्ञों और निर्माताओं के द्वारा किये गये शताब्दियों के परिश्रम का फल है। भारत, फारस, तथा अन्य देशों की सभ्यता के आदान-प्रदान के फलस्वरूप भारतीय-संगीत में उनके मिश्रण से इसकी सौन्दर्यता में वृद्धि हो गयी है। विदेशियों के स्वर-गायन ने हमारे रागों में प्रवेश कर लिया। मध्यकालीन विद्वानों ने भी अधिक व्यापक दृष्टिकोण रखने के कारण, इन आदान-प्रदान के सिद्धान्तों को अपनाया। साथ-साथ संकुचित और रूढ़िवादी विचारों का, जिनके कारण किसी भी कला की उन्नति में बाधा उत्पन्न होती है, परित्याग कर दिया।

हमारा शास्त्रीय संगीत जिसका जन्म वैदिक काल में हुआ था, क्रमशः उन्नति की ओर अग्रसर होता रहा, यहाँ तक कि सोलहवीं शताब्दी में वह चरमोत्कर्ष पर पहुँच गया। इसकी विशेष रूप से उन्नति और इसमें सुधार, भारत के उत्तर-पश्चिमी भाग में हुआ। इस प्रकार हमारे यहाँ दो प्रकार के प्रमुख संगीत के रूप बन गये। एक को 'कर्नाटक' कहा जो दक्षिण भारत में व्याप्त रहा और दूसरे को 'हिन्दुस्तानी' जो दक्षिण भारत को छोड़कर शेष समस्त भारत में सबसे अधिक उत्तम और परिष्कृत रूप समझा जाने लगा। भारतीय संगीत का सर्वोत्तम काल सोलहवीं शताब्दी ही माना जाता है। यह उस अपूर्व विद्वान पुरुष तानसेन का काल है, जिसकी कला में भारतीय संगीत के तत्व निहित थे और जिनकी कला, भावना-सम्बन्धी विचारों पर जादू जैसा प्रभाव रखती थी। तानसेन का दृष्टिकोण क्रम से उन्नतिशील विचारों का था। संसार भी प्रगतिशील है अतः संगीत भी पीछे नहीं पिछड़ सकता। इसमें भी प्रगति सम्बन्धी शक्ति का होना आवश्यक है और इसे भी काल के साथ-साथ ही समान रूप से उन्नति के पथ पर बढ़ना चाहिए। तानसेन और उसके संरक्षक अकबर महान् के पक्षपातहीन विचारों ने भारतीय संगीत में निराला

ही परिवर्तन कर दिया। संकुचित और कट्टरता पूर्ण विचारों की उपेक्षा कर दी गयी। तानसेन ने भी उस स्मरणीय परिवर्तन को देखा। तानसेन ने अलाप और ध्रुपद ढंग के गायन में, भावुकता पर विशेष बल देकर एक नवीन प्रकार के अलाप का समावेश किया। यह सत्य भी है कि इसी ढंग को सर्वश्रेष्ठ माना गया और समस्त हिन्दुस्तानी संगीत के स्कूलों में विद्यार्थियों द्वारा अपनाया भी गया। संगीत को अपनी सर्वोत्तम अवस्था में प्रभावशील (Expressive) होना ही चाहिए। कारण कि यह कलाकार की भावनाओं से उत्पन्न होता है। किसी भी प्रकार का प्रतिरोध इसकी अनवरत गति में बाधा रूप से नहीं आ सकता। संगीत का क्रमिक विकास इस बात को भी प्रकट करता है कि कभी-कभी कठोर नियमों में भी शिथिलता की आवश्यकता हो जाती है।

एक ध्वनि अथवा राग वह वस्तु है जो कर्णप्रिय हो। यद्यपि केवल अलंकारिक रूप देने के लिए कला सम्बन्धी बातों की पूर्णरूपेण अवहेलना नहीं की जा सकती, फिर भी राग की सुन्दरता की ओर विशेष ध्यान देना उचित है। एक भावुक कलाकार, कला प्रदर्शन के समय, कला सम्बन्धी व्याकरण के कठिन नियमों को भूल सकता है। कुछ लोगों का त्रुटिपूर्ण मत है कि संगीत कला में नियमों का पालन होना ही चाहिए। जबकि ऐसा होता नहीं है। सत्यता तो यह है कि यह नियम कला के क्रमिक विकास के साथ-साथ ही चलते हैं। कारण कि जितनी स्वाभाविकता कला-प्रदर्शन में होगी, उतना ही सुन्दर और भावनामय संगीत होगा।

प्रकृति ही भावनाओं को उत्पन्न करने वाली सर्वश्रेष्ठ जननी है। भिन्न-भिन्न रागों की उत्पत्ति ही प्राकृतिक परिवर्तनों के परिणाम हैं। यही अनेक ध्वनियों अथवा रागों के प्रादुर्भाव की मनोवैज्ञानिक पृष्ठभूमि है। संगीत अन्तरज्ञान से प्राप्त होता है। यह स्वयं कलाकार ही है जो ध्वनि रूप में प्रकट होता है।

भारतीय शास्त्रीय संगीत ने क्रमशः उन्नति की ओर अवसर होते हुए कविता की विशेषताओं की अवहेलना करके, केवल राग, ताल और रूपान्तरों की ओर ही ध्यान दिया है। इसका कारण रागों का पूर्ण और अति उत्तम होना ही था। एक गीत तब और भी अधिक चित्ताकर्षक बन जाएगा, जब उसमें सुन्दर कविता और ध्वनि का भी समावेश कर दिया जास। जब किसी गीत के शब्द और उसके अर्थों की ओर ध्यान न दिया जाय तो वह गीत प्रधान अभिप्राय से ही रहित हो जाता है। वाद्य संगीत अथवा अलाप गायन में ध्वनि ही प्रधान होती है। परन्तु जब गायन में कविता और ध्वनि दोनों का ही मेल कर देते हैं तो वह और भी अधिक प्रभावशाली बन जाता है। यदि इस दृष्टि से गायन किया जाय, अर्थात् शब्दों के महत्त्व की अवहेलना कर दी जाय तो एक गीत, चाहे कितना ही परिष्कृत क्यों न हो, एक बुद्धिमान श्रोता के लिए ही आकर्षण रहित हो जाता है।

बंगाल के संगीत निर्माताओं पर अधिकांश रूप में, कीर्तनों, रामप्रसादी और

इसी प्रकार के अन्य देशी संगीत का, जिनसे उनके लोकगीत उत्पन्न हुए हैं, अधिक प्रभाव पड़ा है। यद्यपि यह सत्य है कि इन कीर्तनों की ध्वनियों और लय की उत्पत्ति का मूल स्रोत हिन्दुस्तानी संगीत ही है। परन्तु इस क्रमिक विकास के काल में और विशेष रूप से भक्तिमय होने के कारण, संगीत के मूल सिद्धान्तों में भी कुछ परिवर्तन हो गया। इसकी ध्वनियाँ और तालें भी विशुद्ध रूप से बंगाली ही बन गयीं जिनमें धर्म और वैष्णव साहित्य ही प्रतिध्वनित होता रहा। जब महाप्रभु ने भारतवर्ष में ईश्वरीय विश्वप्रेम और भक्ति का उपदेश दिया तो कीर्तन और भी अधिक प्रचलित हो गये।

इस प्रकार अठारहवीं और उन्नीसवीं शताब्दियों की बंगाली ध्वनियों में कीर्तन और शास्त्रीय संगीत का प्रभाव स्पष्ट प्रकट होता है। यह प्रभाव केवल रामनिधि गुप्त और श्रीधर कत्थक के टप्पों को छोड़कर, जिनमें क्रम से पंजाब के शोरी और गुलामनबी की शैली का अनुसरण किया गया है, सबमें निहित है। यह गीत भी जनता को आकर्षक प्रतीत हुए।

बंगाली संगीत के इतिहास में राजा राममोहन राय द्वारा लाया हुआ ब्रह्म संगीत भी विशेष स्थान रखता है। उन्होंने भारतीय संगीत के प्राचीन गौरव को, जो लगभग समाप्त ही होने वाला था, अपनी ब्रह्म सभा की दैवी पूजा का एक अंग बनाकर पुनः स्थापित किया। यह कहा जाता है कि उनकी असाम्प्रदायिक ईश्वरीय पूजा में, गुलाम अब्बास नामक प्रसिद्ध गायक, राजा राममोहन राय द्वारा निर्मित गीत गाया करते थे। केवल शास्त्रीय संगीत के मूल रूप को स्थिर रखने के लिए ही राजा राममोहन ने अपने ब्रह्म संगीत में ध्रुपद और ख़याल शैली के अनुरूप ही गीतों की रचना की थी। इस प्रकार आधुनिक युग के शास्त्रीय संगीत के उद्धारकों में राजा राममोहन राय सबका नेतृत्व करते हैं।

रवीन्द्रनाथ का काल, बंगाल में ही नहीं वरन् समस्त भारत में संगीत के पुनर्जागृति का काल है। इतिहास स्वयं ही अपनी पुनरावृत्ति करता रहता है और यह भी तानसेन के समय जैसा ही स्वर्णयुग का काल था। कवि की विलक्षण मौलिकता और उनके द्वारा संगीत को भिन्न प्रकार की देन ने, संगीत के इतिहास में एक नवीन अनुपम अध्याय की वृद्धि कर दी। उनकी रचनाएँ मध्यकाल से आधुनिक काल तक के संगीत का विश्वकोष है। प्राचीन शास्त्रीय संगीत को नवीन परिधान से वेष्टित कर देना एक अनूठा और आश्चर्ययुक्त कार्य था। उनकी शास्त्रीय और भक्तिपूर्ण रचनाएँ भारत के प्रसिद्ध संगीतज्ञों जैसे बैजू, नायक गोपाल, हरिदास स्वामी, तानसेन, सदारंग, अदारंग नवलकिशोर, आनन्दकिशोर, शोरी, सनद, कादर और जदुभट्ट आदि के टक्कर की है। यह रचनाएँ केवल प्रचलित रागों अथवा तालों तक ही सीमित नहीं हैं वरन् उनमें अनेक अप्रचलित रागों और तालों का भी प्रयोग किया गया है। वह उन गहन बातों के जो कि

संगीत-कला को प्रदर्शन करने के उद्देश्य से की जाती हैं अथवा संगीत की सुन्दरता की अवहेलना करके कभी-कभी केवल चातुर्य्य दिखाने के हेतु ही की जाती हैं, विरोध में थे। संगीत को समझ कीं वस्तु होना ही चाहिए। इसके लिए ध्वनि और शब्दों के समन्वय का ध्यान रखना आवश्यक है। कवि की यह मौलिक ध्वनियाँ जो भावों को दर्शाने वाली हैं, मेरे विचार से उन्हें अलौकिक (Unconventional) नहीं कहा जा सकता। उनमें भारतीय संगीत की आत्मा ही निहित है। कंठ संगीत में तो हम शब्द और उनके अर्थों के मूल्य की अवहेलना कर ही नहीं सकते।

रूढ़िवादी लोग ही संगीतोन्नति के विरोधी होते हैं। समय की माँग की किसी भी प्रकार से अवहेलना नहीं की जा सकती। संगीत भी अन्य कलाओं की भाँति उन्नतिशील है। जो संगीत के सीमित क्षेत्र में हैं उन्हें अपनी सामान्य दृष्टि में परिवर्तन की आवश्यकता है। टैगोर की रचनाएँ भारतीय संगीत के इतिहास में अनुपम अध्याय हैं। यह नवीन संगीत भारतीय परम्परागत संगीत से अधिक उत्तम और शोभामय है। उनका संगीत वह प्रकाश है जो समस्त संगीत-संसार को प्रकाशित करता है।

(अनु. भगवतशरण शर्मा)

आचार्य पं. भातखंडे के गीतों का भक्तिपक्ष

डॉ. रुद्रमणि देवांगन

संगीतोद्धाकर आचार्य पं. भातखंडे जी उत्तम-कोटि के वागेयकार एवं रचनाकार थे। यह सर्वविदित ही है कि उन्होंने अपने युग के प्रतिष्ठित घरानों के उस्तादों से परम्परागत बन्दिशों को अत्यन्त यत्न एवं परिश्रमपूर्वक प्राप्त कर 'हिन्दुस्तानी संगीत-पद्धति क्रमिक पुस्तक-मालिका, (6 भागों) में संगृहीत किया, इसके साथ ही उन्होंने इन्हीं ग्रन्थों में अपनी नवीन, मौलिक एवं सरस रचनाएँ समाविष्ट कर भारतीय शास्त्रीय संगीत के रचना-भंडार को अत्यधिक समृद्ध बना दिया हैं। हिं.सं. प.क.पु.मा. के अतिरिक्त 'लक्षणगीत-संग्रह', भाग एक से तीन 'स्वरमालिका-संग्रह' एवं 'गीतमालिका' भाग एक से तेईस बन्दिशों की दृष्टि से आचार्य भातखंडे जी के अमूल्य एवं महत्त्पूर्ण ग्रन्थ हैं।

पंडित जी ने सिद्धान्त-ग्रन्थों की रचना में 'चतुर' उपनाम का उपयोग किया है। 'श्री मल्लक्ष्य संगीत' के प्रारम्भिक श्लोक 'चतुराख्येन भरत पूर्वखंड निवासिना' से इसका स्पष्टीकरण होता है। 'हिन्दुस्तानी संगीत-पद्धति' के लेखन में अपना वास्तविक नाम 'विष्णु शर्मा' तथा गीतों की रचना करते समय 'चतुर' नाम का उपयोग किया है। स्व. प्रभातनारायण चिंचोरे जी के मतानुसार 'चतुर', 'चतर', 'चतरा', 'चत्र', 'चेत', 'हररंग', 'हर' आदि विभिन्न नामाभिधानों से युक्त सभी गीत-रचनाएँ पं. भातखंडे जी की हैं ('भातखंडे स्मृति ग्रन्थ', पृ. 70)। श्री चिंचोरे जी द्वारा बताये गये उपर्युक्त उपनामों से गीत-रचनाएँ प्राप्त होती हैं, लेकिन 'चेत' शब्द का प्रयोग जिन गीतों में हुआ है, उसका चेतने, सावधान करने अथवा चेतावनी देने के अर्थ में प्रयुक्त हुआ है। ऐसा मेरा विनम्र मत है कि गीत में 'चेत' शब्द जिस अर्थ में प्रयुक्त हुआ है, उससे यह प्रतीत नहीं होता कि वह उपनाम है। उदाहरण द्रष्टव्य है—

केदार, तीनताल

सोच-समझ मन मीत पियरवा,
सद्गुरु नाम करे सुमिरवा।

घरि-घरि पल-पल उमर घटत सब,
अजहुँ चेत मतिमन्द चतुरवा॥

ललित, एकताल

मनुख जनम अतुल पायो,
हरिगुन कबहूँ ने गायो।
धिक-धिक जीवन निष्फल,
मानव देही कहायो॥
अजहुँ तू चेत मन्द कहाँ लौं,
अब रहेगो अंध, दो दिन की साँस चतुर,
माया बस यूँ लुभायो॥

उपर्युक्त दोनों बन्दिशों में 'चेत' एवं 'चतुर' दोनों शब्द प्रयुक्त हुए हैं। जिन गीतों में 'चेत' शब्द स्वतन्त्र उपनाम की तरह प्रयुक्त हुए होंगे, ऐसे गीत मेरी जानकारी में नहीं हैं, अर्थात् मेरी ज्ञान-सीमा से बाहर हैं।

ऐसी मान्यता है कि आचार्य भातखंडेजी ने 'हर' एवं 'हररंग' उपनाम से भी गीतों की रचना की है। 'हर' शब्द प्रयुक्त राग परज, एकताल में निबद्ध एक रचना प्राप्त होती है, जिसमें उन्होंने कामदेव के प्रयासों को निष्फल करते हुए 'हर' (कामदेव का शमन करने वाले शंकर) के प्रति निष्ठा व्यक्त की हैः—

काहे मदन इतनो श्रम।
बिरथा मो मन को हरन, कोकिल बस करो
निष्फल, कलरव अपनो मनोरम।
मुग्धा तुमरे कटाक्ष, लोल मधुर स्निग्ध परम,
हमतें क्यूँ डारो तुम, हर सों जब लागि लगन॥

(गीतमालिका, भाग 2)

इस गीत में 'हर' शब्द शिव-सूचक है। दूसरे अर्थ में वह पं. भातखंडेजी के गुरुदेव मुहम्मदअली कोठीवाल का संकेतक भी हो सकता है, जिनके प्रति पंडितजी की अपार श्रद्धा-भक्ति थी। अस्तु, 'हर' शब्द जिस ढंग से प्रयुक्त हुआ है, उसे पढ़कर ऐसा नहीं लगता कि वह भातखंडेजी के उपनाम का द्योतक है।

'हररंग' पं. भातखंडे के परम श्रद्धास्पद गुरु मुहम्मदअली (कोठीवाल) का उपनाम था, यह बात उनकी अनेक रचनाओं से ही प्रमाणित होती है। नीचे राग श्री का एक लक्षणगीत प्रस्तुत है, जिससे यह भाव प्रकट हुआ है कि 'हररंग' (गुरु) सन्धिप्रकाश रागों के लक्षण बता रहे हैं और 'चतुर' तन-मन पवित्र कर गा रहे हैंः—

राग श्री, चौताल (विलम्बित)

हररंग अब कहत राग सन्धिप्रकाश को,

'रे ध' कोमल, 'गमनि' तीवर,
साधत शुभ लक्षन को।
मध्यम तीवर प्रमान, अस्त समय संनिधान,
कोमल मध्यम निशान, उदय समय रूप को॥
वादी नित कोमल सुर रैखव,
अरु 'धग' बिनकर रोहन, अवरोहन मत,
सम्पूरन सुर सुमधुर।
गावत रस शान्त प्रचुर, तन-मन कर पाक चतुर,
जो नर सुध पावत रिध-सिध को॥

(क्र.पु.मा., भाग 3)

'सोहनि को चतुर सुनाय...हररंग को मन रिझाय' आदि कई गीत-पंक्तियाँ गुरु-शिष्य सम्बन्ध की परिचायक हैं। 'सोहत गल बीच वैजन्ती माला...चतरा के हररंग प्रभु नन्दलाला' राग सूहा में निबद्ध इस गीत में नन्दलाला श्रीकृष्ण के स्वरूप के दर्शन 'हररंग' में करने की अनन्य भावना प्रकट हुई है, जो आचार्य भातखंडे जी की गुरु-भक्ति का उत्कृष्ट उदाहरण है। इसी तरह निम्नांकित गीत में उन्होंने भवजलधि से पार होने के लिए रामनाम सुमिरन को जिसका महत्त्व दिया है, उतना ही महत्त्व गुरु के ध्यान को देते हुए भगवान् एवं गुरु में अभेद स्थापित किया है:—

राम नाम सुमिरन करो,
भव जलधि तुरत तरो।
अनित जगत साँच समझ,
नाहक तुम लोभ करो।
'चतुर' कहत सुलभ जुगति,
'हररंग' को ध्यान धरो॥

अस्तु, उपर्युक्त उदाहरणों से यह स्पष्ट है कि 'चतुर' भातखंडेजी का तथा 'हररंग' उनके गुरु का उपनाम है। 'हररंग' उपनाम से उपलब्ध सभी रचनाएँ भातखंडे जी की हैं अथवा उनमें से कतिपय उनके गुरुदेव की हैं, यह निर्णय कर पाना कठिन है। 'पंडित भातखंडे द्वारा रचित अप्राप्य गीत' शीर्षक से 'भातखंडे स्मृति ग्रन्थ' (प्रकाशन : इन्दिरा कला संगीत विश्वविद्यालय, खैरागढ़ म.प्र.) में जो रचनाएँ संग्रहीत की गयी हैं, उन्हें देखने से यह पता चलता है कि गीतों में चतुर, चतर, चतरा, चत्र एवं हररंग उपनाम का उपयोग हुआ है। 'स्मृति ग्रन्थ' के सम्पादकीय वक्तव्य से यह स्पष्ट होता है कि उल्लिखित उपनाम से युक्त सभी गीत पं. भातखंडे द्वारा रचित हैं।[1] अतः 'हररंग' उपनाम से पंडितजी ने रचना कर अपनी रचनाधर्मिता का परिचय ही नहीं दिया वरन् इन गीतों के ब्याज से अपने

गुरुदेव की वन्दना एवं ध्यान करते हुए उनके चरणों में अनेकानेक भाव-प्रसून-गीतमालाएँ अर्पित कीं एवं गुरु के प्रति उपकृत होकर उनके यशः गान की पताका संगीत जगत् में फहरायी।

पं. भातखंडेजी द्वारा रचित (विभिन्न उपनामों से युक्त) गीतों में प्रतिपाद्य विषय वस्तु का अध्ययन करने से यह स्पष्ट होता है कि उनमें भक्तिपरक गीतों की बहुलता है। गुरु-महिमा, गुरु नाम स्मरण, पाद सेवन, शिव की भक्ति एवं स्वरूप वर्णन, दुर्गा एवं गणेश स्तुति, भगवान् श्रीकृष्ण की मधुर-लीलाओं का चित्रण, सौन्दर्य वर्णन, दर्शन की उत्कंठा, मुरली का माधुर्य, राधा-कृष्ण की उपासना, दैन्यता एवं भक्ति निवेदन, ब्रह्म की व्यापकता, श्रीराम की दानवीरता एवं पराक्रम का वर्णन, भगवान् के नाम स्मरण का महत्त्व, हरि के गुणों का चित्रण, मानवदेही की सार्थकता, जीवन की क्षणभंगुरता एवं नश्वरता सम्बन्धी उपदेश आदि विविध भावों की झाँकियाँ प्रस्तुत करने वाले गीत आचार्य भातखंडेजी की भक्ति भावना के परिचायक हैं। एक ओर उनके गीतों में निर्गुणी सन्तों की उपदेशात्मक शैली का प्रभाव है तो दूसरी ओर सगुण भक्तों के भक्तिपूर्ण उद्‌गारों का प्रवाह है। निर्गुण एवं सगुण तथा ज्ञान एवं भक्ति के समन्वित चिन्तन से ओत-प्रोत पंडितजी की रचनाएँ भारतीय संगीत की अमूल्य निधियाँ हैं। इन गीतों के सृजन करते समय निःसन्देह उनके सामने 'मद्‌भक्ता यत्र गायन्ति तत्र तिष्ठामि नारद' यह कथन संगीत साधना के चरम एवं परम उद्देश्य के रूप में रहा है। 'वीणा वादन तत्वज्ञश्रुति जाति विशारद... मोक्ष मार्गेनिगच्छति' इन स्मृति-वाक्य में उन्हें पूरा विश्वास था। वे कहते हैं–'नादोपासना में मनुष्य को प्रसन्न करने का गुण है। भक्ति कार्य में संगीत को उपयोग करने से मनुष्य को मोक्ष मिलता हैं।' पंडितजी पूर्ण आस्तिक थे तथा अपने कार्यों की सफलता के लिए भगवान् की कृपा पर पूर्णतः आश्रित रहते थे।[2] भक्ति तो भगवत्कृपा का प्रसाद है, अतः उसे पाने के लिए निरन्तर भगवान् के गुण, लीला, स्वरूप, विविध नामावली का सुमिरन, ध्यान, भजन, चिन्तन में मन को लगाये रखने की प्रवृत्ति भातखंडेजी के गीतों में बार-बार अभिव्यक्त हुई है। ध्रुपद खयाल रचनाओं में तो हरि सुमिरन करने के लिए उनका मन अहर्निश निमग्न दिखाई देता है, राग अथवा ताल लक्षण गीत लिखते समय भी उनका मन भगवद्‌भक्ति में रमण करता रहा है (सभी लक्षण गीतों के लिए यह कथन लागू नहीं होता) नीचे कुछ उदाहरण प्रस्तुत हैं:–

1. *रामकली त्रिताल*

नित उठ सुमिरन करिये धरिये;
ध्यान प्रभू के चरण कमल को,
भवसागर को उतरिये।
...सुध मुद्रा सुध बानी सुचतुर,

रामनाम हिरदे महुँ उचरिये।

(क्र.पु.मा., भाग 4)

2. *दुर्गा (खमाज थाट) झपताल*

देवि दुर्गा सदा, गाय रे मानवा,
जाकि किरपा सुँ सब, टरत रिपु आपदा।

(क्र.पु.मा., भाग 5)

3. *ललित, ताल गजझंपा*

कीजे हरि दरसन पावन करत,
जनम-जनम के पातक हरत।
...नवगज झंपा चतुर विचरत,
लघु-लघु-लघु सनद बिरम रहत।

(क्र.पु.मा., भाग 4)

4. *केदार, मल्लताल (मात्रा 13)*

गावत नाम प्रभू को जब,
मानव पावत सुख विसद,
मृत्यु लोक विषय तजता,
मिथ्या ज्ञानसु जनित सब।
गाय केदार गुणि सुनियम,
लघु, लघु द्वय, द्रुत द्वय एक विरम,
संतोषित मन चतर,
बकसत वांछित अमर पद।

'भातखंडे स्मृति ग्रन्थ', पृष्ठ 193

आचार्य जी ने यद्यपि शृंगारपरक गीतों की भी रचना की है तथापि उनके भक्ति मूलक गीतों की अधिकता को देखकर ऐसा लगता है कि उनके मन को प्रभु के नामस्मरण, चरण कमल की वन्दना, गुण कथन आदि भावों में निरन्तर रमण करते रहने में ही आनन्द एवं विश्राम मिलता रहा है, इसलिए वे बार-बार मन को समझाते हुए ईश्वर भजन के लिए प्रेरित करते रहे हैं। हिन्दुस्तानी क्रमिक पुस्तक मालिकाओं में उन्होंने परम्परा से प्राप्त शृंगारिक बन्दिशों को संग्रह करने में किसी प्रकार की न अरुचि दिखाई न उनकी टीका-टिप्पणी ही की, परन् उन्हें सहजता से स्वीकार कर लक्ष्य संगीत का निर्धारण किया तथा ख्याल गीतों में पनपती हुई घोर शृंगारिक प्रवृत्ति का सूक्ष्म और गम्भीर निरीक्षण कर सुरुचिपूर्ण गीत रचना की आवश्यकता महसूस की। फलस्वरूप उन्होंने भक्ति प्रेरक गीतों का सृजन कर भारतीय संगीत की धारा को भक्ति की ओर मोड़ने का प्रयास किया।

पं. पलुस्कर और पं. भातखंडे दोनों महापुरुषों का लक्ष्य प्रकारान्तर से एक समान था। एक ने सन्त एवं भक्तों, विशेष रूप से गोस्वामी तुलसीदास के पदों एवं मानस की चौपाइयों एवं दोहों को लेकर ख़याल एवं ध्रुवपद बन्दिशों की रचना की तथा दूसरे ने सन्त एवं भक्तों के उपदेशों एवं भक्ति उद्‌गारों का सार ग्रहणकर ख़याल-धुवपदों के लिए सरस एवं नवीन गीतों का सृजन किया।

आचार्य भातखंडे जी के भक्तिपरक गीतों के भाव-सौन्दर्य का संक्षिप्त विवेचन प्रस्तुत हैः–

गुरु-महिमा, भक्ति एवं नाम-स्मरण सम्बन्धी गीत

पं. भातखंडेजी के गीतों में गुरु को अत्यन्त महत्त्वपूर्ण स्थान मिला है। गुरु के नाम-स्मरण में अहर्निश निमग्न रहने वाले 'चतुर' अपने गुरु हररंग में नित्य परमात्मा के दर्शन करते हुए गाते हैंः–

पाक नाम गुरु को रट मन,
जासों होत तुरत भवसिंधु तरन।
जोई-जोई शरणागत गुरु-चरणांबुज,
पावत 'हररंग' नित परमातम॥

(देशकार, मत्तताल, 18 मात्राएँ, क्र.पु.मा., भाग 4)

गुरु के नमन से भवबन्धन का छूटना, जन्म-मरण के बन्धन से छुटकारा पाना, तन-मन का पवित्र होना, कलिकाल के भय से मुक्त होना, पातकों का विनष्ट होना आदि महत्त्वों का प्रतिपादन गीतों में पाया जाता है। राग सोहनी में निबद्ध एक गीत देखिए, जिसमें 'हररंग' ने 'नाना प्रकार के तीर्थों में भटकने को व्यर्थ मानकर एकमात्र गुरु-नाम स्मरण से दुःख दूर हो सकते हैं।' यह बताते हुए गुरु के चरण में शरण लेने की सलाह दी हैः–

गुरु-चरन शरन कर मनुजा,
विफल जाय अनमोल सकल वय,
घरि-पल कबहूँ न पाछि फिरत।
नाना तीरथ 'हररंग' तू फिरत,
एक नाम सब विघन हरत॥

(क्र.पु.मा., भाग 3)

गुरु-दर्शन की उत्कट अभिलाषा और उनके चरणों पर सर्वस्व समर्पण का भाव अभिव्यंजित करने वाला राग कामोद का निम्नांकित गीत, पंडितजी की गुरु के प्रति एकनिष्ठ भक्ति का अच्छा उदाहरण हैः–

तन-मन वारूँ गुरु-चरनन पर,
जब पाऊँ दरस, बल-बल हौं जाऊँ।

मन कुसुम सुकर, गुरु-पद अरपन,
एक भाव धर मंगल गाऊँ॥

(हि.क्र.पु.मा., भाग 4)

उपर्युक्त गीत में भातखंडे जी का उपनाम नहीं है, फिर भी उसे उनकी रचना मानने का आधार यह है कि 1. उनके कई गीतों में उपनाम नहीं मिलते, और 2. कुछ गीत उपनाम-सहित या रहित भी मिलते हैं, जिनमें विशेष रूप से 'एकभाव धर', 'विमल भाव धर' शुद्ध भाव से शब्द-संयोजन मिलते हैं। शब्दों के अर्थ एवं भावसाम्यता के आधार पर ऐसे गीतों के सम्बन्ध में चतुर के होने की सम्भावना करना अथवा अनुमान लगाना संयुक्तिक प्रतीत होता है। उदाहरण द्रष्टव्य हैः—

1. *उपनाम सहित*

जाये तू गुरु चरनन,
'एक भावधर' अन्तर मो घन।
जो जावत जन सद्गुय के शरन,
बाकी हरत चतुर भव बन्धन।

(भैरवी, त्रिताल, क्र.पु.मा., भाग 2)

2. *उपनाम-रहित*

शरन प्रभु के द्वार आज हूँ,
शुद्ध भाव से भजन करूँ मैं,
प्रभु सबके आधार।
...रीझे प्रभु करतार॥

3. *चत्र उपनाम का उपयोग*

जाए शरन तू मुकुन्दा मोरे मन,
विमल भाव धर अन्तःकरणा टूटत सब भवफन्दा।
...रामगोविन्दा॥

(तोड़ी, त्रिताल, भातखंडे-स्मृति ग्रन्थ, पृष्ठ 243)[3]

अस्तु प्रस्तुत लेख के मूल विषय पर पुनः ध्यान केन्द्रित करते हुए यह कहना चाहता हूँ कि अध्यात्म एवं धर्म के क्षेत्र में गुरु का जो महत्त्व माना जाता है, उसी परम्परा का अनुसरण करते हुए गुरु महिमा का गान पं. भातखंडे जी ने किया है। संगीत साधक विद्यार्थियों के मन में इन गीतों के माध्यम से गुरू के प्रति श्रद्धा-भक्ति का भाव उत्पन्न करना भी 'चतुर पंडित' का उद्देश्य रहा है। गुरु कृपा के बिना वांछित फल की प्राप्ति नहीं हो सकती, इसलिए निरभिमानी बनकर गुरु के चरणों का ध्यान करने के लिए स्वयं को निर्देश करते हैं :—

भूपाली, त्रिताल

धर चतुर सुघर गुरु चरना,
तरना भव निस्तरना, दुःख हरना।
जोइ-जोइ ध्यावत वांछित पावत,
टारत पुनर्जनम और मरना,
छाँड़ वृथा अभिमान सकल अब जा शरना
संसृति हरना।

'गीतमालिका', भाग 3,
'भातखंडे स्मृति ग्रन्थ', पृष्ठ 187

मन की गति अत्यन्त चंचल एवं क्षुद्र होती है, वह बार-बार समझाने से भी नहीं मानता और असीमित तृष्णा की पूर्ति हेतु निरर्थक लोभ के चक्कर में पड़ा रहता है। हररंग मन को समझाते हुए प्रभात भैरव में यह गीत गाते हैं :–

काहे न, मन तू गुरु पद सेवत,
कवन के करेगो तेरो सहाय।
आशा तृष्णा कबहुँ न पूरत।
व्यर्थ देख तू जात लुभाउ।
हररंग जग में दूजो न दीखत,
नाम बिना कोइ तरन उपाय।

क्र.पु.मा., भाग 5

'गुरु बिन भवनिधि तरै न कोई' (तुलसी) इस कथन की भावभूमि पर चतुर ने गुरु-नामस्मरण की महत्ता प्रतिपादित करते हुए गुरु-भक्ति की अनिवार्यता पर बल दिया है।

हरिनाम स्मरण सम्बन्धी उपदेशात्मक गीत

जिस प्रकार गुरु महिमा एवं भक्ति विषयक गीत चतुर ने लिखे हैं, लगभग उसी तरह भगवान् के चरण कमल के स्मरण एवं भक्ति के महत्व पर अनेकानेक गीतों की रचना की है। राग श्री, झपताल में निबद्ध गीत द्रष्टव्य है :–

प्रभु के चरण कमल, निस दिन सुमिर रे,
भाव धर सुध भीतर, भवजलधि तर रे।
जोइ-जोइ धरत ध्यान, पावत समाधान,
हररंग कहे ज्ञान, अबहुँ चित धर रे।

क्र.पु.मा., भाग 3

सांसारिक मोह त्यागकर राम-नाम का भजन करना ही श्रेयस्कर एवं सुखदायक है (गौड़सारंग), प्रभु कृपा से ही मानव देही की मुक्ति हो सकती है (गुणकली,

बिलावल थाट), हरिनाम स्मरण से भवसंतरण हो सकता है (देश), गोविन्द के बिना कोई सहायक नहीं है (बसन्त), नाम-स्मरण से ही सकल सिद्धि की प्राप्ति हो सकती है (रामकली), हरि पतित-पावन एवं त्रिभुवन तिलक है, उनका नित उठकर भजन करो (तिलककामोद), रब से नेह कर। उनके सिवाय दुनिया में कोई नहीं (बिलावल), समय अनमोल है, भगवान् के मंगलमय नाम का भजन कर (हिंडोल), रे मन! तू बार-बार समझाने से भी नहीं समझता, संसार झूठा है, अन्त समय में प्रभु ही एकमात्र तेरा सहायक है। (दरबारी कान्हरा), इस स्वाँस (दम) का भरोसा नहीं, राजा-रंक, जीव-जन्तु सभी भगवान् की दृष्टि में समान हैं, तू उसी प्रभु के दृढ़ चरण का ध्यान कर (शुद्धकल्याण), मानव देही पाकर तूने हरिगुन का गान नहीं किया, इसलिए तेरा जीवन व्यर्थ है (ललित), जीवन क्षणभंगुर है, समय खोकर पछताओगे (मालकौंस) इत्यादि। उपुर्यक्त भावों पर आधारित मन को प्रबोधन एवं उपदेश देने वाले गीत लिखे गये हैं। इन गीतों के भाव प्रायः एक जैसे ही हैं, राग एवं ताल परिवर्तन के साथ शब्द चयन में विविधता एवं अनुकूलता अपनाते हुए चतुर ने भक्ति का प्रवाह मन में अविरत रूप से चलता रहे, इस उद्देश्य से रागों का ध्यान करते समय प्रभु नाम स्मरण की मणिमाला को स्वर एवं लय में पिरो दिया है। प्रातः सायम् एवं दिन-रात्रि गेय सभी प्रकार के रागों में उन्होंने नाम-स्मरण किया है, भजन के लिए वे किसी राग एवं ताल विशेष का बन्धन नहीं मानते थे; यह बात उनकी रचनाओं को ही देखने से स्पष्ट होती है। घरि-पल-छिन का मूल्यांकन करने वाला व्यक्ति हरिनाम सुमिरन हेतु समय का बन्धन क्यों स्वीकार करेगा? राग गौड़सारंग में पद शैली का ख़याल गीत देखिए :—

भज मन राम-नाम सुखदाई।
घरि-घरि पल-पल, अवधि बितत सब,
फिर पाछे पछताई।
भाई बन्धु सब कुटुम्ब कबीला,
देखत जिय ललचाई।
अन्त समै कोइ काम न आवत,
चतुर कहे समझाई॥

भगवान की महिमा एवं विनय सम्बन्धी गीत

सगुण भक्ति-परम्परा में भगवान् के सगुण-साकार रूप, धाम, नाम, गुणादि के आधार पर उपासना की जाती है, कीर्तित होने पर भगवान् शीघ्र प्रसन्न होते हैं, इस मान्यता से भक्त अपने आराध्य को यशोगान करते हुए अपनी दैन्यता प्रदर्शित करता है तथा तरह-तरह से अपने दुर्गुणों की चर्चा करते हुए भगवान् की कृपा (भक्ति) पाने के लिए विनय करता है। भक्तों की इसी शैली को अपनाते हुए

भगवान् के सविशेष गुण एवं नामों की चर्चा भातखंडे जी ने की है। जगतकर्त्ता जगदीश के हाथों जीवन का भार सौंपकर 'चतुर' ने अपने उद्धार के लिए विनय करते हुए राग हमीर, तीव्रा में निम्नांकित गीत गाया है :–

हे जगदीश चतुर मुरार,
भव-भयहार, दुःखनिवार।
सबको आधार नाम तुम्हार,
कीजो पार बेड़ो हमार॥
हम तो शरन चरन तुम्हार,
कर निरधार है करतार।
तुम पर भार अपनो डार,

तुम हो अपार पतित उधार इतनी विनती
लीजे विचार॥

क्र.पु.मा., भाग 3

यह गीत रेखांकित पंक्तियों को छोड़कर, राग कौंसी, तीव्रा में भी प्राप्त होता है, द्रष्टव्य : 'भातखंडे स्मृति ग्रन्थ', पृष्ठ 238।

अपने अवगुणों को उजागर करते हुए (गोविन्द गोपाल से) शरण में लेने के लिए विनय सम्बन्धी गीत देखिए :–

भूपाली, त्रिताल

जाऊँ तोरे चरण कमल बलिहार,
हे गोपाल गोविन्द मुरारि;
शरणागत हूँ द्वार तिहार।
अनगिन दुरति भर्‍यो हूँ जड़मत,
किस विधि पाऊँ चतुर पद,
तुमही जग के एक अधार।

क्र.पु.मा., भाग 3

करुणावरुणालय भगवान् की दयालुता पर हररंग पूर्णतः आश्रित हैं :–

अब के राखो भगवान् कानि मोरि,
हौं अनाथ तुम नाथ जगत के।
आपहिं तात करुणानिधान॥
विपति विदारन अघ निस्तारन,
तुमरो नाम सकल जग जान।
हररंग के पूरो मन काम॥

क्र.पु.मा., भाग 4

भगवान कृष्ण के प्रति अपनी दीनता प्रकट करते हुए उनके दुःख निवारणार्थ दया की भीख माँगते हैं :–

देशकार, त्रिताल

सुन लीजो बिनति हमारि,
गिरिधारि शरणागत हूँ तुम्हारी।
तु दाता मैं दीन भिखारी,
तुम बिन कवन पतित दुखहारी,
हररंग आस तुम्हारी॥

भातखंडे जी के गीतों में अनेक चित्र दैन्य एवं विनय के प्राप्त होते हैं तो कई गीत भगवान् के रूप सौन्दर्य की मनोहारी छटा अभिव्यंजित करने वाले भी हैं। राग ललित के लालित्यपूर्ण स्वरों में भगवान् के रूप माधुर्य की अभिव्यंजना करने में हररंग का मन निमग्न हो गया है।

राग ललित, त्रिताल

बलि-बलि जाउँ मुखारविंद के।
सुन्दर की छवि मोरे मन बस गई,
का कहूँ अपने अनंद को पार॥
मोरमुकुट मकराकृत कुण्डल।
गल वैजन्ती सोहत माल, शंख, चक्र और
गदा पदमसन, हररंग ललित सरूप अपार।

क्र.पु.मा., भाग 4

रत्नजड़ित कंचन सिंहासन में विराजमान हरि के रूप सौन्दर्य को मनोरम चित्र राग जयजयवन्ती के स्वरों में निबद्ध किया गया है :

कंचन सिंहासन रतन जड़ित चतुरहरि[4]
तापर विराजत, मदन लजत देख छबि।
मुख कमल पर अलक, अलिमालसी लगत,
कुंडल झलक निरख, हत दरप होत रवि।

क्र.पु.मा., भाग 4

भगवान् के शील एवं सौन्दर्य के साथ-साथ शक्ति की व्याख्या करने वाले गीत भी चतुर पंडित ने लिखे हैं। राम कथा के धनुष यज्ञ प्रसंग पर आधारित एक गीत श्रीराम के अतुलनीय पराक्रम को चित्रित करता है। राग श्री, झपताल में यह गीत निबद्ध है :–

अतुल पराक्रम दशरथ कुँवर के,
राघव रमा रमण रघुनाथ वर रे।

भुजदंड खंडित महादेव,
ध्वनि पूरन ब्रह्मांड हररंग सुमिर रे।

क्र.पु.मा., भाग 3

इसी तरह राग मालश्री, सूलताल में श्रीराम को दानवीरता की ओजस्वी शब्दों में बाँधा गया है।

क्र.पु.मा., भाग 5।

शिव, गणेश एवं दुर्गा स्तुति सम्बन्धी गीत

काशी विश्वेश्वर के स्वरूप, विभिन्न नामावलि, नाम-स्मरण, शिव भक्ति से जीवन की सार्थकता, विनय आदि विषय वस्तु का प्रतिपादन करते हुए चतुर ने शिव जी के प्रति अपनी अगाध भक्ति प्रदर्शित की है। राग भैरव, शंकरा, देशकार, वृन्दावनी सारंग, लंकदहन सारंग, हमीर, मालकौंस आदि रागों की स्वरालियों में शिव के अद्‌भुत स्वरूप मंगलमय नाम एवं गुणों की अभिव्यंजना की गयी है। वृन्दावनी सारंग, झपताल में निबद्ध निम्नांकित गीत में चतुर का मन हररंग (शिव के रंग या स्वरूप) में तन्मय हो गया है :–

भूषन भुजंग धीर, लिपटे सकल बदन,
अरधंग गौरा सोहे बभूत तन।
गल मुण्ड माल, हरिखाल को शुभवसन,
शिव-शिव कहे चतुर, धन-धन त्रिपुर कदन।
चावल चढ़े सीस, चन्दन चढ़े अंग,
नन्दी की असवारि, प्यारी लगे परन।
आँक धतूरा फलन बनी माल,
डमरू गह्यो हाथ, हररंग करन मन।

क्र.पु.मा., भाग 3

राग हमीर के ओजपूर्ण स्वरों में शंकर के विविध नामों को ताल झपताल की लय में बाँधकर जब चतुर ने गाया होगा तो निःसन्देह उनका मन आनन्द से झूम गया होगा। स्वर-लय, शब्द-छन्द का भावानुकूल सामंजस्य इस बन्दिश में पाया जाता है :–

शम्भो महादेव, भास्वर शिवाकान्त,
पशुपत सदानन्द गिरिजा पत महेश।
गंगाधर त्रिनेत्र शूली महेशान,
पंच वदन पुरारि फज चतर तूं गणेश।

गीतमालिका, भाग 1, स्मृति ग्रन्थ से उद्धृत

'हर को हर-हर में पछाना' राग मालकौंस में निबद्ध इस गीत में आचार्य

भातखंडेजी ने घट-घट में आदि निरंजन के दर्शन का दृष्टिकोण अपनाते हुए 'निज प्रभुमय देखेउ जगत' या 'हरि व्यापक सर्वत्र समाना' का भाव व्यक्त किया है। सम्पूर्ण जगत शिवमय है—यह भाग शिव के प्रति उनकी अटूट भक्ति एवं आध्यात्मिक चिन्तन का परिचायक है।

प्रथम देवता विनायक गणेश की पूजा-अराधना के बिना किसी भी कार्य की सिद्धि ही नहीं मानी जाती तथा आदि-शक्ति भवानी-दुर्गा की उपासना के बिना नारायण की पूजा अधूरी रह जाती है। अस्तु, आचार्य भातखंडे जी शुभ-गुण-सदन-गणनायक एवं जगतजननि दुर्गा की महिमा-स्मरण सम्बन्धी गीत गाने से वंचित कैसे हो सकते थे? वे तो भारतीय संस्कृति के पोषक थे। अपने मनोवांछित कार्य की सिद्धि के लिए गणाधिप-गणराज-गजानन की वन्दना करते हैं तथा जगत जननि दुर्गा से अभय होने का वरदान माँगते हैं। राग देशकार, ललित, हमीर में गणेश तथा राग दुर्गा में देवी की स्तुति सम्बन्धी गीत उनकी सुन्दर रचनाएँ हैं। 'जगत जननि जगदम्ब भवानी' (राग मारवा), 'भवानी दयानी' (राग-भैरवी) तथा 'दुरगे महारानी देवी' (राग मालकौंस) जैसी सरस रचनाएँ सम्भवतः पं. भातखंडे की हों, लेकिन नाममुद्रा न होने से दृढ़तापूर्वक कह पाना कठिन है। भातखंडे जी के संग्रह ग्रन्थों में ऐसी अनेक रचनाएँ हैं, जिनमें पंडित चतुर की होने की सम्भावनाएँ निहित हैं। उपनामाभाव में उनका अध्ययन, आचार्य भातखंडे जी की सांगीतिक रचना की विशेषताएँ एवं गीत की भाषा, शब्द संयोजन, भाव तथा शैली के आधार पर किया जा सकता है, फिर भी ऐसा अध्ययन शंकाओं की सीमा से परे नहीं हो सकता, जब तक प्रामाणिक व्यक्ति के सहयोग का नितान्त अभाव हो।

गोपियों के प्रेम-विरह एवं भगवान् कृष्ण से सम्बन्धित गीत

श्रीकृष्ण की रूप माधुरी से अनुरंजित चतुर का 'वाग्गेयकार' निरन्तर कृष्ण भक्ति रस का पान करने में निमग्न दिखाई देता है। कृष्ण की मोहनी एवं सोहनी सूरत का ध्यान छूटता ही नहीं (राग सोहनी), उनकी सुन्दरता हृदय में अचल हो गयी है, उन्हें देखे बिना एक पल चैन नहीं (जौनपुरी), दर्शन की तीव्र उत्कंठा एवं विरह की अधिकता के कारण हरि को सन्देश भेजना (छाया तिलक, गौड़-सारंग), गिरधर कृष्ण के दर्शन की लालसा एवं सर्वस्य समर्पण की भावना (बिहाग), राधाकृष्ण की युगल उपासना की अभिलाषा (मलुहा), राधा के अद्वितीय सौन्दर्य एवं मान-चित्रण (यमनी बिलावल), राधा के भाग्य की प्रशंसा (दरबारी कान्हड़ा), कृष्ण के सौन्दर्य का आनन्द (ललित), गोपियों की मधुर झिड़की, शिकायत एव उलाहना (मारवा, तोड़ी), कृष्ण के मुरली बादन का प्रभात-चित्रण (परज, पहाड़ी), रास, झूलन एवं होरी (क्रमशः छाया, हिंडोल एवं काफी व गारा में) आदि विविध

भावों पर रचित गीत आचार्य भातखंडे जी के भगवान् कृष्ण के प्रति व्यक्त प्रेमलक्षणा भक्ति के प्रतीक हैं।

आचार्य भातखंडे जी के भक्तिपरक गीतों के अध्ययन एवं विवेचन से यह निष्कर्ष निकलता है कि उनके द्वारा रचित गीतों में भक्ति की प्रधानता एवं बहुलता है। अतः यह कहना उचित है कि आचार्य जी ने भक्ति प्रधान गीतों की अधिकतम रचना कर एक ओर तो जीवन के लिए भक्ति की आवश्यकता प्रतिपादित की है, जिनके द्वारा उनकी (स्वयं की) भक्ति भावना भी प्रदर्शित हुई है, दूसरी ओर, अप्रत्यक्ष रूप से उन संगीत साधकों को निर्देश किया गया है, जिनका ध्यान मात्र संगीत के मनोरंजन पक्ष पर अधिक है। अपनी कौशलपूर्ण संगीत योजना द्वारा उन्होंने अष्टयाम में गाये जाने वाले रागों के लिए भक्तिपूर्ण गीतों की रचना कर संगीत साधना में अहर्निश भक्तिरस की धारा प्रवाहित होती रहे तथा सुरुचिपूर्ण गीतों के माध्यम से संगीत की प्रतिष्ठा भी स्थापित हो, यह लक्ष्य निर्धारित कर संगीत की महान् सेवा की। उनके गीतों का भक्ति पक्ष भास्वर एवं अमूल्य है।

सन्दर्भ

1. 'भातखंडे स्मृति ग्रन्थ' (पृष्ठ 185) पं. विष्णुनारायण भातखंडे द्वारा रचित इन कतिपय गीतों को अप्राप्य इसलिए कहा गया है कि इन गीतों को हिन्दुस्तानी संगीत पद्धति ग्रन्थमाला के क्रमिक भागों में अथवा राजा नवाबअली साहब की 'मारिफन्नग़मात' में स्थान नहीं दिया गया था।
2. 'भातखंडे स्मृति ग्रन्थ' में प्रकाशित इच्छापत्र से उद्धृत (पृष्ठ 482)...काशी में देह त्यागने की मेरी बहुत इच्छा है, परन्तु इसका निर्णय तो भगवान् पर ही निर्भर है...अन्त में मेरी इस कल्पना को मूर्त रूप देकर इस ढलती उम्र में भी यह सब कार्य मेरे हाथों से पूर्ण करवाया, उस काशी विश्वेश्वर को नमस्कार करके आज्ञा लेता हूँ। जय जगदीश!
3. 'गावो वागेसरी' प्रसिद्ध लक्षणगीत में भी 'चतुर' उपनाम का प्रयोग नहीं है। उनके विशाल संग्रहों में ऐसे अनेक गीत समाविष्ट होंगे, जिनमें उपनाम नहीं हैं।
4. इस गीत में 'चतुर' उपनाम हरि कि विशेषण के रूप में प्रयुक्त हुआ है। भातखंडेजी के अनेक गीतों में कान्ह चतुर, चतुर श्याम, चतुर सखि, चतुर मुरार, चतुर कान्ह, चतुर सुघर आदि शब्द संयोजन मिलते है। अस्त, यह गीत चतुर का है, ऐसा कहना असंगत नहीं।

वैदिक छन्दों में निहित हैं सप्त स्वर

•

डॉ. जयचन्द्र शर्मा

ब्रह्मांड में स्थित समस्त नक्षत्रों का संचालन छन्दबद्ध है। पृथ्वी चौबीस घंटों में अपनी धुरी पर एक चक्कर लगाती है। यह 24 मात्राओं का छन्द है तथा 365 दिन की एक परिक्रमा सूर्य की लगाती है। यह 365 मात्राओं का छन्द है। पृथ्वी का घेरा 24 हजार मील के लगभग है और उसका व्यास आठ हजार मील है। सूर्य का घेरा 27 लाख मील है। बृहस्पति 48 करोड़ 30 लाख की दूरी पर है, जो 11 वर्ष 9 माह में सूर्य के चारों ओर एक चक्कर लगाता है। इसी प्रकार अन्य नक्षत्रों की सूर्य से दूरी और चक्करों के विषय में ज्योतिष-शास्त्र के माध्यम से विद्वानों ने ज्ञात कर ग्रन्थों में उल्लेख किया है।

साहित्य सम्बन्धी छन्दों का आधार 'वेद' है। यजुर्वेद को छोड़कर शेष तीनों वेदों की ऋचाएँ छन्दबद्ध हैं, जिन्हें मुख्यतः सात छन्दों में प्रयुक्त किया गया है। उन छन्दों के नाम है—अनुष्टुप, गायत्री, बृहति, पंक्ति, उष्णिक, त्रिष्टुप और जगती।

'कात्यायन' ने छन्द के विषय में लिखा है— 'अक्क्षर परिमाणंतच्छन्द' अर्थात् जिसमें अक्षरों के परिमाण (संख्या) में वर्णों की सत्ता निहित हो उसे छन्द कहते हैं।

संगीत कला की तीनों विधाएँ (गायन, वादन, नर्तन) छन्दबद्ध हैं। संगीत के सप्त स्वर—'स, रे, ग, म, प, ध, नि' हिन्दी वर्णमालानुसार वर्ण हैं। साहित्यकारों के स्वर 'अ आ इ ई' आदि 16 स्वर हैं।

स्वयं राजन्त इति स्वराः।

अर्थात्—जो बिना किसी की सहायता से उच्चरित और स्वयं प्रकाशमान होते हों, उन्हें स्वर कहते हैं।

स्वर वेदाश्च शास्त्राणि स्वरे गान्धर्वमुत्तमम्।
स्वरे च सर्व त्रलोक्यं स्वरमात्मास्वरूपकम्॥

(शि.स्व.)

अर्थात्—स्वर में ही वेद, स्वर में ही शास्त्र और स्वर में ही श्रेष्ठ गान्धर्व-विधा (संगीत) है तथा स्वर में ही ये सम्पूर्ण तीनों लोक बसे हुए हैं और स्वर ही आत्म

स्वरूप परमात्मा है।

'सामवेद' की ऋचाएँ सस्वर गायी जाती थीं। साम-गान उदात्त, अनुदात्त एवं स्वरित स्वरों के अनुरूप किया जाता था। सप्त-स्वरों में ये तीन स्वर कौन-कौन से थे, इस सम्बन्ध में संगीत विद्वान् एकमत नहीं हैं। पंडित-अहोबल ने सप्त-स्वरों के साथ वैदिक-छन्दों का उल्लेख किया है, उससे सिद्ध होता है कि 'साम-गान' में सप्त स्वरों का प्रयोग किया जाता था, क्योंकि प्राचीन एवं आधुनिक संगीत विद्वानों के मतानुसार बाईस श्रुतियों की विभिन्न दूरियों पर स्थापित स्वरों के तीन स्वरूप ही प्रकट होते हैं :—

चतुश्चतुश्चतुश्चैव षड्जमध्यमपंचमाः।
द्वे द्वे निषाद गान्धारौ त्रिस्त्रिऋषभधैवतौ॥

(संगीत दर्पण)

अर्थात्—स, म, प चार-चार श्रुति, रे और ध तीन-तीन श्रुति और ग और नि दो-दो श्रुति के स्वर हैं। जैसे :—

स्वर : स रे ग म प ध नि
श्रुति : 4 3 2 4 4 3 2 = 22

सम्भव है इन्हीं तीन प्रकार की दूरियों को उदात्तादि स्वर नाम दिये गये हों। वीणा के 36 इंच के तार को आधार मानकर संगीत शास्त्रज्ञ पण्डित श्रीनिवास ने इंचों की विभिन्न दूरियों पर सप्त स्वरों की स्थापना की तथा पाश्चात्य विद्वानों ने वैज्ञानिक आधार पर कम्पन संख्याओं का आधार माना।

वीणा के तार एवं कम्पन-संख्या

सप्त-स्वर बोध

स्वर-नाम :	स	रे	ग	म	प	ध	नि	सं
तार की लम्बाई	36	32	30	27	24	21 1/3	20	18
कम्पन-संख्या	240	270	300	320	360	405	450	480

सप्त-स्वर स्थापना के लिए गुणोत्तर, सेन्ट एवं सेवर्ट आदि प्रणालियाँ भी प्रचलित हैं जो वैदिक काल के बहुत वर्षों बाद की हैं।

वास्तव में देखा जाए तो इन समस्त प्रणालियों के आधारभूत वैदिक छन्द हैं। स्वर और वैदिक छन्दों के विषय में भारतीय संगीत विद्वानों ने लिखा है :—

अथानुष्टुप च गायत्री त्रिष्टुप च बृहती तथा।
पंक्तिरुण्णि जगत्यौ छन्दान्स्याहुः स्वरोष्चिति॥

(संगीत पारिजात)

अर्थात्—स का अनुष्टुप, रे का गायत्री, ग का त्रिष्टुप, म का बृहति छन्द होता है तथा पंचम (प) का पंक्ति ध का उष्णिक और नि स्वर का जगती छन्द है।

साधारणतः स्वरों का सम्बन्ध छन्दों से होने की बात समझ में नहीं आती। इसी विषय पर आगे प्रकाश डाला जा रहा है।

छन्दों की मात्राएँ एवं विभाग

छन्द नाम	मात्राएँ	विभाग	सं. परि. के मतानुसार स्वर
अनुष्टुप	32	8/8/8/8	सा
गायत्री	24	8/8/8	रे
त्रिष्टुप	44	11/11/11/11	ग
बृहति	36	8/8/12/8	म
पंक्ति	40	8/8/8/8/8	प
उष्णिक	28	8/8/12	ध
जगति	48	12/12/12/12	नि

उपर्युक्त मात्राओं को कुछ संख्याएँ प्रकृति में स्थित नक्षत्रों में भी हैं, जैसे—24, 48, 8, 11। इसी प्रकार छन्दों की संख्या वीणा के तार की लम्बाई एवं कम्पन संख्याओं में भी हैं। छन्दों की संख्याओं के माध्यम से वैज्ञानिक प्रणाली (कम्पन संख्या) द्वारा सप्तस्वरों की जानकारी निम्न प्रकार की जा सकती हैः—

सप्त स्वरों में मध्यम स्वर सबसे अधिक महत्त्वपूर्ण है। इसके प्रारम्भ में स, रे, ग तीन स्वर हैं और बाद में प, ध, नि तीन स्वर हैं। मध्यम स्वर बृहति छन्द 36 की संख्या पर स्थित है। पं. श्रीनिवास ने स्वर स्थापन हेतु वीणा पर 36 इंच का तार लगाकर उसे षड्ज स्वर (स) माना और वैज्ञानिकों ने दशक प्रणाली के आधार पर 360 कम्पन संख्या का पंचम स्वर माना।

'अनुष्टुप छन्द' 32 की संख्या वीणा पर स की ध्वनि का बोध कराती है। कम्पन-संख्या के आधार पर 320 आन्दोलन मध्यम का है। इन्हीं दो प्रमुख संख्याओं की दूरी पर स, म स्थित हैं।

36 की संख्या को $\frac{4}{3}$ गुणा करने पर $\frac{36 \times 4}{3} = 48$ की संख्या आती है, जो जगती-छन्द की है। 480 कम्पन संख्या तार सप्तक के स की है। इसकी आधी 240 मध्य सप्तक का स है। 24 संख्या का 'गायत्री-छन्द' है। गायत्री छन्द 24 से जगती छन्द 48 दुगुनी दूरी पर स्थित है। वैज्ञानिकों ने 240 कम्पन संख्या पर स स्वर निर्धारित कर 480 तार सप्तक के स को स्थापित किया जिसे वर्तमान के संगीत विद्वान् स्वीकार करते हैं।

मध्यम स्वर 32 के तार सप्तक का स स्वर $\frac{4}{3}$ की दूरी पर नहीं है। इस दूरी का बोध $\frac{48}{32}=\frac{3}{2}$ से गुणा करने पर होगा।

32 अर्थात् $\frac{3}{2}$ की दूरी पर स स्वर से प स्थित है। इस दूरी के आधार पर षड्ज-पंजम-भावानुसार स्वरों की कम्पन संख्या की जानकारी मिलती है। स से म की दूरी $\frac{4}{3}$ है जिसे षड्ज-मध्यम-भाव कहते हैं।

षड्ज, मध्यम, पंचम और तार सप्तक के षड्ज (सं) की कम्पन संख्या का बोध $\frac{4}{3}$ तथा $\frac{3}{2}$ के माध्यम से हुआ। शेष चार स्वरों (रे, ग, ध नि) की कम्पन संख्या षड्ज-मध्यम तथा षड्ज-पंचम भावानुसार निम्न प्रकार है जिनका सम्बन्ध वैदिक छन्दों की संख्याओं से भी है।

ऋषभ स्वर : 36 की संख्या को $\frac{3}{2}$ से गुणा करने पर जो संख्या आएगी, वह रे स्वर की होगी। $\frac{36\times 3}{2}=54$ दशक के अनुसार 540 होते हैं। यह कम्पन संख्या तार सप्तक के रे की है। मध्य सप्तक की कम्पन संख्या इससे आधी अर्थात् 270 है।

धैवत स्वर : ऋषभ स्वर की कम्पन संख्या 270 को $\frac{3}{2}$ से गुणा करने पर धैवत स्वर की कम्पन संख्या ज्ञात होगी। $\frac{270\times 3}{2}=405$ यह कम्पन संख्या धैवत स्वर की है।

गान्धार स्वर : 405 की संख्या में 5 के अंक को हटा दिये जाने पर 40 की संख्या रह जाती है। यह संख्या 'पंक्ति छन्द' की है। 40 की संख्या को $\frac{3}{2}$ से गुणा करने पर 60 उत्तर आएगा। $\frac{40\times 3}{2}=60$ दशक प्रणाली के अनुसार 600 बनेंगे, जो तार सप्तक के गान्धार स्वर की कम्पन संख्या है। इसकी आधी संख्या 300 पर मध्य सप्तक का गान्धार है।

निषाद स्वर : गान्धार से निषाद स्वर $\frac{3}{2}$ की दूरी पर है। 300 को $\frac{3}{2}$ से गुणा करने पर निषाद स्वर की कम्पन संख्या की जानकारी मिलती है।

$\frac{300 \times 3}{2} = 450$ कम्पन संख्या निषाद स्वर की है।

इस प्रकार संगीत की विद्वानों एवं वैज्ञानिकों ने वैदिक-छन्दों की संख्याओं को आधार मानकर वीणा के तार की लम्बाई और कम्पन संख्या द्वारा स्वरों की स्थापना की गयी हो तो कोई आश्चर्य की बात नहीं है।

भारतीय संगीत विद्वानों ने सप्त-स्वरों की स्थापना श्रुत्यान्तर के आधार पर की है। श्रुतियों के तीन प्रकार और उनकी संख्या वैदिक छन्दों में निहित है। प्रत्येक छन्द के प्रथम अंक को क्रमशः देखने पर यह जानकारी होती है।

छन्द नाम	अनुष्टुप	गायत्री	त्रिष्टुप	बृहति	पंक्ति	उष्णिक	जगती
प्रथम अंक	3	2	4	3	4	2	4=22

उपर्युक्त कोष्ठक में त्रिष्टुप, पंक्ति, जगती छन्द चार-चार अंकों के हैं, जो चार-चार श्रुत्यान्तर का बोध कराते हैं। अनुष्टुप और बृहति छन्द तीन-तीन अंकों के तीन-तीन श्रुतियों की जानकारी देते हैं और गायत्री तथा उष्णिक छन्द दो-दो अंक वाले दो-दो श्रुतियों वाले स्वरों की जानकारी देते हैं। इस प्रकार वैदिक छन्दों द्वारा सप्त-स्वर, बाईस श्रुतियों की जानकारी भी मिलती है।

संगीत कला में तीन ग्राम का उल्लेख भी विद्वान् करते हैं। ये तीन ग्राम छन्दों में निम्न प्रकार हैं—आठ की संख्या, ग्यारह की संख्या और बारह की संख्या वाले छन्द संगीत कला के 'तीन ग्राम' हैं। योगियों ने इन संख्याओं को अष्ट वसु, बारह आदित्य और ग्यारह रुद्र कहा है।

संगीत में स से सं तक आठ शुद्ध स्वरों की ध्वनियाँ एक ग्राम है। शुद्ध और विकृत स्वर मिलकर कुल बारह ध्वनियों का द्वितीय ग्राम है। तीसरे ग्राम के विषय में संगीतज्ञों का कहना है कि इस ग्राम के राग स्वर्गलोक में गाये जाते हैं।

श्रुत्यान्तरानुसार पीछे दर्शाये गये स्वर षड्ज ग्राम के हैं। वैदिक छन्दानुसार श्रुतियों का क्रम देखते हैं तो ये स्वर मध्यम ग्राम का बोध कराते हैं। त्रिष्टुप, बृहति, पंक्ति छन्द की संख्या 4, 3, 4, मध्यम ग्राम के म, प, ध स्वरों की श्रुतियाँ हैं, जबकि षड्ज ग्राम में म, प, ध की श्रुतियाँ हैं, जबकि षड्ज ग्राम में म, प, ध, की श्रुतियाँ 4, 4, 3 हैं।

इस प्रकार वैदिक छन्दों द्वारा सप्त स्वर, तीन ग्राम, बाईस श्रुतियों का स्वरूप प्राचीन एवं अर्वाचीन मतानुसार प्रकट होता है।

पंडित ओंकारनाथ जी ठाकुर की गायकी

●

श्री. परमहंस पाण्डेय बी.ए., विशारद

साहित्य के महारथियों एवं आचार्यों ने काव्य-कला को सर्वोत्तम माना है। ललित कलाओं में काव्य-कला के बाद संगीत-कला का स्थान माना गया है किन्तु पंडित ओंकारनाथ का गाना सुनकर मैं दूसरे निर्णय पर पहुँचा हूँ। मेरे विचार में काव्य पढ़कर संगीत का स्थान होना चाहिए। गुरुवर पंडित रामचन्द्र शुक्ल ने 'कविता' नामक लेख में कविता का बड़ा ही सुन्दर विश्लेषण किया है। उन्होंने भी संगीत को दूसरी श्रेणी का बतलाया है। 'मैया मैं नहीं माखन खायो' की व्याख्या भी उन्होंने बड़ी सुन्दर की है। अन्य साहित्यिकों को भी उसकी व्याख्या करते और अर्थ लगाते सुना जाता है किन्तु जिस समय पंडितजी ने 'तिलक-कामोद' में उसको गाना आरम्भ किया उस समय उन साहित्यिकों की व्याख्याएँ बिलकुल फीकी जान पड़ने लगीं, जान पड़ता था कि उन लोगों ने प्रयास मात्र किया है। बात सच है—साहित्य अपने रूप में निराकार है संगीत का योग मिलने पर ही साकार रूप धारण करता है। हृदय में भावना का स्फुरण होने पर भाव बनता है। भावों को व्यक्त करने के लिए शब्दों की आवश्यकता पड़ती है किन्तु वे शब्द जब तक स्वर का योग नहीं पाते तब तक उनका ठीक-ठीक अर्थ व्यक्त नहीं होता। बात यह है कि परावर्ती को पूर्ववर्ती का सहारा लेना ही पड़ता है। परावर्ती पूर्ववर्ती के अभाव में टिक नहीं सकता। संगीत का सम्बन्ध सृष्टि के साथ-साथ है। मानव ने पृथ्वी पर आते ही देखा—वृक्षों की पंक्तियाँ थिरकती हैं, झरना झर-झर बहता है, नदियाँ कल-कल बहती चली जाती हैं, समुद्र में लहरें उठती हैं। अर्थात् उसने अपने चारों ओर संगीत का साम्राज्य देखा। इसी वातावरण में उसमें भावनाओं का उद्रेक हुआ था। उसने अपनी मुद्राओं द्वारा अपने को व्यक्त करना चाहा, पर आगे ज्यों-ज्यों उसका विकास होता गया वह शब्द-सृष्टि करने लगा। उसके भीतर शब्द (नाद) होता था इसलिए उसे स्वर में ही बोलना पड़ा। इस प्रकार हम देखते हैं कि साहित्य का रूप निराकार है संगीत का योग ही उसे साकार बनाता है और साकार ही हमारे अधिक निकट हो सकता है।

गत वर्ष जून के महीने में कराँची के गोवर्द्धनदास मार्केट की रजत जयन्ती के

अवसर पर पंडितजी कराँची आये थे। उनके गानों के दो प्रोग्रामों में सम्मिलित होने का मुझे भी अवसर मिला था। उनकी संगीत-लहरी सुनकर मेरे हृदय में जो भाव उठे और जो धारणा जमीं उसी की यहाँ व्याख्या है। मुझे संगीत के वातावरण में रहते 8 वर्ष हो गये हैं, इसी कारण पंडितजी को मैं कुछ-कुछ समझ पाया। किन्तु जितना समझा हूँ उतने से ही मुझे सन्तोष नहीं कदाचित् उसके लिए घोर संगीत-साधना करनी पड़ेगी। मैं साहित्य और संगीत का एक विद्यार्थी हूँ। विद्यार्थी के नाते साहित्य और संगीत की महानात्माओं की पूजा करता हूँ किन्तु समालोचना के क्षेत्र में उतर कर उनकी कृतियों में दोष भी देख लिया करता हूँ। इसलिए जब कभी गुरुवर मेरी ऐसी धृष्टता देखें तो मुझे क्षमा कर आशीर्वाद देते चलें।

पंडितजी ने गाने के पूर्व कहा 'मैया मैं नहीं माखन खायो'। इस पद में सूरदास के हृदय में जो भाव उठे थे उसे शब्द व्यक्त नहीं कर पाते। उनको व्यक्त करने के लिए संगीत का सहारा लेना पड़ेगा। पद है :—

मैया मैं नहीं माखन खायो।
भोर भये गइयन के पाछे, मधुवन मोहि पठायो॥
चार पहर बंशीवट भटक्यो, साँझ पर्‌यो घर आयो।
मैं बालक बँहियन को छोटो, छींको किस विधि पायो॥
ग्वाल-बाल सब बैर पड़े हैं, बरबस मुख लपटायो।
तू जननी मत की बहु भोरी, इनके कहे पतियायो॥
तेरे जो कछु भेद उपजि हैं, जानि परायो जायो।
ए ले तेरी लकुटि कमरिया, तैं बहु नाच नचायो॥
पुलकित बदन विकलि भईं जसुदा, नयन नीर भरिआयो॥

कन्हैया ने चुराकर माखन खाया है, माखन मुँह में लगा है, माँ ने देख लिया, अब बालक किस उक्ति से अपने को निर्दोष सिद्ध करता है, इसको सहृदय ही समझ सकते हैं। उपर्युक्त शब्दों से हमारे हृदय की कली इतनी नहीं खिलती, हृदय वात्सल्य से सरावोर करुणा का भाव लिये उतना नहीं उमड़ता जितना संगीत के स्वरों द्वारा उसमें अन्तर्निहित भावों को दिखाने में होता है। माँ का रुख बदला देखकर बालक किस ढंग से माँ से बोलते हैं वह क्या शब्दों द्वारा व्यक्त हो सकता है। यहाँ कृष्ण ने मैया किस ढंग से कहा होगा पंडित जी ने स्वरों में उनका इतना सुन्दर और हृदयग्राही विश्लेषण किया कि उससे अनिर्वचनीय रस मिला। बालक पहली दलील पेश करता है—'भोर भयो गइयन के पाछे'—'भोर भये' का इतना सुन्दर चित्रण पंडित जी ने किया और 'गइयन के पाछे' जाने का इतना सुन्दर रूप दिखाया जान पड़ता था, कन्हैया सचमुच गइयन के पाछे जा रहा है। 'चार-प्रहर बंशीवट भटक्यो' बालक 'चार प्रहर' को व्यवत करने के लिए कितना उतावला हुआ होगा, वह क्या 'चार प्रहर' कह देने से व्यक्त हो सकता है? 'चार प्रहर' को व्यक्त करने के लिए सूरदास के मन में क्या-क्या भाव उठे होंगे वे क्या शब्दों में

दिखाई पड़ते हैं? फिर 'भटक्यो' अहाहा, 'भटक्यो' का प्रभाव दर्शाने के लिए बालक कितना दीन और नम्र बन जाता होगा उसकी बहुत ही सुन्दर मर्मभेदी अभिव्यंजना पंडितजी ने स्वरों में दिखाई। अब तक बालक माँ से कुछ दूर था, मैं बालक बँहियन को छोटो...यहाँ पर बालक ने अपनी सफाई कैसी सुन्दरता से दी है। मेरी बँहिया (बाँह-भुजा) छोटी-छोटी हैं, बताओ तो सही माता! मैं छींके तक कैसे पहुँच सकता हूँ! यह भाव भी पंडितजी ने अपने गाने में खूब दर्शाया! अस्तु मतलब यह है कि सम्पूर्ण पद के भाव संगीत के साथ इस खूबी से व्यक्त किये गये कि श्रोता गद्गद हो गये।

इसके बाद पंडितजी ने 'जोगी मतजा मतजा मतजा' भैरवी में गाया। पंडितजी कोरे गवैये ही नहीं हैं अपितु उनका हृदय बहुत ही कोमल, भावुक और विशाल है। 'जोगी मतजा मतजा मतजा' ज्यों ही उन्होंने स्वरों में उच्चारण किया उनके नेत्रों से आँसू ढलक पड़े और जिस समय भावावेष में वे गाने लगे जान पड़ता था कि सारी प्रकृति ही रो रही है। इसी प्रकार यदि प्रत्येक गायक पहले पद के भावों को सर्वांग रूप से अपने हृदय में भर लें और तब गाना आरम्भ करें तो कदाचित् पंडित रामचन्द्र शुक्ल को यह लिखने की आवश्यकता नहीं पड़ती कि संगीत के पेंच-पाँच देखकर तो हठयोग की याद आती है। जिस समय कोई कलावन्त पक्का गाना गाने के लिए आठ अंगुल मुँह फैलाता और 'आ आ' करके विकल होता है, उस समय बड़े-बड़े धीरों का धैर्य्य छूट जाता है, दिन-दिन भर चुपचाप बैठे रहने वाले बड़े-बड़े आलसियों का आसन डिग जाता है। जो संगीत नाद की मधुर गति द्वारा मन में माधुर्य्य का संचार करने के लिए था, वह इन पक्के लोगों के हाथ में पड़कर केवल स्वर-ग्राम की लम्बी चौड़ी क़वायद हो गया। श्रद्धालुओं के अन्तःकरण की मार्मिकता इतनी स्तब्ध हो गयी कि एक खर-श्वान के गले से भी इन लम्बी क़वायद को ठीक उतरते देख उनके मुँह से 'वाह वाह', 'ओहो हो', निकलने लगा। काव्य पर शब्दालंकार आदि का इतना बोझ लादा गया कि उसका सारा रूप ही छिप गया। बात यह हुई कि इन विविध कलाओं के जितने अभ्यास गम्य और श्रम साध्य अंग थे वे तो हद से बाहर घसीटे गये और जितने सहृदयता से सम्बन्ध रखने वाले थे, उन पर ध्यान ही न पड़ा।

किसी ने उनसे 'मल्हार' गाने की प्रार्थना की। पंडितजी ने कहा—'मल्हार' गाते समय मुझे बड़ा भय लगता है क्योंकि 'मल्हार' में बड़ी शक्ति लगानी पड़ती है और 'मल्हार' गाते समय मैं जीवन में तीन बार रक्तपात कर चुका हूँ इसलिए पूरी शक्ति लगाने का साहस नहीं होता। फिर भी उन्होंने मल्हार गाया ही। सचमुच उनके 'मल्हार' को सुनकर भारत की कला पर गौरव हो उठा। आँखे बन्द कर लेने पर जान पड़ता था कि बिजली और मेघ गरज रहे हैं। 'मल्हार' का कितना सुन्दर रूप उन्होंने दिखाया था कि स्मरण होते ही हृदय खिल उठता है। उन्होंने बीच में एक तान मार कर बतलाया कि ऐसी तान मल्हार में काम नहीं

देगी। उनके इस स्पष्ट ज्ञान को देखकर अतीत के उस युग पर ध्यान जाता है जिस समय बाबा हरिदास, बैजू बावरा, तानसेन, गोपाल नायक आदि अपनी संगीत-लहरी से विश्व को लहरा रहे थे।

गाते-गाते मस्त होकर पंडितजी जिस समय काम करने लगते थे, उस समय जान पड़ता था कि कोई मशीन अथवा देव काम कर रहा है, मानव शक्ति के परे की वस्तु वह जान पड़ता था। उनकी एक विशेषता और ध्यान देने योग्य है वीणा और सितार वे मुँह से इतना सुन्दर बजाते हैं कि आँखे बन्द कर लेने पर जान पड़ता है कि वीणा और सितार ही बज रहा है।

उनका गाना साधारण गाने वालों अथवा गले बाजों से परे की वस्तु है। उनका गायन कल्पना और भावमय होता है। उनकी कल्पनाएँ विविध रूप में इतनी गहरी और कोमल होती हैं कि उनको हृदयंगम करना कठिन हो जाता है। हृदय के भावों को स्वरों द्वारा इतना स्पष्ट व्यक्त करते हैं कि हृदय गद्गद हो जाता है।

किन्तु किसी सीमा तक मुझे निराश भी होना पड़ा। मैंने सुना था कि आधुनिक गवैयों में पंडित ओंकारनाथ ही एक ऐसे हैं जिनमें मुद्रा-दोष नहीं है। किसी ने कहा था कि पंडित जी गाते समय इस ढंग से बैठते हैं कि जान पड़ता है कि कोई आदमी सन्ध्योपासना के निमित्त बैठा है। पर पण्डितजी में भी मुद्रा-दोष मुझे बड़े प्रबल रूप में दिखाई पड़ा। अंगों की तोड़-मरोड़ देखकर उदासीनता होती थी। यदि इतने उच्चकोटि के कलाकारों का भी मुद्रा-दोष पर ध्यान नहीं गया तो आगे चलकर क्या दशा होगी, नहीं कहा जा सकता। फिर तो संगीत-मंच श्रोताओं के लिए जोकरों का अखाड़ा बन जायगा। हम जैसे विद्यार्थी जो उन्हीं को अपना आदर्श मानकर चलते हैं क्या दशा होगी?

दूसरी निराशा हुई जब मैंने पंडितजी से एक ध्रुपद सुनाने की प्रार्थना की। पंडितजी ने जो उत्तर दिया उससे मुझे बड़ी वेदना हुई। उन्होंने कहा—लोग आनन्द के लिए बुलाते हैं, यहाँ कोई संगीत-सम्मेलन तो है नहीं कि ध्रुपद् गाऊँ। दूसरे, कोई कहेगा टप्पा गाने के लिए, कोई कहेगा ठुमरी गाने के लिए तो कहाँ तक फरमाइशें पूरी की जाएँगी। यहाँ मैं निर्भीक होकर कहूँगा कि पंडितजी कुछ भ्रान्ति में पड़े हैं, और ध्रुपद की ओर से उनकी ऐसी उदासीनता उन्हें शोभा नहीं देती। जहाँ उनके 'ख़याल' का प्रभाव पड़ सकता है वहाँ ध्रुपद का प्रभाव पड़े बिना रह नहीं सकता। पंडितजी के लिए जो आनन्द 'ख़याल' में है, वह ध्रुपद में नहीं।

मेरे देखने में तो यहाँ पंडितजी सर्वथा उलटे विचार प्रकट कर रहे हैं। मुझे आज ग्वालियर के उच्चकोटि के सरोद्कार हाफिज़ अली खाँ साहब की बात स्मरण हो आती है—"लोग कहते हैं कि संगीत की उन्नति होती जा रही है किन्तु मेरी समझ में लोग भारतीय संगीत के सच्चे रूप से दूर होते जा रहे हैं"। सचमुच यदि इतने उच्चकोटि के कलाकार भी ध्रुपद की ओर से उदासीन रहे तो भारतीय संगीत और मृदंग-कला की क्या दशा होगी भगवान् ही जाने।

शब्द-कीर्तन में प्रयोग किये गये गायन-रूप

डॉ. हरजस कौर

गुरमति-संगीत के आधार-ग्रन्थ 'श्री गुरुग्रन्थ साहिब' में दर्ज वाणी के संचार के लिए गुरु साहिबान ने अलग-अलग काव्य/गायन-रूपों को प्रयोग में लिया। गुरमति संगीत में इन गायन-रूपों के मौलिक रूप का अध्ययन करें तो इस गायन-प्रबन्ध के विलक्षण चित्र हमारे सामने आते हैं। 'श्री गुरुग्रन्थ साहिब' की सम्पादना रागात्मक है और समूचे 'श्री गुरुग्रन्थ साहिब' से गुरमति-संगीत का एक विशिष्ट प्रबन्ध उजागर होता है जिसके आधार पर अलग-अलग गायन-रूप/शैलियाँ अपना निश्चित विधि-विधान रखते हैं और गुरमति-संगीत के दृष्टिकोण से इनका प्रमुख महत्त्व है। 'श्री गुरुग्रन्थ साहिब' में पहले सनातनी (शास्त्रीय), फिर लोक (देसी) काव्यरूप/गायन-शैलियों को रखा गया है, जिनका वर्णन इस प्रकार है :–

सनातनी (शास्त्रीय) अंग के गायन-रूप

यह वह गायन-रूप है, जो मूल रूप में भारतीय शास्त्रीय संगीत में प्रचलित है और इन गायन-रूपों को 'अंग' रूप में अपनाकर इनसे सम्बन्धित काव्य-रूप में वाणी को गुरमति-संगीत-प्रबन्ध के अन्तर्गत किया गया है।

अष्टपदी : अष्टपदी 'श्री गुरुग्रन्थ साहिब' का महत्वपूर्ण काव्यरूप है। इसका काव्यात्मक और सांगीतिक रूप सनातनी उच्चता का धारणी है। गुरुवाणी के अन्तर्गत अष्टपदी में मानव-जीवन के साधारण किस्म के विषय को मूर्तिमान किया गया है। आठ पदों की रचना को 'अष्टपदी' कहते हैं, किन्तु गुरुवाणी में अष्टपदी के अधीन पदों की गिनती आठ से बढ़कर नौ, दस, ग्यारह और आठ से कम होकर सात भी मिलती हैं। अष्टपदी में इन पदों के अलावा तुकों में भी भिन्नता पायी जाती है। पदों में चार तुकों के अलावा तीन, दो अथवा एक तुक भी दृष्टिगोचर होती है।

भारतीय संगीत के अध्ययन से भी पता चलता है कि गुरु साहिबान से पूर्व अष्टपदी का प्रबन्ध-शैली के रूप में प्रचार था। प्रबन्ध एक विशेष नियमबद्ध रचना है, जिसके चार भाग–उद्ग्राह, ध्रुव, मेलापक और आभोग हैं। बारहवीं सदी

के भक्तकवि और महान् संगीतकार जयदेव द्वारा रचित 'गीतगोविन्द' की महत्त्वपूर्ण रचना 'अष्टपदी' प्रबन्ध-गायन का उत्कृष्ट नमूना है। इस महान् रचना 'गीतगोविन्द' से प्रबन्ध-शैली की प्राचीनता और महानता के बारे में पता लगता है। गुरु साहिबान द्वारा रचित अष्टपदियाँ भी प्रबन्ध-गायन का उत्तम नमूना हैं।

पद : पद, काव्य का पुरातन और प्रचलित रूप है, जिसका संगीत में गायन करने की अपनी ही परम्परा है। 'संगीत्र भाष्य' में पद की परिभाषा इस तरह दी गयी है—'जिन विशेष अक्षरों या वाक्य समूहों से किसी गत या गीत का बोध हो उस शब्दावली को पद कहा जाता है।[1] पद को राग पद, राग प्रकाशक पद और स्वर शब्द भी कहा जाता है।'[2]

'श्री गुरुग्रन्थ साहिब' में लगभग समूह गुरु साहिबान और सन्त व भक्तों ने पद गायन शैली का प्रयोग अपनी वाणी के गायन के लिए किया। गुरुवाणी में बन्द या तुकों की संख्या के आधार पर ही पदों के नाम शीर्षक रूप में अंकित हैं। दो बन्दों को दुपदे, तीन बन्द के पद को तिपदे, चार बन्द के पद को चौपदे, इसी तरह पंचपदे और छहपदे आदि कहते हैं।

पद शैली को मध्य काल में प्रचलित ध्रुपद अंग या ध्रुपद शैली में गाये जाने की रीति प्रचार में थी। ध्रुपद शैली का प्रयोग ईश्वर की गुण गाथा के लिए किया जाता था जिसके चार अंग स्थायी, अन्तरा, संचारी और आभोग हैं। भारतीय संगीत के महान् संगीतकार स्वामी हरिदास, उनके शिष्य तानसेन, बैजू बावरा, रामदास आदि, सन्त कवियों में भक्त कबीर, सूरदास आदि द्वारा रचित पद ध्रुपद-गायन-शैली के उत्तम नमूने हैं।

'श्री गुरुग्रन्थ साहिब' में दर्ज पद शैली में रहाओ की तुक को ध्रुपद की जगह 'ध्रुव' नाम दिया है। शब्द की शेष तुकों के अन्त में 1, 2, 3 के रूप में अंक स्थायी, अन्तरा, संचारी और आभोग, ध्रुपद के नियमों के अनुसार कार्यशील रहते है। 'श्री गुरुग्रन्थ साहिब' में वाणी प्रधान होने के कारण ध्रुपद शैली के इन शास्त्रीय नियमों से छूट भी ले ली जाती है। उदाहरण के तौर पर दुपदे, तिपदे आदि में ध्रुपद के सभी अंग नहीं हैं, पर इनका गायन ध्रुपद अंग से ही किया जाता है। गुरमति-संगीत की प्रधान 'पद' शैली को ध्रुपद अंग में गाये जाने की परम्परा वाणी-प्रबन्ध की विशिष्टता है।

होली : गुरुवाणी में होली से सम्बन्धित शब्दों को भारतीय संगीत में प्रचलित 'धमार' अंग से गायन करने की परम्परा है। धमार शैली शृंगार रस प्रधान है। धमार ताल में इसका गायन करने पर, उसको धमार-शैली कहा जाता है। इसके दो भाग स्थायी और अन्तरा होते हैं और विभिन्न लयकारी एव बोलतानों आदि से इसे सजाया जाता है।

'श्री गुरुग्रन्थ साहिब' में दर्ज होली के शब्दों में 'रहाओ' का प्रयोग स्थायी

और अन्तरा में विभाजित किया गया है। इसमें रहाओ की तुक के अलावा शेष सभी तुकें अन्तरे की होती हैं। इससे प्रत्येक अन्तरे के बाद रहाओ की तुक का गायन किया जाता है। गुरुवाणी में होली के शब्दों को गुरमति-संगीत-प्रबन्ध के अनुसार धमार अंग से गायन करने की परम्परा वाणी प्रबन्ध की उच्चता की धारणी है।

पड़ताल : पड़ताल गुरमति संगीत का एक विशिष्ट और अप्रसिद्ध काव्य रूप है जो संगीत के गायन पक्ष में भी शेष शैलियों से निराला और महत्त्वपूर्ण स्थान रखता है। वर्तमान समय में पड़ताल-शैली को भारतीय संगीत में प्रचलन नहीं है, परन्तु भारतीय संगीत ग्रन्थों में 'पंचतालेश्वर' नामक गायन शैली के साथ इनका प्रत्यक्ष तौर पर सम्बन्ध जोड़ा जाता है।[3]

'पड़ताल-शैली' की रचना पड़+ताल शब्दों के मेल से हुई है। इसके शाब्दिक अर्थों को देखा जाए तो 'ताल के आधार पर शब्द का पाठ' बनता है। 'पड़ताल' को पट ताल, परत ताल, पंच ताल, पड़त ताल आदि नामों से भी सम्बोधित किया जाता है। एक शब्द या पद के अलग-अलग तालों में गायन को 'पड़ताल' कहा जाता है। जैसे एक बन्दिश में अलग-अलग रागों के प्रयोग को 'राग-सागर' या 'राग माला' कहते हैं, उसी तरह एक ही बन्दिश में अलग-अलग तालों के अन्तर्गत गीत का गायन करना 'पड़ताल' है।[4] 'गुरुमति संगीत' की इस अद्वितीय गायन शैली का स्वरूप, समय के काल चक्र में अप्रचलित होने से इस शैली के तालों के सम्बन्ध में विद्वानों में मतभेद हो गये। 'पड़ताल शैली' में विभिन्न तालों के प्रयोग के बाबजूद राग एक ही रहता है। 'पड़ताल' का गायन करने के लिए शेष शैलियों की तरह 'रहाओ' की तुक को स्थायी के रूप में किसी एक ताल के अन्तर्गत रखा जाता है। अन्तरे के तुक को विभिन्न तालों में गाने के उपरान्त स्थायी की ताल में गाया जाता है। अन्तरे की तुक के बाद ताल से तिहाई लगाकर स्थायी की तुक का गायन किया जाता है। अगर तिहाई न हो तो शब्दों को दुहरा कर या तान लेकर पूरा किया जाता है। इसके अलावा साधारण रूप से सम से स्थायी में प्रवेश किया जाता है। कुछ विद्वानों का विचार है कि अन्तरे की अलग-अलग तुकों के गायन के लिए प्रयोग किये गये तालों की लय स्थायी की तुक के लिए प्रयोग किये गये तालों की मात्राओं के समान होनी चाहिए। अन्तरे की ये तुकें सम्बन्धित ताल के एक, दो या अधिक आवर्तन की भी हो सकती हैं।

'पड़ताल' एक कठिन गायन शैली है। 'पड़ताल' के गायन के लिए गायक को जहाँ ज़्यादा रियाज़ की ज़रूरत है, वहाँ ध्रुपद, धमार और बाक़ी गायन शैलियों का पूर्ण ज्ञान भी आवश्यक है, क्योंकि इस शैली में इन गायन शैलियों के रंग भी नज़र आते हैं। रियाज़ से ही तालों का बदलाव सहज रूप में हो सकता है। और गुरमति संगीत के अनुसार शब्द-प्रधान गायकी के लक्ष्य की प्राप्ति हो सकती है।

लोक (देसी) अंग के गायन रूप

यह गायन रूप वे हैं जो अलग-अलग इलाकों, जातियों तथा प्रान्तों के लोक-जीवन में निजी सामूहिक भावों की अभिव्यक्ति के लिए प्रयुक्त होते हैं। गुरुवाणी में लोक अंग के गायन रूपों को गुरुमति संगीत-प्रबन्ध के अन्तर्गत रख कर इनमें अभिव्यक्ति को अनुशासित किया गया है। इस लोक रूपों को राग, ध्वनि, रहाओ, अंक आदि संकेतों के साथ स्वरूप दिया गया है। इसके बारे में विस्तृत वर्णन इस प्रकार है :–

'छन्त' (छन्द) : 'छन्त' पंजाबी काव्य का अंग है। लोगों में इसका प्रयोग उन गीतों के लिए होता है जो विवाह के अवसर पर लाड़ा अपनी सालियों को सुनाता है।[5] विवाह-शादी के मौक़े पर गाये जाने वाले गीतों को 'छंत' (छन्द) कहा जाता है। 'छन्त' श्रृंगारिक काव्य का उत्तम नमूना है। पंजाबी लोक-छंत में 'छन्त' की तुकों को दो भागों में विभाजित करके प्रत्येक भाग के अन्तिम शब्द को लम्बा करके टिकाव सहित गाते हैं। इन 'छन्तों' को गायन ज़्यादातर पीलू तथा खमाज जैसे रागों में किया जाता है।

'श्री गुरुग्रन्थ साहिब' में दर्ज 'छन्तों' के आमतौर पर चार बन्द होते हैं और प्रत्येक बन्द में छह तुक होती हैं। पर गुरुवाणी में छन्त के पदों की संख्या सात, आठ, नौ और सत्तरह भी मिलती है। 'छन्त' में दर्ज अंक एक 'छन्त' पूरा होने का सूचक है। 'छन्त' का गायन क्रमवार गायन करने की रीति है इसलिए छन्तों को स्थायी-अन्तरे में विभाजित नहीं किया गया।

सिक्ख जगत् में रात को 'श्री गुरुग्रन्थ साहिब' के सुखासन—उपरान्त महाराज की सवारी को विश्राम के स्थान पर ले जाते समय 'जियै जाइ वहै मेरा सतिगुरु' 'छन्त' का गायन किया जाता है। इसका गायन चलते-चलते बिना साज़ के सामूहिक रूप में किया जाता है। इसके अलावा 'आसा की वार' में श्री गुरु रामदास जी द्वारा रचित 'छन्तों' अर्थात् 'छन्दों' को रोज़ाना गायन करने की परम्परा है।

अलाहुणी : 'अलाहुणी' शब्द अलाहणा से बना है, जिसका अर्थ है गाना। 'अलाहुणी' का शाब्दिक अर्थ है शलाथा या स्तुति की कविता यानी वह गीत जिसमें किसी के गुण गाये जाएँ। ख़ास करके दिवंगत प्राणी के गुण-कर्म कहकर जो गीत गाया जाता है उसका नाम 'अलाहुणी है।'[6] 'अलाहुणी' गायन करने की अपनी ही परम्परा है, यह मृतक प्राणी की बिरादरी की सभी औरतें मिलकर गाती हैं। सभी औरतें एक गोल चक्कर में खड़ी हो जाती हैं और बीच में नैण या मरासण खड़ी होती है। मरासण 'अलाहुणी' बोलती है और साथ ही सभी अपने हाथ छाती और पटों पर मारकर पीटती हैं। सभी के हाथ एक लय में उठते हैं। 'अलाहुणी' का गायन बिना साज़ के किया जाता है, इसकी अपनी ही एक पहचान है। इसमें ख़ास टेक अलाप या लयकाअ होता है जो उस दृश्य को अत्यन्त शोकाकुल,

करुणामय बना देता है।

गुरुवाणी के अन्तर्गत 'अलाहुणी' में संसार को नाशवान् बताते हुए, जीव को परमात्मा की रज़ा में रहने, उत्तम काम करने, मौत को याद रखने और प्रभु भक्ति को उपदेश दिया है। 'अलाहुणी' का गायन प्राणी के अकाल अवसान के उपरान्त देह को दाह देने के बाद किया जाता है।[7] 'श्री गुरुग्रन्थ साहिब' में दर्ज 'अलाहुणी' के चार बन्द हैं और प्रत्येक बन्द में छह तुक अंकित हैं। राग 'बड़हंस' के दक्षिणी प्रकार की 'अलाहुणी' में आठ बन्द हैं और प्रत्येक बन्द चार तुक का धारणी है। इसमें स्थायी के तौर पर 'रहाओ' की तुक भी अंकित है, जबकि शेष को स्थायी व अन्तरे में विभाजित नहीं किया गया। यह क्रमवार ही गाई जाती है। 'अलाहुणी' के अनुकूल वातावरण के लिए जहाँ रोवण, मरन, रोईयै, बिछोड़ा, पछताए आदि शब्दों का प्रयोग किया गया है, वहाँ गायन की मूल भावना को ध्यान में रखते हुए लयकाअ और हेक के अनुकूल अन्तिम शब्दों का प्रयोग किया गया है, जो 'अलाहुणी' की ख़ास पहचान है।

मुन्दावणी : 'मुन्दावणी' का अर्थ है बुझारत अड़ाउणी, जिसमें भाव या अर्थ गुप्त बन्द करके या छिपा के रखा हो, ऐसी बात जो जल्दी से किसी की समझ में न आ सकती हो।[8] 'मुन्दावणी' एक रीत है, जो पोठोहार में अभी भी प्रचलित है। इसके अनुसार बराती जब खाना खाने बैठते हैं तो लड़कियाँ बुझारत पाकर थाली बाँध देती हैं, वह बूझ ली जाए तो बराती खाना खाते हैं, इसी को 'मुन्दावणी' कहा जाता है। इन गीतों में थाल में परोसी वस्तुओं का जिक्र होता है।

गुरुवाणी में भाई काहन सिंह नाभा के अनुसार, 'मुन्दावणी' मुहुर या छाप लगाने की क्रिया है। 'मुन्दावणी' 'श्री गुरुग्रन्थ साहिब' के विषय-अनुसार, इसकी अन्तिम मुहर है। इसके सम्पादन ने स्पष्ट कर दिया है कि इस महान् ग्रन्थ (थाल) में सत्य, सन्तोष और नाम जो कुछ काएनात (सम्पूर्ण सृष्टि) का आसरा है, विद्यमान है। जो कोई इस नाम को खाएगा, विचार करेगा, उसका कल्याण होगा। ज़ाहिर है, 'मुन्दावणी' श्री गुरुग्रन्थ साहिब' में दार्शनिक बुझारत के अर्थों में तथा मुहर के अर्थों में भी है।[9] सिक्ख धर्म में 'मुन्दावणी' का श्री गुरु साहिब के पाठ की समाप्ति के समय और रोज़ाना शाम को रहिरास पाठ में भी गायन करने की अपनी ही परम्परा है। इसका गायन बिना साज़ कै सामूहिक रूप में किया जाता है।

घोड़ीयाँ : 'घौड़ीयाँ' पंजाब का लोकप्रिय काव्य-रूप है। विवाह के मौक़े पर लाड़े (वर) के घोड़ी चढ़ते समय बहनें अपने वीर का शकुन मनाने के लिए जिस प्रकार का गीत गाती हैं, उसे 'घोड़ी' लोक काव्य रूप के अन्तर्गत जाना जाता है। 'घोड़ी' में तुक के अन्तिम शब्द को विशेष लयकाअ सहित गाया जाता है और उसके लिए किसी भी साज़ का प्रयोग नहीं किया जाता, पर विवाह से कुछ दिन पहले शकुन के तौर पर 'घोड़ी' के लिए ढोलकी का प्रयोग किया जाता है।

गुरुवाणी के अधीन 'घोड़ीयों' में परमात्मा का नाम स्मरण करके प्रभु के मिलाप के साधनों का वर्णन है और इनके लिए गुरुमति संगीत-प्रबन्ध को ध्यान में रखते हुए शास्त्रीय सांगीतिक संकेत 'राग', 'रहाओ' और 'अंक' का प्रयोग किया गया है। यह 'घोड़ीयाँ' स्थायी तथा अन्तरे में विभाजित होने से इनकी लोक संगीत की तरह क्रमवार गायन करने की बजाय अन्तरियाँ सहित गायन करने की परम्परा है।

अंजली : पाणी की चुली (जलांजलि) देवता या पितरों को अर्पित करने की रीति से सम्बन्धित काव्य रूप है। लोक-विश्वास के अनुसार यह पानी मरे हुए प्राणी को आगे वाले लोक में प्राप्त होता है। गुरुवाणी के अन्तर्गत रूपकार की दृष्टि से 'अंजली' में आठ-आठ बन्द हैं और प्रत्येक बन्द की पहली दो तुकें छोटी और तीसरी तुक लम्बी है। इनमें 'रहाओ' की तुक का पालन नहीं किया गया है। इन रचनाओं में वृक्ष के रूप में संसार की नश्वरता का वर्णन है।

वार : 'वार' पंजाब के लोग संगीत का अटूट अंग है, जिसमें बहादुर वीरों की लड़ाई तथा शूरवीरता को संगीतमयी प्रस्तुति द्वारा पेश किया गया है। इसके गायक को 'ढाढ़ी' कहा जाता है, जो वारों को सम्बन्धित इलाकाई धुनों के अनुसार गाते हैं। 'वार' वीर रस से भरपूर होने से इसका गायन बुलन्द आवाज़ तथा ज्यादातर तार सप्तक में किया जाता है। 'वारों' के गायन के लिए ढड और सारंगी का प्रयोग किया जात है। ढड के ऊपर चार मात्रा के बोल 'गे, तिट, ता, गेता' बजाये जाते हैं।

गुरुवाणी के अन्तर्गत 'वारों' में अध्यात्म मार्ग पर चलते समय उत्पन्न दुनिया की मोह-माया, विषय विकारों के साथ युद्ध का वर्णन है। इन 'वारों' में सामाजिक, सदाचारक मूल्यों द्वारा आध्यात्मिक अनुभव का बोध कराया गया है। 'श्री गुरुग्रंथ साहिब' में कुछ वारों को गुरु साहिबान के समय प्रचलित निश्चित धुनों पर गायन करने के संकेत हैं, जैसे :—

बार माझ की तथा सलोक महला1
मलक मुरीद तथा चन्द्रहड़ा सोहीआ की
धुनी गावणी[10]

आसा महला 1 वार सलोका नालि सलोक
भी पहले-पहिले के लिखे टुण्डे असराजै की धुनी।[11]

इन वारों पर गायन की धुनों के संकेतों से 'वार' की प्राचीनता और लोकप्रियता के बारे में पता लगता है। 'वारों' पर लोक्-धुनों के साथ राग, घरु आदि के संकेत शीर्षक रूप में विद्यमान हैं। लोक-संगीत के मिश्र रूप इन 'वारों' का गायन करना कोई सहज कार्य नहीं है।

गायन रूपों का प्रस्तुति-विधान

गुरमति संगीत में प्रयोग किये गये गायन रूप शास्त्रीय और लोक-अंग के धारणी

है। गुरुमति संगीत के प्रयोजन की सिद्धि के लिए इन गायन-रूपों को 'गुरमति संगीत-प्रबन्ध' के अधीन रखा गया है। इसमें जहाँ शास्त्रीय काव्य के अन्तर्गत प्रयोग में आने वाले शास्त्रीय गायन रूपों को राग, स्थायी और अन्तरा में निबद्ध करने के संकेत और शीर्षक दिये गये हैं, वहाँ लोक अंग की 'अलाहुणीयाँ', 'घोड़ीयाँ' आदि शैलियों को भी राग, स्थायी, अन्तरा आदि के अनुसार निबद्ध करने का आदेश दिया गया है। गुरु साहिबान ने इन गायन-रूपों के लिए जहाँ विशिष्ट संगीत प्रबन्ध की सिरजना (सर्जना) की, वहाँ इनकी प्रस्तुति की विधि और लक्षणों का भी वर्णन किया है, जिसके अनुसार हऊमै के त्याग के साथ-साथ 'आत्म-समर्पण' गुरमति के अनुसार ही होना, तथा सहज जीवन जैसे नियमों को पूर्ण रूप में धारण करना है।

इकि गावत रहे मनि सादु न पाइ॥[12]
आप गावाऐ सु हरि गुन गाऊ॥[13]
गुरमति बाजै सबद अनाहदु
गुरुमति मनुआ गावै॥[14]
सहजे गाविआ थाइ पवै
बिनु सहजे कथनी बादि॥[15]

सहायक ग्रन्थों की सूची

1. बंद्योपाध्याय, श्री पद, 'संगीत भाष्य', पृष्ठ 206
2. चौधरी विमलाकान्त राय, 'भारतीय संगीत कोश', पृष्ठ 70
3. श्री मानवली रामकृष्ण कवि, 'भरत कोश', पृष्ठ 344
4. नरूला, दर्शनसिंह (डॉ.), 'गुरुवाणी संगीत बारे', पृष्ठ 76
5. 'पंजाबी कोश' (भाग दूसरा), भाषा विभाग, पृष्ठ 433
6. भाई काहन सिंह नाभा कोश, 'महान् कोश', पृष्ठ 85
7. 'गुरमति संगीत पर हुण तक मिली खोज' (भाग चौथा), पृष्ठ 141
8. भाई वीर सिंह, 'श्री गुरु ग्रन्थ कोश', पृष्ठ 744
9. गिल, महिंदर कौर, 'आदि ग्रन्थ लोक रूप', पृष्ठ 86
10. 'आदि ग्रन्थ', पृष्ठ 137
11. वही, पृष्ठ 462
12. गउड़ी गुयारेरी महला 3, 'आदि ग्रन्थ', पृष्ठ 158
13. गउड़ी सखमनी महला 4, अष्टपदी, 'आदि ग्रन्थ', पृष्ठ 270
14. गउड़ी पूरबी महला 4, 'आदि ग्रन्थ', पृष्ठ 172
15. सिरी राग महला 3, वही, पृष्ठ 68

ख़याल-गायन में शब्दार्थ की उपेक्षा

•

सौभाग्यवर्द्धन बृहस्पति

स्व. भातखंडे जी का कथन है—"ख़याल-गान में शब्दों का विशेष महत्त्व नहीं रहता।[1] रागदारी का संगीत शब्द-प्रधान न होने के कारण अथवा शब्दोच्चारण तथा उसके अर्थ की ओर गायक का कोई ध्यान न रहने के कारण, साधारण श्रोताओं को वह रुचिकर नहीं होता।"[2] एक दूसरे महाराष्ट्रीय सज्जन कहते हैं—"संगीत के उभारने के साथ शब्दार्थ पीछे छोड़ दिया जाता है, छोड़ दिया जाना चाहिए। संगीत को चाहिए कि उसे खा जाए और शब्दार्थ को भी चाहिए कि वह खाया जाए।"[3] भातखंडे जी यह भी कहते हैं—"आजकल शब्दों के अर्थ का ध्यान रखकर (ख़याल) गानेवाला बिरला ही मिलेगा।"[4]

शब्दार्थ की ओर वही व्यक्ति ध्यान देगा, जो शब्दार्थ से अपरिचित न हो। जान-बूझकर शब्दार्थ का भक्षण करनेवाला रसिक कोई बिरला ही होगा। भातखंडे जी का विचार था—"शब्दार्थ को तथा राग को युक्तिपूर्वक सँभालकर यदि विस्तार हो सके, तो वह ठीक ही है तथा इस दृष्टि से भविष्य में संगीत का विकास होना भी चाहिए।"[5] परन्तु एक सज्जन शब्दार्थ के विनाश को ही संगीत के विकास और विलास का कारण मानते हुए व्यवस्था देते हैं—"शब्दार्थ को भी चाहिए कि वह खाया जाए, तभी वह संगीत 'संगीत' के रूप में विकसित होगा।"[6]

भातखंडे जी कहते हैं—"हिन्दुस्तानी संगीत के स्वभाव में एक विशेष धीमापन, दरबारी शान, अलमस्ती, लचीलापन तथा शौकीनी है। यही गुण हिन्दी भाषा में भी पाये जाते हैं। भातखंडे जी का यह कथन अक्षरशः सत्य है। हिन्दुस्तानी संगीत और हिन्दी भाषा में यह स्वभावगत समानता ही हिन्दी को ख़याल के लिए उपयुक्ततम भाषा सिद्ध करती है। अतः ख़याल के द्वारा शब्दार्थ को खाये जाने की स्थिति आदर्श कभी नहीं कही जा सकती।

'आ'कार 'ई'कार, 'ऊ'कार, 'ओ'कार में आलापों, तानों, पलटों और जमजमों के लिए भरपूर अवकाश है, अतः इन अक्षरों के रागानुसारी लुप्त उच्चारण के शब्दार्थ की हत्या सम्भव ही नहीं। विभिन्न स्वर-गुच्छ शब्द के अर्थ को ढंग से उभारते और सजाते हैं—राग, भाषा, लय इत्यादि मिलकर एक अखंड आनन्द की

सृष्टि करते हैं। इसमें सन्देह किसे है!

अब यह देखा जाए कि शब्दार्थ-भक्षण का इतिहास क्या है?

अपनी 'बन्दिश' के चुरा लिये जाने के डर से अनेक गायक शब्दों का स्पष्ट उच्चारण नहीं करते थे, क्योंकि उन्हें राग की 'टेर' शब्दों से ही याद आती थी। स्वरज्ञान-विहिन अनेक ख्यातिप्राप्त गायक अपनी बन्दिश की स्वरलिपि नहीं कर सकते थे, राग के नियम-धर्म से उनका परिचय नहीं था। बन्दिश के बोल ही उन्हें राग की 'धुन' या 'टेर' याद कराते थे। अतः वे लोग शब्दों का उच्चारण स्पष्ट नहीं करते थे। यही 'शब्द' उनका 'माल' थे।

कहा जाता है कि ख़याल-गायकी में बल व पेंच का काम मुबारकअली खाँ ने, 'तान और पलटे' का काम उनके पिता बड़े मुहम्मद खाँ ने और 'बोल-तान' का काम आगरेवाले नत्थन खाँ ने सम्मिलित किया। यह तो केवल सौ-डेढ़-सौ वर्ष के अन्दर की बात हुई। महाराष्ट्र में ख़याल-गान के नाम पर यही-कुछ पहुँचा है। सदारंग की मृत्यु हुए तो प्रायः सवा दो सौ वर्ष हो गये। उस समय नत्थन खाँ, बड़े मुहम्मद खाँ और मुबारकअली खाँ नहीं थे, अतः ख़याल-गायकी का रूप भी शब्दार्थभक्षी न था। इस शताब्दी में भी स्व. फैयाज खाँ-जैसे लोग शब्दार्थ के शत्रु न थे।

दरबारों को गालियाँ देना आजकल 'फैशन' हो गया है, परन्तु दरबारों में साहित्य और संगीत, दोनों के मर्मज्ञों की कमी न थी। शिवा जी के पिता शाह जी ब्रजभाषा के सत्कवि थे और काव्य में अपना नाम 'मकरन्द' रखते थे। उस समय के गायक साहित्य व संगीत, दोनों के ही ज्ञाता होते थे। 'सदारंग' साहित्य और संगीत, दोनों के ही मर्मज्ञ थे और 'अदारंग' भी।

उन्नासवीं शती ई० में जो भी 'उस्ताद' लोग महाराष्ट्र में जाकर बसे, उन्हें आजीविका की खोज थी। वहाँ बन्दिशों के भाषा-पक्ष की ओर ध्यान देनेवाला उस युग में कोई न था। उन्होंने वहाँ के संगीत-रसिकों को यह नारा दिया—"रागदारी संगीत में शब्द 'राग का भोजन' है।"

भातखंडे जी कहते हैं—"मराठी श्रोता मराठी शब्दों की दुर्गति देखकर नाक-भौं सिकोड़ने न लगेंगे।"[7] उन्हें यह भी समझना चाहिए कि हिन्दी की दुर्गति देखकर हिन्दी-भाषियों को संतोष नहीं होगा।

कहा जाता है—"स्वर व लय, मात्र यही दो संगीत की इकाइयाँ हैं और इन्हीं का लीला-विलास जिस गायकी में होता है, वही अभिजात (शास्त्रीय) संगीत है।"[8] स्वर व लय तो सारंगी, बीन व बाँसुरी में भी है। परन्तु ये वाद्य बजते हैं, गाते नहीं। 'गाने' में व 'बजने' में अन्तर यही है कि 'साज' गूँगे हैं और गायक गूँगा नहीं हो सकता। आ, ई, ऊ, ए का उच्चारण गूँगे भी कर सकते हैं। यदि कोई

गायक इन्हीं ध्वनियों को आधार बनाकर राग-विस्तार करता रहे, तो पागल कहलाएगा। यह काम तो गूँगा भी कर सकता है।

कहा जा सकता है कि 'तराने' में तो भाषा नहीं होती, तो उसका उत्तर यह है कि तराना 'मिजराब' या 'जवे' से बजनेवाले साजों की अनुकृति मात्र है—पूर्ण गायकी नहीं है। 'राग' नाद का 'स्वरवान्' रूप है और भाषा 'अभिधानवान्' रूप। 'गान' नाद के इन दोनों प्रकारों का समन्वित रूप है।

'आलप्ति' व्यंजनयुक्त भी हो सकती है और व्यंजनहीन भी। इसलिए भाषा राग के विस्तार में बाधक नहीं, अपितु भावबोध में सहायक है। 'गेय' गूँगा है, 'वाक्' से वाणी मिलती है। यदि ऐसा नहीं तो 'गाने' को 'बजाने' और 'नाचने' की अपेक्षा उत्तम क्यों कहा जाता है!

बन्दिश करने का अधिकारी

एक आलोचक का कथन है—"संगीत के लिए बन्दिश बनाना कवि का क्षेत्र है ही नहीं। यह काम गायक का है, मुरब्बी गायक का।"[9] निस्सन्देह बन्दिश बनाना उस व्यक्ति का कार्य नहीं है, जो केवल 'कवि' हो; परन्तु यह उसका भी कार्य नहीं है, जो सिर्फ 'गायक' हो। 'वाग्गेयकार' कवि व गायक दोनों का समन्वित रूप होता है, इस बात को आज का युग भूल गया है।

भातखंडे जी का दृष्टिकोण है—"गायक को किसी राग में एक छोटी-सी स्वर-रचना सूझती है। उसकी सुरक्षित रखने के लिए किसी-न-किसी शब्द-रचना की आवश्यकता होती है। उस स्वर-रचना के योग्य, काव्य-सौन्दर्य के झगड़े में विशेष न पड़ते हुए, अपनी रुचि के अनुसार गायक शब्द-रचना करता है।"[10]

स्व. भातखंडे जी बन्दिश के शब्दों को श्रोताओं के लिए न मानकर उन्हें केवल 'स्वर-रचना को याद रखने का साधन' मानते हैं। यह सर्वथा मौलिक बात है। भरत मुनि ने तो ध्रुवगीतों पर एक स्वतन्त्र अध्याय लिखा है। प्रश्न यह है कि भाषा राग की अभिव्यक्ति में कहाँ तक बाधक है। निस्सन्देह 'गान' और 'वाचन' एक बात नहीं, परन्तु यदि गायक को उच्चारण की शुद्धता और अर्थ का ज्ञान रहे, तो संगीत को क्या हानि पहुँचती है!

यदि यह कहा जाए कि शब्दार्थ-भक्षण को उचित ठहराने की व्यवस्था देनेवाले ये समालोचक 'राग' के अत्यन्त प्रेमी हैं, तो ऐसी बात भी नहीं। पारम्परिक रागों के साथ स्वैराचार करने वाले एक गायक के विषय में ऐसे लोगों की उक्ति है—"संगीत का धर्म ग्लानि-ग्रस्त है और उससे उसे मुक्त करने के लिए यह श्री कृष्ण का अवतार ही हुआ हैं।"[11] यदि 'गोपी-चीरहरण' और 'द्रोपदी-चीरहरण' एक ही भावना के द्योतक है तो हमें कुछ नहीं कहना, अन्यथा ऐसी उक्तियाँ समझदार पाठकों की दृष्टि में लेखक का सम्मानवर्द्धन नहीं करतीं। भाषा और राग,

दोनों के ही भक्षण के पश्चात् कंठ-स्वर के माधुर्य की भी चर्चा करना अधिक अप्रासंगिक न होगा।

स्व. अल्लादिया खाँ साहब की आवाज के विषय में कहा गया है—"प्राकृतिक मिठास की दृष्टि से उनकी आवाज अन्य गायकों की तुलना में निकृष्ट श्रेणी की है।"[12] "(इनकी) गायकी अतिशय सूक्ष्म, विकट....सर्वमान्य श्रोताओं के पल्ले न पड़े, इतनी कठिन हो गयी है।"[13] स्पष्ट है कि माधुर्यरहित आवाज में विकट और कठिन गायकी को सुनने का धैर्य मधुरताप्रिय कर्णों को न होगा। यदि ऐसी गायकी में शब्दार्थ-भक्षण और सम्मिलित हो जाए, तो कहना ही क्या है!

कुछ लोग रसीली आँख देखते हैं, कुछ लोग 'काली आँख में लगी हुई सुरमे की लकीर देखते हैं—पसन्द हैं अपनी-अपनी! भाषा नेष्ट, उच्चारण भ्रष्ट अर्थ मृत और माधुर्य आपहृत—यह सब कुछ होने पर भी विकरता तथा कठिनता का भार सहन करना हर एक के सामर्थ्य की बात नहीं।

सन्दर्भ

1. 'क्रमिक पुस्तक-मालिका', भाग 6, पृष्ठ 44, संस्करण : 1955 ई.
2. वही, पृष्ठ 26
3. 'अनूपरागविलास' की भूमिका, पृष्ठ 13, लेखक : वा.ह. देशपांडे

4-5. क्रमिक पुस्तक-मालिका', भाग 6, पृष्ठ 27

6. 'अनूपरागविलास' की भूमिका, पृष्ठ 13, लेखक : वा.ह. देशपांडे
7. क्रमिक पुस्तक-मालिका, भाग 6, पृष्ठ 28
8. घरानेदार गायकी, प्राक्कथन, पृष्ठ 19, लेखक : वा.ह. देशपांडे
9. अनूपरागविलास, भूमिका, पृष्ठ 13
10. क्रमिक पुस्तक-मालिका, भाग 6, पृष्ठ 29
11. अनूपरागविलास, भूमिका, पृष्ठ 30
12. घरानेदार गायकी, पृष्ठ 72
13. घरानेदार गायकी, पृष्ठ 76

बुन्देली फाग और संगीतशास्त्र

●

सुश्री शरद सिंह

ऋतु परिवर्तन के साथ-साथ हृदय में स्थित लालित्यपूर्ण भावनाओं में भी परिवर्तन हो जाता है। उदाहरण के लिए, यदि सावन आते ही झूला-गीत याद आने लगता है, तो फागुन आते ही फाग के बोल होंठों पर मचल उठते हैं। गीत का कंठ से स्वतः फूट पड़ना इस बात का भी प्रमाण है कि सारा जीवन लयबद्ध है, संगीतमय है :–

नादेन व्यंज्यते वर्णः
पदं वर्णात् पदाद्वचः।
बचसो व्यवहारोऽयं
नादाधीनं मतं जगत्॥

अर्थात्–नाद से वर्णों की उत्पत्ति है, वर्ण से पद, पद से वाक्य या वचन और वचनों से ही संसार के सभी कार्य चलते हैं। निःसन्देह संगीत भावाभिव्यक्ति को सही, स्पष्ट और हृदयस्पर्शी बना देता है। इसीलिए जहाँ साहित्य अथवा काव्य की चर्चा होती है, वहाँ संगीत की चर्चा अपने-आप होती चलती है। कविता और संगीत में शाश्वत् सम्बन्ध है। एक कविता-प्रसंग के दौरान पं. ओंकारनाथ ठाकुर ने कहा था–"मेरा निरीक्षण यह है कि आरम्भ में मनुष्य भी एक प्राणीमात्र था। जैसे घटाओं के घिरने पर मोर अपने-आप नृत्य करने लगता है, उसी प्रकार मानव-प्राणी में संगीत का आरम्भ हुआ, जो कि आदिसंगीत राग सारंग में थे। यही सारंग मैंने अहीरों, सन्थालों, भीलों आदि आदिवासियों के लोक-गीतों में सुना है।"

बुन्देली-फाग लोक-गीतों की ही परम्परागत साहित्य-शैली है। ये फाग-गीत प्रायः ढोलक, झाँझ और तालियों के स्वरों के साथ गाये जाते हैं। फाग-गीतों के उच्च और परिष्कृत फागों की रचना का श्रेय है कवि ईसुरी को। ईसुरी की फागें हारमोनियम तथा अन्य आधुनिक वाद्ययन्त्रों के साथ भी गायी जा सकती है। अन्य क्षेत्रों के फाग-गीतों को जो स्थान संगीत के क्षेत्र में मीरा, सूर और तुलसी की फागों ने दिलाया है, वही स्थान बुन्देली फागों को कवि ईसुरी ने दिलाया है।

बुन्देलखंड अंचल के सुप्रसिद्ध उपन्यासकार वृन्दावनलाल वर्मा ने ईसुरी की फागों की गेयता के बारे में कहा था–"ईसुरी की फागें अधिकतर राग काफी, यमन और बागेश्वरी में मैंने सुनी हैं। वृन्दावनीसारंग में भी कुछ लोग गाते हैं।"

फाग, दादरे और पदों को लोकगीत-गायक अपने-अपने ढंग से गाते हैं, जबकि कलाकार इन्हें राग-रागिनियों में अपने ढंग से गाते हैं। इसीलिए फागों की गायकी का एक निश्चित स्वरूप निर्धारित करना कठिन है। बोली-उपबोली के बदलाव के साथ-साथ फागों की रचना और गायकी में भी फर्क हो जाता है।

जहाँ तक फाग-गायकी में स्थायित्व का सवाल है, तो फाग की प्रमुख तीन शैलियों में इसके दर्शन अवश्य होते हैं–डिढ़खुरयाऊ खड़ी फागें और चौकड़िया। वर्षों तक अनुसन्धान के उपरान्त आचार्य श्यामसुन्दर 'बादल' ने भी फाग की इन तीन शैलियों की गायकी में व्यापकता, स्थिरता और शास्त्रबद्धता को स्वीकार किया। तदुपरान्त उन्होंने तीनों शैलियों के गीतों की निम्नलिखित स्वरलिपियाँ प्रमाण स्वरूप सामने रखीं :–

डिढ़खुरयाऊ फाग

ढुड़वा लैयो राजा अमान।
हमारी खेलत बेंदी गिर गई॥ अरे हाँ, हमारी...॥

फाग ताल (विलम्बित लय)

स रे
ढु ड़

ग	–	ग	रे	ग	रे	ग	म	ग	रे	स	स	ग	रे	रे	स
वा	ऽ	लै	यो	रा	ऽ	जा	अ	मा	ऽ	न	ह	मा	ऽ	री	ऽ

ध	–	स	स	रे	स	ग	–	ग	रे	–	ग	स	–	स	ग
खे	ऽ	ल	त	बिं	दि	या	ऽ	गि	र	ऽ	ग	ई	ऽ	ऽ	ऽ

खड़ी फाग

ये दिन ललित बसन्ती आन लगे, हरे पत्र पियरान लगे।

फाग ताल (मध्य लय)

सरे	गम	म	म	म	म	म	म	म	ग	रे	ग	ग	रे	स	स
येऽ	ऽऽ	दि	न	ल	लि	त	ब	सं	ऽ	ती	ऽ	आ	ऽ	न	ल

नि	स	रे	रे	स	नि	ध	ध	नि	रे	स	–	नि	ध	रे	स
गे	ऽ	दि	न	ल	लि	त	ब	सं	ऽ	ती	ऽ	आ	ऽ	न	ल

चौकड़िया फाग

मेरो अब गौंनो नियरानों, करबी कौन बहानों।

फाग ताल (विलम्बित लय)

रेग	स–	गग	गग	ग	ग	रे	ग	रे	स	रे	–	रे	ग	रेस	स
मेऽ	रोऽ	अब	गौंऽ	नो	ऽ	नि	य	रा	ऽ	नों	ऽ	मे	ऽ	रोऽ	ऽ

स	स	रे	रे	रे	रे	स	रे	रे	ग	स	–	–	–	–	–
अ	ब	गौ	ऽ	नों	ऽ	नि	य	रा	ऽ	नों	ऽ	ला	ऽ	ल	ऽ

ये फाग-गीत प्रायः सप्तक के पूर्वांग-स्वरों में ही लाये जाते हैं। जैसा कि इन स्वरलिपियों में स्पष्ट है कि डिढ़खुरयाऊ राग खमाज ठाठ में, खड़ी फाग खमाज और यमन में तथा चौकड़िया काफी ठाठ में गाया जाता है। यद्यपि फाग-गायन आमतौर पर एकल न होकर सामूहिक होता है, किन्तु संगीत-शास्त्र में निबद्ध होने पर इसका गायन भी उतना ही प्रभावशाली साबित होता है, जितना कि सामूहिक गायन।

बारीकी से परखा जाए, तो लोक-संगीत में भी शास्त्रीयता का पुट होता है और यही स्पर्श यदि 'पकड़' में ढल जाए, तो वह दादरा में सामने आते हैं। स्पष्ट तौर पर कहा जाए, तो दादरा लोक-संगीत और शास्त्रीय संगीत के बीच की कड़ी है। यदि बुन्देली फाग गीतों को इस कड़ी के माध्यम से ऊपर उठाकर शास्त्रीय संगीत में स्थान बनाने दिया जाए, तो बुन्देली फाग सम्मानजनक ढंग से पुनर्स्थापित हो सकेगा और यह दायित्व है शास्त्रीय संगीत के विद्वानों पर!

भारत में काव्य और संगीत की समवेत परम्परा : एक शोधात्मक निबन्ध

•

डॉ. पुष्पा जौहरी

संगीत कहीं-कहीं काव्य से अवश्य जुड़ा रहता है, बाह्य नहीं तो सूक्ष्म रूप से तो सदैव ही। कभी राग-रागिनियों में लिखे गये पदों अथवा संगीत की शास्त्रीय शब्दावली के प्रयोग द्वारा वह सीधे शास्त्रीय रूप में काव्य का शृंगार बनता है, तो कभी लोक-धुनों के रूप में। इसके अतिरिक्त आन्तरिक संगीत के रूप में तो संगीत काव्य का एक अनुपेक्षणीय तत्त्व है ही।

काव्य और संगीत का सुदीर्घ साहचर्य है। यहाँ तक कि अपनी प्रारम्भिक अवस्था में ये दोनों कलाएँ अभिन्न थीं। वैदिक युग से लेकर राजपूत युग तक इन दोनों कलाओं में घनिष्ट सम्बन्ध विद्यमान रहा। मुसलमानों के आगमन के पश्चात् काव्य और संगीत का यह अन्योन्याश्रित सम्बन्ध शनैः-शनैः क्षीण होने लगा था। अतः किसी काव्य में विशेषतः मध्ययुगीन सन्त-काव्य में जहाँ संगीत-साधना नहीं है, साधन के रूप में प्रयुक्त हुआ है। संगीत के अन्तर्भावित रूप की विवेचना के पूर्व उसकी समवेत परम्परा के विकास की उन मंजिलों को अवलोकन आवश्यक होगा, जिनसे गुजरते हुए तथा युगीन परिवर्तनों को आत्मसात् करते हुए संगीत निरन्तर जनमानस में प्रविष्ट हो, उसे प्रभावित करता रहा है।

वैदिक परम्परा

वैदिक परम्परा में संगीत का उत्कृष्ट स्थान था। ऋग्वेदीय सभ्यता में आमोद-प्रमोद के लिए आर्य 'समनों' और उत्सवों को संगठित करते थे। 'ऋग्वेद' के एक मन्त्र के अनुसार, साम के गायन से नभोमंडल प्रतिध्वनित हो उठता था।[1] गायन ही नहीं, उस समय तीनों प्रकार के वाद्यों (अवनद्ध, तत और सुषिर) का आविष्कार हो चुका था।[2] दुन्दुभि अपनी ध्वनिमात्र से विपक्षी को पराजित कर देती थी, ऐसी मान्यता श्लोकों में पायी जाती है।[3] नृत्य-सम्बन्धी अनेक उल्लेख प्राप्त हैं।[4] लोक-नृत्य तथा सामूहिक नृत्यों का भी वर्णन 'ऋग्वेद' में पाया जाता है।

वेद-चतुष्टयी में 'सामवेद' का संगीत की दृष्टि से विशिष्ट स्थान है। 'सामवेद' तो संगीत का मूल ही है। यही वह उत्तुंग शिखर है, जिससे निकलकर संगीत की पयस्विनी भारत-भूमि को अद्यावधि प्लावित करती रही है। जैमिनीसूत्र 'गीतिषु सामाख्या' के अनुसार, गीति ही साम है। 'गीता' में वेदानां सामवेदोस्मि' कहकर इसकी महिमा का मान किया गया है। विद्वानों के अनुसार, 'सामवेद का सार 'उद्‌गीथ' है। उद्‌गाता के द्वारा उच्च स्वर में वैदिक ऋचाओं का ज्ञान 'उद्‌गीथ' कहलाता था। 'छान्दोग्य' के अनुसार, वाणी-व्यापार 'ऋक्' और स्वर एवं लय-व्यापार 'साम' कहलाता था। इन दोनों का समन्वय अर्थात् वाणी का स्वर-लय-स्वरूप ही 'साम'-संज्ञा से अभिहित होता था। उच्चारण की दृष्टि से सामगान में मुख्य तीन स्वरों (उदात्त, अनुदात्त और स्वरित) का प्रयोग होता था। संगीत में प्रयुक्त वर्तमान सात स्वरों की उत्पत्ति इन्हीं तीन स्वरों से मानी जाती है। निषाद-गान्धार को 'उदात्त', ऋषभ-धैवत को 'अनुदात्त' तथा षड्ज-मध्यम-पंचम को 'स्वरित' कहा जाता था।[5] तात्पर्य यह है कि साम-गायकों द्वारा संगीत के सप्त स्वरों का प्रयोग होने लगा था, जिन्हें संगीताचार्यों ने वर्तमान सप्त स्वरों के समानान्तर रखने का प्रयास किया है। स्वर-प्रयोग के अतिरिक्त 'सामवेद' में तान, राग, स्वर, ग्राम, मूर्च्छना आदि संगीत के पारिभाषिक शब्दों का उल्लेख भी उपलब्ध है।[6] वस्तुतः इसी वेद के द्वारा संगीत को नियम और विधान में आबद्ध किया गया था। 'सामवेद' आर्यों के संगीत-ज्ञान का ज्वलन्त उदाहरण है।

वेदोत्तर परम्परा

वेदोत्तरकालीन साहित्य में संगीत की प्रचुर प्रशंसा तथा यथेष्ट दिग्दर्शन है। ब्राह्मण ग्रन्थों में काव्य, ऋक् एवं संगीत साम के पारस्परिक सम्बन्ध को दाम्पत्य रूपकों द्वारा व्यक्त किया गया है। एक रूपक में सामरूपी वर, ऋक्‌रूपी वधू को सम्बोधित करके कहता है—"मैं 'अम्' हूँ, तुम 'सा' हो; मैं आकाश हूँ, तुम पृथ्वी हो; मैं साम हूँ, तुम ऋक् हो। आओ, हम इन्हीं युगलों के समान प्रगाढ़ तथा अभिन्न बनें।"

'बृहदारण्यक' में भी ऋक् और साम का मंजुल सामंजस्य श्रेयस्कर माना है।

उपनिषद् युग

उपनिषद् युग में काव्य और संगीत का परम्परागत सम्बन्ध दृढ़तर हुआ। समस्त विधाओं को दो भागों में विभाजित किया गया—1. पराविधा, और 2. अपराविधा। 1. पराविधा का अर्थ 'ब्रह्मविधा', मूलाधार में स्थित रहने वाली नादरूपिणी वाणी। 2. ऋक् और साम् की गणना अपराविधाओं में हुई और उसके

विशेष ज्ञान के लिए शिक्षा-ग्रन्थों का प्रणयन हुआ। शब्द और स्वर के सहयोग से निष्पन्न रस को ब्रह्मानन्द-सहोदर माना गया—**'रसो वै तः। रसह्यवायं लब्धानन्दो भवति।' 'तैत्तिरीय उपनिषद्', अनुपूर्वक।**

ऋचाओं को किस प्रकार स्वर एवं लय में निबद्ध किया जाए और यदि निबद्ध करने में कठिनाई हो तो उनमें किस प्रकार आवश्यक संशोधन (परिवर्तन) कर लिया जाए, इसकी भी समुचित व्यवस्था दी गयी, जो 'सामविकार' नाम से अभिहित हुई।

महाकाव्य युग

महाकाव्य युग में शब्द और स्वर का सम्बन्ध सुदृढ़ होकर सुविकसित हुआ। वाल्मीकि रामायण की रचना 'अनुष्टुप छन्द' में हुई। संगीत के विद्वानों के मतानुसार शब्द-संगीत का आदिम उदाहरण रामायण का अनुष्टुप छन्द है।[7]

रामायण काल में 'साम' या 'गान्धर्व', देशी अर्थात् लौकिक दोनों गान-प्रणालियों का प्रचलन था। लव-कुश ने राम के सम्मुख शास्त्रीय शैली (मार्ग शैली) से गान किया।[8]

महाभारत में संगीत का विपुल प्रचार दृष्टिगत होता है। विद्वानों का मत है कि इस काल का संगीत उत्तमता की पराकाष्ठा तक पहुँच गया था। कृष्ण की वंशी में विचित्र जादू था। महाभारत में सप्त स्वरों का उल्लेख मिलता है।[9] पाणिनि की 'अष्टाध्यायी' से भी तत्कालीन संगीत की स्थिति पर प्रकाश पड़ता है।

बौद्ध-जैन प्रभाव

लोक प्रभाव की दृष्टि से जैन और बौद्ध युग में संगीत-सम्बन्धी क्रान्तिपूर्ण परिवर्तन हुए। वैदिक युग में संगीत का धर्म से सुदृढ़ बन्धन होने के कारण उसकी बागडोर मुख्य रूप से ब्राह्मणों के ही हाथ में थी। इतर जनसमुदाय को वेदगान का अधिकार न था। जैन और बौद्ध धर्म के अभ्युदय के साथ ब्राह्मणों का एकाधिपत्य समाप्त होकर संगीत को एक नया मोड़ मिला। संगीत में जीवन की व्यापकता का समावेश अधिक हो गया। यह वर्ग-विशेष की थाती न होकर सामाजिक उपयोग की कला बन गयी। जैन-परम्परा के अनुसार संगीत अथवा गान्धर्व उन विषयों में से हैं, जिनका प्रवर्तन महात्मा महावीर के द्वारा हुआ है। अनुयोग सुत्त में स्वर, गीत, वाद्य, मूर्च्छना आदि गान्धर्व विषयों का सूत्रबद्ध विवरण पाया जाता है। ठाणांग सुत्त में संगीत स्वरों की उत्पत्ति, सप्त स्वरों का प्राणियों की ध्वनियों से सम्बन्ध, स्वरों का मानव स्वभाव से सम्बन्ध आदि विषयों का वर्णन पाया जाता है।[10]

बौद्ध जातकों में संगीत के लिए 'गन्धर्ववेद' संज्ञा थी, जिसके अन्तर्गत

'गीत', 'वादिन्त', 'नच्च', अस्खानम्' आदि का समावेश था।[11] भगवान् बुद्ध के समस्त सिद्धान्तों को गीतों की लड़ियों में पिरो दिया गया था। गाँव-गाँव, नगर-नगर सुन्दर ढंग से गायन करके सुप्त जनता को जागरण का पथ दिखाया गया। लोकोत्सवों पर गीत, वाद्य तथा नृत्य की त्रिवेणी प्रवाहित हो उठती थी। बुद्ध के जन्मोत्सव पर पाँच सौ वाद्यों का वृन्दावन हुआ था।[12] सिद्धार्थ के लिए ऐसी बधू की अपेक्षा थी, जो गणिका के समान कला में कुशल हो।[13] थेरी गाथा में बौद्ध भिक्षुणियों के भाव-प्रवण 522 गीतों का संग्रह है, जो राग-रागिनियों में आबद्ध है। इसके अतिरिक्त अशोक के अभिलेखों, चीनी यात्री फाह्यान के यात्रा-विवरण तथा अजन्ता के भित्ति-चित्रों आदि के आधार पर कहा जा सकता है कि संगीत के विकास की दृष्टि से वह युग अत्यन्त समृद्धशाली था और कला की शिल्पज्ञता के साथ-साथ आध्यात्मिक सौन्दर्य की अभिवृद्धि के लिए भी संगीत एक महत्वपूर्ण साधन था।

स्मृति ग्रन्थ : स्मृति ग्रन्थों में संगीत की महत्ता के उल्लेख प्राप्त होते हैं। याज्ञवल्क्य स्मृति में जो नादानुसन्धान को आध्यात्मिक साधना का सर्वश्रेष्ठ साधन बताया गया है और कहा गया है कि इसका अनुसन्धान करनेवाला व्यक्ति ही परमपद प्राप्त कर सकता है–

गीतेज्ञो यदि योगेने प्राप्नोति परम् पदम्।[14]

मनुस्मृति तथा अन्य स्मृति ग्रन्थ भी शब्द-स्वरयुक्त गीत की महिमा से मंडित हैं।

पुराण ग्रन्थ : पुराणों में भी गीत, गाथा आदि के स्वर-गान की महिमा अनेक रूप में वर्णित है।

इनके अतिरिक्त कौटिल्य के अर्थशास्त्र, पतंजलि के महाभाष्य, वात्स्यायन के कामसूत्र आदि में भी काव्य और संगीत का प्रशस्तिगान मिलता है।

उपर्युक्त ग्रन्थों में जो संगीत-सम्बन्धी सूत्र तथा विविध उल्लेख प्राप्त होते हैं, उनसे संगीत के तदयुगीन प्रचार व प्रसार के संकेत तो मिलते हैं, परन्तु संगीत के शास्त्रीय पक्ष का विवरण प्रस्तुत करनेवाला कोई संगीत-ग्रन्थ उपलब्ध नहीं है।

भरत युग : इस दृष्टि से भरत युग विशेष महत्त्व रखता है। भरत मुनि का 'नाट्यशास्त्र' (तीसरी, चौथी सदी) संगीत का आदि ग्रन्थ कहा जा सकता है। यह भारतीय साहित्य और संगीत का बृहत् कोष है। यद्यपि इसका प्रतिपाद्य विषय प्रधानतया 'नाट्य' है, परन्तु इसके अट्ठाईस से बत्तीसवें अध्याय तक संगीत का सम्यक् निरूपण हुआ है।

महर्षि भरत के पश्चात् समुदगुप्त तथा चन्द्रगुप्तादि परवर्ती गुप्त सम्राटों ने काव्य और संगीत की इस समवेत परम्परा को अक्षुण्ण रखा। दत्तिल-कृत 'दत्तिलम्', मतंग कृत 'बृहद्देशी', नारद-कृत, 'नारदीय शिक्षा' तथा संगीत-मकरन्द', लोचन-कृत

'राग-तरंगिणी' जैसे ग्रन्थों का प्रणयन इसी युग में हुआ, जिसने काव्य और संगीतशास्त्र के समन्वित विकास में महत्त्वपूर्ण योग दिया।

शारंगदेव द्वारा रचित 'संगीत-रत्नाकर' (1210-1247 ई०) विशुद्ध संगीतशास्त्र पर लिखित पहला ग्रन्थ है। इस ग्रन्थ में तद्‌युगीन संगीत-विषयक सारी स्थिति का जैसा विस्तृत एवं सांगोपांग वर्णन मिलता है, वैसा अन्य किसी ग्रन्थ में नहीं।

मध्ययुगीन परम्परा

मुस्लिम काल : ईसा की ग्यारहवीं शताब्दी में भारत में मुगलों का शासन आरम्भ हो गया था। इससे काव्य और संगीत-जैसी कलाओं को भारी आघात लगा। संगीत में क्रान्तिकारी परिवर्तन हुए। 'गीत', 'प्रबन्ध' और 'ध्रुपद'-जैसी गायन-शैलियों, जिनमें संगीत के साथ-साथ उच्चकोटि की साहित्यिकता भी विद्यमान रहती थी, के स्थान पर 'ख़याल'-जैसी शैली अस्तित्व में आयी, जिसमें शब्दों की विशेष आवश्यकता नहीं होती, कलाकार थोड़े ही शब्दों के प्रयोग द्वारा अपनी कलाकारिता दिखाकर सन्तुष्ट हो जाता है।

काव्य एवं संगीत का दीर्घव्यापी सम्बन्ध मुसलमानों के आगमन के पश्चात् क्षीण होने लगा था। इस सम्बन्ध को बनाये रखने का अन्तिम प्रयास 'वाग्गेयकारों' ने किया। वाग्गेयकार उच्चकोटि की कविता लिखते थे। फिर उसे भावानुरूप राग एवं तान में निबद्ध करते थे। इस प्रकार इनके द्वारा रची गयी कृतियों में काव्य, राग और ताल तीनों का समुचित निर्वाह होता था।[15] इस परम्परा में उत्तर भारत में त्यागराज, दीक्षितार और श्यामा शास्त्री हुए। उत्तर भारत में भक्तों एवं सन्तों की पदावली में जो काव्य एवं संगीत का समन्वित प्रयोग मिलता है, उसके लिए वे इस वाग्गेय पद-परम्परा के आभारी हैं। सन्तों के संगीतप्रधान पद, शब्द और स्वर की इस लुप्त होती समवेत परम्परा के अन्तिम अवशेष हैं।[16]

वाग्गेयकारों की परम्परा से प्रेरणा ग्रहण कर जयदेव से सूरदास तक हमें संगीतात्मक गेयपद रचनेवाले कवियों की समृद्ध परम्परा मिलती है। महाराष्ट्र के बाखरी तथा अन्य सन्तों ने तथा अष्टछाप के कवियों ने पुष्टि-भक्ति एवं नवधा भक्ति में कीर्तन को विशेष महत्त्व देकर गेय पदावली के लिए सशक्त आधार प्रस्तुत कर दिया।

रीति काल : रीति काल तक आते-आते भक्तिकालीन गीत और शैली प्रायः समाप्त हो गयी और रागात्मकता की अभिव्यक्ति के अनुरूप दोहा या कवित्त, सवैया-पद्धति प्रवर्तित हुई। संगीत का बाल रूप जो पद-भजनों में दिखाई देता था, रीति काल में आकर अदृश्य हो गया। काव्य में संगीत यदि सुरक्षित रहा तो छन्दों की छटा और शब्दालंकारों के नाद-सौन्दर्य के रूप में।

आधुनिक युग : 'आधुनिक काल' पश्चिम से पूर्णतः प्रभावित हैं। काव्य के

क्षेत्र में छन्द एवं अलंकारों का परित्याग कर बिम्ब एवं प्रतीक-प्रधान अछान्दस काव्य अस्तित्व में आया, तो संगीत में भी शास्त्रीय संगीत के साथ-साथ सुगम संगीत लोकप्रिय होने लगा, जिसमें भारतीय 'मेलोडी' के स्थान पर 'हारमोनी' को विशेष महत्त्व दिया जाने लगा। शब्द और स्वर का सानुपातिक सम्बन्ध कभी का टूट चुका है। इस सम्बन्ध की वर्तमान स्थिति को लक्ष्य करते हुए एक पाश्चात्य संगीतज्ञ ने कहा है—भारत में शब्द के अनुरूप संगीत का चयन करने के बजाय संगीत में शब्द फिट किये जाते हैं।[17] यह बात भारतीय फिल्म संगीत के सन्दर्भ में सच जान पड़ती है।

निष्कर्ष :

यद्यपि पश्चिम के वैचारिक आदान-प्रदान के परिणामस्वरूप आज काव्य में स्वरहीन शब्द-साधना तथा संगीत में शब्दहीन स्वर-साधना का प्रारम्भ हो गया है। परन्तु यह सुविदित है कि काव्य और संगीत को एक-दूसरे से अलग नहीं किया जा सकता। शब्दविहीन होकर स्वर और स्वरविहीन होकर शब्द उच्चकोटि के संगीत या काव्य का सृजन नहीं कर सकेंगे। आज संगीत में जो कोलाहल और साहित्य में विसंवादिता दिखाई देती है, उसका एक कारण शब्द और स्वर की इस समवेत परम्परा का विघटन है। आज की विसंवादी सृष्टि में संवाद स्थापित करने के लिए साहित्य में शब्द और स्वर की इस विलुप्त परम्परा को पुनरुज्जीवित करने की सर्वाधिक आवश्यकता है।[18]

सन्दर्भ

1. गायत साम नमन्यं यथावेः द 'ऋग्वेद', 1/173/1
2. 'भारतीय संस्कृति'—डॉ. लल्लनजी गोपाल तथा डॉ. ब्रजनाथसिंह यादव, पृ. 171
3. स दुन्दुभे सन्जुरिंद्रेण देवेर्दराद दवीयो अप सेद्य शत्रून्। 'ऋग्वेद', 1/28/5
4. नृत्यमनो अमृतां—'ऋग्वेद', 5/33/6
5. उदात्ते निषाद गान्धारौ अनुदात्त ऋषभ धैवतो, स्वरित प्रभवाद्वेते षड्ज मध्यम पंचमाः। 'नारदीय शिक्षा', 1/8/8
6. तान, राग, स्वर ग्राम मूर्च्छना नान्तुलक्षणम्। वही 1/2/2
7. अमोहमस्मि सा त्वं सा त्वमत्यं मोऽहं द्योरहं पृथिवी त्वं सामहभ्रक त्वं तविहविवहावहै। आश्व. गृ. 1/5/8
   'अनुष्टुप छन्द' 32 अक्षरों का प्रति चरण में 8 वर्ण, बृहत् हिन्दी कोष। सम्पादक : कालिकाप्रसाद, पृष्ठ 55
8. वाल्मीकि रामायण, बालकांड, पृष्ठ 36
9. षड्जर्षभ : गान्धारी मध्यमः पंचमः स्मृतः। संक्षिप्त महाभारत आश्व. 53, 52-54
10. ठाणांग सुत्त, पृष्ठ 678

11. दीर्घनिकाय, पृष्ठ 6
12. अर्थपादसुत्त, बापट पृष्ठ 152
13. 'शास्त्रे विधिसकुला गणिका यथैव' ललित विस्तर, 10 सं. डॉ. वैध, पृष्ठ 139
14. याज्ञवल्क्य स्मृति, पृष्ठ 4, 111-116
15. The Vaggekara has to combine in his work the three elements (I) Poetic composition (2) Melodic type ane (3) Talal Pattern. Harmony of poetic composition with mood of raga aspect of Indian music. D. G. Vyas P. 17
16. 'विश्व भारती' अंक 4, जनवरी-मार्च 1974। डॉ. अम्बाशंकर नागर, पृष्ठ 315
17. 'In India wards are more often set to music rather than music to wards' Music of Indian. H.A. Poply P. 72
18. 'विश्व भारती' अंक 4, जनवरी-मार्च 1974। डॉ. अम्बाशंकर नागर, पृष्ठ 315

हिमाचलीय मुहावरों में संगीत-सम्बन्धी प्रयोग

•

मनोरमा शर्मा

लोक-संस्कृति का मुख्य अंग मौखिक साहित्य है। यह मौखिक परम्परा साहित्य का वह रूप है, जिसे गाँवों अथवा नगरों में लोक-मानस अबोध रूप में अनायास रचता आया है। इसमें लोक-मानस के जीवन का प्रतिबिम्ब रहता है।

'कहावतें' तथा 'मुहावरे' लोक-साहित्य के अमूल्य रत्न हैं। जीवन के चोखे-चुभते अनुभवों द्वारा ही इनकी उत्पत्ति तथा विकास होता है। जनसाधारण अपने व्यावहारिक जीवन में अनेक बातों का अनुभव करता है तथा अपनी बात को बुद्धि-वैभव के सहारे गोपनीय, किन्तु सुन्दर, रोचक तथा संक्षिप्त रूप में अभिव्यक्त करता है। यही अभिव्यक्ति 'मुहावरा' है। 'मुहावरे' की परिभाषा इस प्रकार दी जा सकती है कि 'मुहावरा' वह रूढ़ प्रयोग है, जिसका अर्थ प्रत्यक्ष से विलक्षण हो अथवा 'लक्षणा' या 'व्यंजना' द्वारा अपना अभिधेय स्पष्ट करता हो।'

हिमाचल की लोक-संस्कृति के सन्दर्भ में स्थानीय मौखिक साहित्य अपवाद नहीं है। इसका क्षेत्र अत्यन्त व्यापक है। हिमाचलीय 'कहावतें' तथा 'मुहावरे' स्थानीय लोक के चिन्तन, भावना तथा सामाजिक आत्मा के प्रतीक हैं। इनमें पहाड़ी जीवन की व्याख्या मिलती है। ये सीधे-सादे, पहाड़ी लोक-जीवन, उनके रहन-सहन, स्वभाव, मनोरंजन, सौन्दर्यप्रियता आदि पर व्यापक प्रकाश डालते हैं। जीवन का विरला ही पक्ष इनसे अछूता रहा है। अधिकतर हिमाचलीय जनता ग्रामीण है और 'मुहावरा' लोक-मानस के अनुभवों से प्रस्फुटित होता है; इसलिए हिमाचलीय भाषा में 'मुहावरों' का विपुल भंडार विद्यमान है, जो पहाड़ी भाषा को रोचकता, चुस्ती और सजीवता प्रदान करता है। इन मुहावरों में हिमाचलीय जन-जीवन के विविध पक्षों की झाँकी मिलती है और साथ ही गूढ़ तत्त्वों का सूक्ष्म विश्लेषण भी। इस प्रकार इनके द्वारा हिमाचलीय सभ्यता और संस्कृति के सभी पहलुओं के दर्शन हो जाते हैं।

पहाड़ी जीवन मूलतः कृषि पर आधारित है, अतः कृषि-व्यापार-सम्बन्धी अनेक तथ्य कहावतों तथा मुहावरों के रूप में प्रचलित हैं। कुछ स्थान अपनी अनूठी विशेषताओं के कारण प्रसिद्ध हैं, जो यहाँ की कहावतों में अभिव्यंजित हैं।

पहाड़ी समाज में स्त्री की सामाजिक स्थिति, मानसिक सोच तथा व्यावहारिक सूझ-बूझ की व्याख्या भी इन कहावतों के माध्यम से होती है। भाग्यवाद, जाति तथा वंशानुगत गुण-अवगुण, आस्थाएँ, लोक-व्यवहार तथा धर्मभीरुता आदि का परिचय इन मुहावरों और कहावतों द्वारा मिलता है। इसी प्रकार अनेक कहावतों और मुहावरों का दैनिक 'वाद-सम्वाद' में अनायास प्रवाह मिलता है। इन मुहावरों तथा कहावतों में संगीत-सम्बन्धी प्रयोग भी दृष्टिगत होते हैं, जो हिमाचलीय जन-मानस के संगीत के प्रति लगाव को परिलक्षित करते हैं; साथ ही उनके संगीत-ज्ञान की झलक भी देते हैं। इन मुहावरों का प्रयोग दैनिक जीवन में होता रहता है, जिससे स्पष्ट है कि संगीत हिमाचलीय दैनिक जीवन का एक अभिन्न अंग है तथा संगीत की शब्दावली से हिमाचलीय जनता अपरिचित नहीं है। लोक-नाट्य तथा लोक-नृत्य हिमाचलीय जन-जीवन का एक प्रमुख अंग है, अतः मुहावरे संगीत के इस अंग से भी जुड़े हुए हैं। इनसे सम्बन्धित निम्नलिखित मुहावरे प्रसिद्ध हैं :—

1. **अग्गे-पिच्छे नच्चणा**—चापलूसी करना।
2. **इक्की जंघा नच्चणा**—फूले न समाना, परेशानी उठाना, खूब प्रसन्न होना।
3. **उठी-उठी नच्चणा**—उतावले होना, अति प्रसन्न होना, व्याकुल होना।
4. **नाच नच्चणा**—कई प्रकार के प्रयत्न करना।
5. **नाच पाणाँ**—काम बढ़ाना।
6. **नाची पौणाँ**—खिल्ली उड़ाना।

इन मुहावरों के अध्ययन से स्पष्ट है कि नृत्य हिमाचलीय जन-जीवन का कितना विशिष्ट अंग है। मुहावरों की सही अभिव्यक्ति उनके वाक्य-प्रयोग में है; क्योंकि मुहावरे कहावतों की भाँति अपने-आप में स्वतन्त्र नहीं होते, अपितु वाक्य का अंग बनकर आते हैं, इसलिए, मुहावरों को प्रयोगात्मक रूप में प्रस्तुत करना अधिक संगत माना जाता है, जिससे उनका अर्थ-सम्बन्धी तत्त्व अधिक सुन्दर एवं स्पष्ट हो पाता है।

नृत्य के अतिरिक्त गायन से सम्बन्धित मुहावरे इस प्रकार प्रचलित हैं :—

1. **राग गाणा**— किसी की प्रशंसा के गीत गाना।
2. **राग लाणा**—एक रट लगाना।
3. **राग रहणा**— एक ही रट लगानी।
4. **रागैं लाणा**— अपने संकेतों पर चलाना।
5. **लहेरे गाणै**— बेकार इधर-उधर घूमना।
6. **लोरियाँ गाणियाँ**—प्रसन्न चित्त व चैन से रहना।

उपर्युक्त मुहावरों से यह बात स्पष्ट होती है कि जन-मानस में गायन के प्रति विशेष लगाव है। दैनिक वार्तालाप में इन मुहावरों के माध्यम से शास्त्रीय संगीत के

'राग' शब्द का प्रयोग स्वाभाविक रूप से ही हुआ है तथा 'राग' को विशेष गायन-शैली के सन्दर्भ में ही प्रयुक्त किया गया है। इससे हिमाचलीय जन-जीवन के शास्त्रीय संगीत के ज्ञान एवं रुचि का पता चलता है।

नृत्य व गायन की तरह वाद्य-वादन पर आधारित मुहावरे भी अत्यन्त महत्त्वपूर्ण हैं; यथा :–

1. **गलैं ढोल पाई गलाणा**–बात का ढिंढोरा पीटना।
2. **गले ढोल पौणाँ**–व्यर्थ के झंझट में फँसना।
3. **ऊँट दे गले घंटी**–बेमेल बात।
4. **नगाड़े चोट पौणी**–किसी घटना का आभास होना।
5. **डफली बजणी**–प्रचार होना।
6. **नाद बजाणाँ**–अपनी ही बात करना।
7. **पीपा बजणाँ**–ढिंढोरा पीटना।
8. **तूती बोलणा**–प्रसिद्ध होना।

उपर्युक्त मुहावरों के अध्ययन से स्पष्ट होता है कि ढोल, घंटी, नगाड़ा, डफली, नाद, पीपा और तूती आदि वाद्य सामान्य जन-जीवन के संगीत का एक अभिन्न अंग हैं। इसी प्रकार अनेक मुहावरों का प्रयोग संगीत-सम्बन्धी आभास देता है। संगीत जन-जीवन के साथ कितना जुड़ा हुआ है, वह बात भी इन मुहावरों के अध्ययन से स्पष्ट होती है।

हिमाचलीय कहावतों में भी सांगीतिक तत्त्वों का दिग्दर्शन होता है; यथा :–

1. **रागों भुल्ली डूमणी गाए आल-बताल**–मुख्य बात से भ्रष्ट होकर व्यर्थ इधर-उधर की बातें करना।
2. **न रै बाँस ताँ न बज्जै बंसरी**–न रहे बाँस, न बजेगी बाँसुरी।
3. **न नौमण तेल होणाँ, न राधा नच्चणाँ**–न नौ मन तेल होगा, न राधा नाचेगी।
4. **दूरे दे ढोल सुहाणे लग्गदे**–दूर के ढोल सुहावने।
5. **नच्चणा औंदाँ नी कने गलाणा अंगण ढेरा है**–नाच न जाने आँगन टेढ़ा।
6. **इत्थू सारयाँ दी अपणी-अपणी डफली कने अपणा-अपणा राग ऐ**–अपनी-अपनी डफली अपना-अपना राग।
7. **चूहे दे चमड़े कन्ने नगाड़ा नी मढ़ोई सकदा**–चूहे के चाम से नगाड़ा नहीं मढ़ा जाता।
8. **न असाँ तिन्नाँ च न तेरह च, बई ने मृदंग बजाणी**–'तीन में न तेरह में, मृदंग बजावे डेरे में'।
9. **मही आग्गे-कितनी क बीण बजाणी**–भैंस के आगे बीन बजाना।

इन कहावतों के अध्ययन से स्पष्ट है कि हिन्दी में प्रचलित कहावतें स्थानीय बोली में ग्रहण की गयी हैं। इनसे इस बात का आभास होता है कि जिस प्रकार इन कहावतों को जन-जीवन में अत्यन्त सहज भाव से अपना लिया गया है, उसी प्रकार संगीत-सम्बन्धी तत्त्व भी हिमाचलीय दैनिक जीवन के सहज अंग हैं।

बासुँरी, ढोल, डफली, नगाड़ा, मृदंग, बीन आदि वाद्य हिमाचलीय लोक-संगीत के प्रमुख वाद्य हैं। अतः इन वाद्यों से सम्बन्धित कहावतें भी लोक-भाषा का अंग बन गयी हैं। सूत्र-रूप में कहे गये ये वाक्यांश समाज में दर्पण ही नहीं, पहाड़ी जन-जीवन के मार्गदर्शन भी हैं। इसी दुहरी उपादेयता के कारण मुहावरे एवं कहावतें हमारी साहित्यिक विधाओं में एक विशिष्ट स्थान बनाये हुए हैं। हिमाचल के मौखिक साहित्य का यह रूप इतना समृद्ध है कि जीवन की अनेक विधाओं के मूल स्रोत सहज ही ढूँढ़े जा सकते हैं। सांगीतिक पक्ष भी इसका अपवाद नहीं है, अतः इस विपुल भंडार को संगृहीत करके प्रकाशित किया जाए, जिससे यह अमूल्य निधि सुरक्षित हो सके।

असमी कीर्तन का शब्द-चित्र : 'नाम-प्रसंग'

●

कवितादीप

असम की प्राचीनतम कलाओं में से एक अत्यन्त महत्त्वपूर्ण नाम है—'नाम-कीर्तन का नाम-प्रसंग'। जब कुछ व्यक्ति मिलकर पूजा की वेदी के सम्मुख अथवा मन्दिरों के प्रांगण में ईश्वर की महिमा गाते हैं, तब उसे 'नाम-प्रसंग' कहते हैं। असम के स्वनामधन्य महापुरुष श्रीमन्त शंकरदेव ने वैष्णव धर्म के प्रचार-प्रसार के लिए जिन कलाओं को आविष्कृत किया 'नाम-प्रसंग' का उनमें महत्त्वपूर्ण स्थान है। शंकरी युग में इसकी लोकप्रियता अपने उच्चतम शिखर पर थी।

शंकरी युग एवं प्राक्शंकरी युग के नाम-प्रसंग में कुछ अन्तर है। शंकरी युग के 'नाग-प्ररांग' साधारणतः वैष्णवी होते थे, जबकि प्राक्शंकरी युग के नाम-प्रसंग में विभिन्न देवी-देवताओं की अवतारणा की जाती थी, उनकी स्तुति गायी जाती थी। वह सनातनपन्थी थी।

असम के नाम-प्रंसग को विषयवस्तु, प्रकार एवं स्थानादि के आधार पर मुख्यतः पाँच भागों में विभक्त किया गया है :—

1. शंकरी प्रसंगिया नाम : जब महापुरुष शंकरदेव ने असम में वैष्णव धर्म के प्रचार का निर्णय लिया, तब इस धर्म के गूढ़ तत्त्वों को जन-साधारण को रोचक एवं सरल रूप में समझाने के लिए उन्होंने कुछ प्रयोग किये। वे हैं—बरगीत, अंकिया नाट्य एवं प्रसंगिया नाम आदि। इन कलाओं के माध्यम से, संगीत के सहारे वैष्णव धर्म की महिमा और महत्ता को श्री शंकरदेव एवं 'भकत' (भक्त) लोगों ने जनता के सम्मुख रखा। इस नाम-प्रसंग में गायन (गायक), बायन (वादक) एवं पाली (अनुयायी)—इन तीन भागों में बँटे साधारणतः दस से बीस तक व्यक्ति होते हैं।

गायन (गायक) प्रथमतः गीत का स्थायी आरम्भ करते हैं, पाली उनका साथ देते हैं एवं बायन इनकी संगति करते हैं। इनका प्रधान वाद्यन्त्र छोटे आकार का नगाड़ा होता है, जो आवागमन की दृष्टि से भी सुविधाप्रद होता है। इन नगाड़े की जोड़ी में एक का आकार कुछ बड़ा होता है, जिसे 'नगाड़ा' कहते हैं और दूसरे का

आकार कुछ छोटा होता है, जिसे 'कुड़कुड़ी' कहते हैं। इस वाद्ययन्त्र को मारी (लकड़ी) से बजाते हैं। इनके साथ के अन्य तालुओई (वादक) भोर-ताल (एक वाद्य) बजाते हैं। किसी-किसी क्षेत्र में जोड़ी और खोल (वाद्ययन्त्रों) का भी प्रचलन पाया जाता है।

साधारणतः इस प्रसंगिया नाम में 'कीर्तन' और 'घोषा' (असमी भाषा के दो वैष्णवी ग्रन्थ) में संकलित नाम ही गाये जाते हैं। 'कीर्तन' और घोषा' वैष्णव धर्म के दो अमूल्य ग्रन्थ माने जाते हैं। इन दोनों ग्रन्थों में, पद्यमय भाषा में भगवान् श्रीकृष्ण के जीवन के विभिन्न प्रसंगों का रोचक शैली में वर्णन किया गया है। असमी भाषा में लिखित इन दोनों ग्रन्थों को 'वैदिक युग के ग्रन्थों का सारांश' भी कहा जाता है।

एक-एक नाम के गाने में साधारणतः दस-पन्द्रह मिनिट का समय लगता है। गायक साधारणतः वेदी के सम्मुख बैठकर गाते हैं। उनके पीछे बायन और पाली बैठते हैं। साधारणतः गायन केवल गाते ही हैं, किन्तु किसी-किसी क्षेत्र में उन्हें भोरताल का वादन करते हुए भी पाया जाता है। ये प्रसंगिया नाम आज भी असम के यत्र-तत्र बिखरे सत्रों (मठों) में अत्यन्त प्रचलित एवं लोकप्रिय हैं। भिन्न-भिन्न अवसरों पर धर्मभीरु एवं श्रद्धालु जन अपने घरों आदि में भी इनका आयोजन करते हैं।

2. नेगेरा नाम (नगाड़ा नाम) : 'नाम-प्रसंग' का यह प्रकार साधारणतः असम के कामरूप जिले में अधिक प्रचलित एवं लोकप्रिय है। वैसे, अन्य स्थानों पर भी—विशेषकर वहाँ, जहाँ कामरूपवासी जाकर बस गये हैं—इसका प्रचलन है।

इस नाम-प्रसंग में किसी भी देवी-देवता की गाथा को विषयवस्तु बनाया जाता है। इस नाम-प्रसंग के प्रधान दलपति को 'पाठक' कहते हैं। नेगेरा अर्थात् नगाड़ा-वादक को 'नागारू' एवं भोरताल बजानेवाले को 'तालुओई' कहते हैं। अनुमान है कि नाम-प्रसंग का यह प्रकार प्राक्शंकरी युग से ही कामरूप में प्रचलित है; क्योंकि नाम का यह प्रकार मनसा-पूजा, मारे-पूजा, दुर्गा-पूजा, सत्यनारायण-पूजा एवं काली-पूजा-जैसे किसी भी अनुष्ठान में आयोजित किया जा सकता है। इस नाम-प्रसंग के प्रधान संगति-वाद्ययंत्र हैं—नगाड़ा, भोरताल, जुरी (जोड़ी) और किसी-किसी क्षेत्र में मृदंग या खोल; किन्तु आधुनिक युग में दुतारा, बाँसुरी, खंजरी, डगरा, तबला एवं हारमोनियम-जैसे वाद्यों का प्रयोग भी होने लगा है। एक 'नेगेरा नाम' पूर्ण होने में साधारणतः आधे घंटे से डेढ़ घंटे तक का समय लग जाता है।

पाठक, तालुओई, नागारू, दुतारा बायन, डगरा बायन आदि भागों में विभक्त इस दल में कुल दस से लेकर पचास तक सदस्य रहते हैं। इसमें ध्यान देनेवाली बात यह है कि सारे संगति-वाद्ययन्त्र एक साथ ही नहीं बजते हैं। सर्वप्रथम पाठक

गीत आरम्भ करता है, फिर गीत एवं गायन-शैली देखकर उसी के अनुरूप योग्य वाद्ययन्त्रों से संगति की जाती है। उदाहरणार्थ–'बरगीत' की शैली में गाये जानेवाले नाम के साथ अगर खोल, खंजरी और जोड़ी प्रयुक्त होते हैं, तो आधुनिक गीतों की तर्ज पर गाये जानेवाले नाम में तबला, हारमोनियम और बाँसुरी आदि। किन्तु प्राचीन काल में सभी गानों के साथ नगाड़ा और भोरताल ही प्रयुक्त होते थे। यहाँ यह भी द्रष्टव्य है कि तब गीतों की तर्ज एवं गायन-शैली आदि भी उसी प्रकार की होती थी। आज नाम-प्रसंग में जो परिवर्तन दिखाई देता है, वह आधुनिकता का प्रभाव एवं भकत लोगों द्वारा इसे स्वीकारने तथा इसके साथ कदम-से-कदम मिलाकर चलने के प्रयास का प्रमाण है। आधुनिक काल में इस नाम-प्रसंग में एक परिवर्तन और भी दिखलाई देता है। प्राचीन काल में इसके अन्तर्गत केवल देवी-देवताओं की महिमा का ही वर्णन होता था, लेकिन आज इसमें देश के अन्य महान् व्यक्तियों आदि की गाथा को भी शामिल कर लिया जाता है।

इसमें प्रथमतः नाम गानेवाले दल के सदस्य निर्दिष्ट आसन पर गोलाकार में बैठते हैं। इनके बीच में पाठक और वादकगण बैठते हैं। पास में ही नगाड़ा भी रहता है। इस नगाड़े का आकार प्रथम उल्लिखित नगाड़े से बहुत बड़ा होता है। नगाड़ा बजाने के लिए जिस छड़ी या लकड़ी (असमी भाषा में बारी या मारी) का प्रयोग किया जाता है, उसकी आकृति भी प्रथम उल्लिखित मारी से भिन्न होती है। कुड़कुड़ी (छोटे नगाड़े) पर प्रयोग किये जानेवाले मारी की लम्बाई करीब एक फुट की होती है। इसकी लकड़ी चिकनी होती है और इसका अगला हिस्सा, जो वाद्य का स्पर्श करता है, नुकीला होता है तथा पीछे का हिस्सा क्रमशः मोटा होता जाता है। नगाड़ा (बड़ा नगाड़ा) के लिए प्रयुक्त 'मारी' इस मारी से बड़ा होता है तथा इसका अगला हिस्सा नुकीला न होकर गोलाकार होता है और पीछे का हिस्सा क्रमशः मोटा न होकर समान रहता है। लेकिन इसके पीछे के हिस्से में एक छिद्र होता है, जिससे एक छोटी रस्सी बँधी रहती है। बजाते समय इस रस्सी को हाथ में लपेट लिया जाता है।

पाठक के नाम आरम्भ करने से पहले ही नेगेरा पर घाटा या सेंव (ताल) आरम्भ होता है। पाली-समूह हाथ से ताली देकर उस घाटा का अनुसरण करता है। नगाड़ा के साथ ही इस सेंव को भोरताल पर भी बजाया जाता है। आरम्भ के एक सेंव का उदाहरण है :–

तेई धीना ला कुतुलु कुतुलु कुतुलु
धीना ला कुतुलु कुत्।

–घाटा की लय क्रमशः तेज-से-तेज होती जाती है। उसी समय जब लय बढ़ती जाती है, भोरताल पर तीन जोरदार आवाजें होती हैं और इसके साथ ही आरम्भ होता है एक अन्य सेंव (घाटा या ताल)–

हेई गुरू	धिन	धिना	धिन	धिन।	
गुरू	धिन	धिना	धिन	धिन।	
	धीनाल	खिता	धीना	ऽता	(2)
	नाधीन	धीना	धीना	ऽता	(2)
	धिन	धिना	धिन	धिन	
गुरू	धिन	धिना	धिन	धिन।	

इसकी समाप्ति के बाद पुनः पहलेवाले घाटे—

धीना ला कुतुलु कुतुलु कुतुल
धीना ला कुतुलु कुत्।

—पर वापस लौटते हैं। पुनः इसकी लय को क्रमशः बढ़ाते जाते हैं और भोरताल-वादक जब पुनः तीन बार जोर से भोरताल बजाकर समाप्त करने का संकेत देता है, तब 'धिन धिना धिन धिन' इस बोल को बजाना आरम्भ करते हैं। इसकी भी लय क्रमशः बढ़ती जाती है। इसके बाद कई बार 'धीन धीन धीन धीन'—इस बोल को बजाते है। इसके बाद मध्य लय में मात्र एक बार बजाते हैं— 'धीना धीना धीन धीन धा'। इसके बाद पाठक माँ सरस्वती की वन्दना करते हैं। सरस्वती-वन्दना के बाद पुनः एक घाटा आरम्भ होता है, जिसकी समाप्ति के बाद 'आख्यान' गीत का आरम्भ होता है। उदाहरणार्थ 'रामायण' की कथा को लेना है, तो पाठक इस प्रकार का गीत गाएँगे :—

ये हरि नारायन करा कृपा कमललोचन
अयोध्या नगरे राज दशरथ
तीनी जनी रानी सीला,
कौशल्या, कैकई, सुमित्रा सुन्दरी
भिने-भिने नामत् होइला।

—इस तरह से आदिपर्व का गायन आरम्भ होता है। इस समय न तो पाली-समूह द्वारा हाथ से ताली दी जाती है और न वाद्ययन्त्र ही प्रयुक्त होते हैं। इसके बाद दोहा आरम्भ होता है। दोहा आरम्भ होते ही पाली हाथ से लयबद्ध ताली देने लगते हैं। इसी समय वाद्ययन्त्र भी बज उठते हैं। लेकिन भोरताल अब भी नहीं बजता; उसके स्थान पर जुरी (जोड़ी) से संगति की जाती है। पाठक दोहा प्रायः इस तरह से आरम्भ करते हैं—'अशोक बन ते राजा दशरथे मृग मारिब ले गोइला'। इसके साथ ही पाठक अपना आसन छोड़कर दल के बीच जाकर खड़ा हो जाता है और गीतों के साथ भाव-प्रदर्शन भी करता जाता है।

नाम-प्रसंग के समय साधारणतः पाठक से पाली तक सभी पवित्र वेश-भूषा (श्वेत धोती-कुर्त्ता) धारण करते हैं। कन्धे पर असमी जनता का प्रिय वस्त्र गमछा रहता है। पाठक के सिर पर पगड़ी होती है। पाली-वर्ग दोहा आरम्भ करने के

साथ-साथ 'ये', 'हाँ', 'ना' आदि शब्दों के सहारे पाठक का समर्थन करने के साथ-साथ पुनः प्रथम पंक्ति पर वापस लौट आते हैं। पाली द्वारा गीत समाप्त होने के साथ ही पाठक द्वारा पद आरम्भ हो जाता है। इस तरह एक सम्पूर्ण कहानी का पद एवं दोहों के माध्यम से प्रस्तूतीकरण होता है। कार्यक्रम की समाप्ति के लिए जब एक-दो गाने शेष रह जाते हैं, तब बज उठता है भोरताल। भोरताल का वादन आरम्भ होते ही दर्शक एवं श्रोता-वर्ग समझ जाता है कि एक सम्पूर्ण नाम-प्रसंग अब समाप्ति के निकट पहुँच गया है। अन्त के इन गानों को 'उठेली गान' कहते हैं। इन गीतों की लय साधारणतः तेज होती है और क्रमशः और तेज होती जाती है। इन प्रखर गीतों के बीच-बीच में नाम की गति और तेज करने के उद्देश्य से पालियों द्वारा बीच-बीच में—'ये रामे-राम, हर रामे-राम' जैसी हरि-ध्वनि का भी प्रयोग होता है।

कथा जब अन्त के बिलकुल निकट पहुँच जाती है तथा गायन चलता ही रहता है, तब पाठक हठात् बीच-बीच में बैठ जाता है और इसके साथ ही नगाड़े पर प्रथम घाटा आरम्भ होता है। घाटा की गति तेज होने के साथ-साथ पाठक हाथ में भोरताल लेकर पुनः खड़ा हो जाता है और तब पाठक द्वारा आरम्भ होता है भोरताल का आकर्षण एवं चामत्कारिक वादन। कुछ निपुण पाठक एकसाथ ही छह-सात भोरतालों का वादन करते हैं। यह एक दर्शनीय दृश्य होता है। कुछ देर तक भोरताल का वादन करने के बाद पाठक जब समाप्त करना चाहता है, तब भोरताल को ऊपर उठाकर उसमें एक विशेष प्रकार की ध्वनि तीन बार बजाता है। यह नगाड़ा वादक के लिए एक विशेष प्रकार का संकेत होता है, अतः नगाड़ा-वादक समाप्ति के बोल पर आ जाता है। समाप्त होने के बाद पाठक आराम करने के लिए बैठ जाता है। लेकिन इस समय भी नगाड़ा-वादन बन्द नहीं होता। उस पर तीव्र लय का एक बोल बजता रहता है। कभी-कभी इस समय में भगवान् की महिमा से सम्बन्धित कोई गीत भी गाया जाता है; पालियों द्वारा हाथ की ताली भी चलती रहती है। कुछ क्षणों के विश्राम के बाद पाठक भोरताल पर पुनः एक विशेष प्रकार की ध्वनि तीन बार करता है, जिससे नगाड़ा-वादक समझ जाता है कि पाठक अब पुनः भोरताल का वादन करना चाहता है, अतः वह नगाड़े पर पुनः घाटा आरम्भ कर देता है। इस प्रकार एक नाम से छह-सात प्रकार के घाटा बजते हैं। इस घाटा की समाप्ति के बाद भगवान् की महिमा से सम्बन्धित एक तेज लय के गीत द्वारा नगाड़े की समाप्ति के घाटा तक पहुँचा जाता है; जैसे—'हरि बोल, हरि बोल/ बोलो रे भाई ये'।

वन्दना समाप्त होने के बाद ही नगाड़ा के बोल और पाली के हाथों की ताली क्रमशः तेज होती जाती है। इसी बीच नगाड़े पर अन्तिम घाटा आरम्भ होता है। अन्त में तीन बार जोर से बजाने के बाद नगाड़ा रुक जाता है—और इस तरह पूरा

होता है। एक सम्पूर्ण 'नेगेरा-नाम' अथवा 'कामरूपिया नाम'।

3. दरंगिया नाम : अपनी कुछ विशिष्टताओं के कारण 'दरंगिया नाम' का अलग ही महत्त्व और स्थान है। यह नाम-प्रसंग चूँकि असम के दरांग जिले में अधिक प्रचलित एवं लोकप्रिय है, इसीलिए इसे 'दंरगिया नाम-प्रसंग' कहते हैं। इसके पाली-समूह में साधारणतः तीस से पचास व्यक्ति तक होते हैं। इन लोगों में गायन (गायक) को 'पाठक' और बायन (वादक) को 'नेगारू' कहते हैं। भोरताल इस नाम-प्रसंग का एक अपरिहार्य अंग है।

'दरंगिया नाम' की विशेषता यह है कि ये लोग नाम को पाली-समेत खड़े होकर गाते हैं। दल के बीच पाठक खड़ा होकर नाम आरम्भ करता है और पाली-समूह खड़े होकर ताली बजा-बजाकर उनका अनुसरण करते हैं। दरंगिया नाम अन्य नाम-प्रसंगों से स्वर, ताल और बोलों के आधार पर भी कुछ भिन्नता रखता है। घाटा के आधार पर भी इसमें और कमरूपिया नाम-प्रसंग में पृथक्ता पायी जाती है। यह नाम-प्रसंग मुद्राओं के आधार पर भी अन्य नाम-प्रसंगों से भिन्न है।

4. खोलकीर्तन : खोलकीर्तन असम में अत्यन्त प्राचीनकाल से ही विभिन्न पूजनोत्सव आदि में व्यवहृत होता आया है। ये कीर्तन खड़े होकर तथा बैठकर, दोनों ही अवस्थाओं में गाये जाते हैं। अनुमान है कि यह कला-शैली प्राक्शंकरी युग से ही असम में प्रचलित है। यह कला-शैली असम में पश्चिमी भारत से आयी प्रतीत होती है। खोलकीर्तन में साधारणतः पाँच-छह व्यक्तियों से लेकर आठ-दस व्यक्तियों तक का एक दल होता है। संगति-वाद्ययन्त्रों के अन्तर्गत खोल, मृदंग, करताल, जोड़ी और बेनु आदि का प्रयोग मुख्य रूप से होता है। इसका दलपति 'पाठक' एवं खोल-वादक 'खुलिया' कहलाता है। पाठक साधारणतः धोती-कुर्त्ता पहनकर, गले में एक गमछा लेकर गीत आरम्भ करते हैं और पाली-समूह पाठक का अनुकरण करते हैं।

इन गीतों की एक विशेषता यह है कि ये आरम्भ से ही नेगेरा नाम की अपेक्षा अधिक तेज लय में आरम्भ होते हैं। इनके गीत अन्य नामों से अपेक्षाकृत छोटे भी होते है। इन गीतों में विभिन्न देवी-देवताओं की महिमा का वर्णन किया जाता है। विभिन्न पौराणिक कथाओं पर आधारित गीत खोलकीर्तन में बहुत कम पाये जाते हैं। इसमें गीत आरम्भ होने के साथ ही संगीति-वाद्ययन्त्र भी आरम्भ हो जाते हैं, साथ ही आरम्भ हो जाती हैं, पाली-समूह द्वारा हाथ से दी जानेवाली लयबद्ध ताली।

सरस्वती-पूजनोत्सव से सम्बन्धित एक कीर्तन का अंश है :—

आ हा वीणापाणि दुखिया दुआरे,
को हेरे पूजीम् तुमाक्, शरण दुःखोनी,
लोआ आय, लोआ आय, लोआ आय कोलाते,

तुमार सन्तान बुली, लोआ आय कोलाते...।

इस गीत को प्रथमतः विलम्बित लय में, तत्पश्चात् तेज लय में गाकर समाप्त करते हैं। खोल-कीर्तनों का आयोजन साधारणतः दुर्गा-पूजा, मारे-पूजा, लक्ष्मी-पूजा, सरस्वती-पूजा एवं काली-पूजा आदि में किया जाता है। कभी-कभी यूँ ही बिना किसी विशेष अवसर के भी इसका आयोजन श्रद्धालु लोग अपने-अपने घरों में करते हुए पाये जाते हैं। खोल-कीर्तन के एक गीत का एक अंश है :–

हरि बोलो रे भाई, सत्यभामा हे...,
कांदे सती सत्यभामा,
हरिर नामे सुखे रोइला...।

5. आय-नाम : नाम-प्रसंग का यह प्रकार अधिकांशतः महिला-समाज में ही प्रचलित है। 'आय नाम' के अन्तर्गत माँ भगवती की प्रसन्नता एवं सन्तुष्टि के लिए उनकी महिमाओं से मंडित गीत आदि गाये जाते हैं। किसी परिवार में जब किसी को 'माता' (चेचक) निकलती है, तब वहाँ आय भगवती का आगमन माना जाता है। इस धारणा के वशीभूत होकर ही 'बसन्त' (चेचक) निकलने के दिन से ही रोगी के रहने के घर में आसन बनाकर, धूप-दीप आदि जलाकर गृहस्थ आय भगवती से प्रार्थना करता है। माता निकलने के तीसरे दिन और कभी-कभी रोगी की अवस्था देखकर सातवें दिन 'आय-नाम'* आरम्भ किया जाता है। इसके बाद रोगी को लक्षण एवं घर का परिवेश देखकर इक्कीस दिनों तक प्रतीक्षा की जाती है, क्योंकि इसी बीच घर में अगर किसी और को माता निकलती है, तो अन्तिम 'आय-नाम' आरम्भ नहीं किया जा सकता। विश्वास है कि अगर इक्कीस दिनों तक घर में किसी को चेचक नहीं निकली, तो फिर किसी को नहीं निकलेगी। तब ठीक इक्कीसवें दिन अन्तिम 'आय-नाम' आरम्भ किया जाता है। असमी भाषा में इसे 'उथेली-नाम'** कहा जाता है। इसमें गीतों के साथ किसी प्रकार का वाद्ययन्त्र न बजाकर हाथ से ताली बजाते हैं।

इसमें दस से बीस तक महिलाएँ निर्दिष्ट आसन पर बैठकर नाम गाती हैं। इनकी प्रधान को 'भकतीनी' कहते हैं। गीत का आरम्भ भकतीनी द्वारा ही होता है, अन्य महिलाएँ उसका अनुसरण करती हैं। इन गीतों का अपना एक वैशिष्ट्य यह भी है कि दल एवं स्थानादि के नाम पर इनमें भिन्नता नहीं पायी जाती। इसके आरम्भ और समाप्त करने के ढंग भी एक ही होते हैं।

कुछ झलकियाँ देखिए–

1. आई ते प्रणाम करो, दि चरने धरो।
आई'र सरने भकती करिया,

---

* आय : माँ, माता।

** उथेली : शेष।

सुखे संसारत परो।

2. आय आहिला, आसने बहिला,
सबरे मनत रंग हरिये।
सरू आय, बड़ आया, माजू आय,
हामुरी, काउरी, पंचामरी, समोरी आय,
सकल आय आहि से,
सबेरे मनत रंग हरिये...!

3. किवा फूल फूली आसे, फूले हे राम-राम।

4. मुरारि ये तू आ, भोमोराई करी गोल सुवा,
आई लोइके फूल तूलीबे जाऊँ ते,
भोमोराई करी गोल सुवा।

5. अपराध क्षमा कर हिरि किये।

'नाम-प्रसंग' नाम-धर्म असम की प्राचीनतम कलाशैली है। असम भारत का एक ऐसा प्रान्त है, जिसके विश्लेषण से स्पष्ट होता है कि इस पर भारतीय संस्कृति के साथ-साथ तिब्बत और बर्मा की संस्कृति का भी यथेष्ट प्रभाव पड़ा है। असम केवल आर्यों का ही निवास नहीं था। यहाँ आर्य, अनार्य और मंगोलों का संयुक्त रूप से वास था। लेकिन जब नाम-प्रसंग का नाम आता है, तो सारी संस्कृतियाँ एक हो जाती हैं और सबके मन में उदित हो उठती है महान्, पवित्र और सात्त्विक धार्मिक भावना...और फिर सभी खो जाते है नाम-प्रंसग में!

राजस्थानी लोक-गीत 'सुपनो' में ठुमरी-तत्त्व

डॉ. जयचन्द्र शर्मा

भारतीय संगीत में 'ठुमरी' एक विशिष्ट गायन-शैली का नाम है। संगीत-शास्त्र के विद्वान् इस शैली को 'उप-शास्त्रीय संगीत के अन्तर्गत मानते हैं। संगीत-कला के रसिकजनों में शास्त्रीय व सुगम संगीत की कड़ी को जोड़ने के लिए इस गायनशैली को जन्म दिया गया। इस शैली की उत्पत्ति कब हुई और किसने की, इस सम्बन्ध में संगीत-कला का इतिहास मौन है। संगीतज्ञों के कथनानुसार इस गायन-शैली का उद्‌भव मुगलकाल से माना जाता है। इस शैली के समकक्ष उत्तर भारत में ग़ज़ल, भजन, क़व्वाली आदि गायन-शैलियाँ भी प्रचलित हैं।

'ठुमरी' शब्द का अर्थ संगीतज्ञ 'स्वर-ताल के ठुमके' से लेते हैं। ठुमरी गाने वाले गायक-गायिका गीत को सजाने के लिए स्वर व ताल-सौन्दर्य के साथ गीत के भावों को प्रदर्शित करने की ओर विशेष ध्यान देते हैं। शृंगार-रसपूर्ण, भाव-प्रधान इस गायन-शैली की 'ज़नानी गायन-शैली' भी कहा जाता है। ठुमरी के गीतों की रचना करने वाले गीत की अन्तिम पंक्ति में अपने नाम की छाप भी लगाते हैं। जैसे—सनद-पिया, सुघर कहत, विन्दा कहत, अख़्तर पिया, क़दर पिया, ललन पिया आदि।

गायकों के प्रादेशिक अथवा क्षेत्रीय प्रभाव के अनुसार इस गायन-शैली में पृथक्-पृथक् अंग बन गये। जैसे—बनारस-अंग, लखनऊ-अंग, पंजाब व बंगाल-अंग आदि।

भारतीय संगीत में 'ठुमरी' के दो भेद हैं—1. गीत-प्रधान, और 2. नृत्य-प्रधान।

गीत-प्रधान : इस प्रकार में गायक अथवा गायिका गीत के बोलों को स्वर-ताल के माध्यम से सजाकर शब्दों के अनुसार भावों को प्रस्तुत करते हैं। ठुमरी के गीत की बन्दिश के छोटे-छोटे स्वर-समुदाय मीड़, मुर्की, तानालाप तथा मुख्य राग में आस-पास के रागों के स्वरों को बड़ी कुशलता से लगाकर बोल बनाव व बोल-बाँट की जाती है। इस प्रकार की ठुमरियों में नृत्यांग को प्रस्तुत नहीं किया जा सकता। कुछ ठुमरियाँ ऐसी भी होती हैं, जो गीत-प्रधान व नृत्य-प्रधान दोनों उद्देश्यों की पूर्ति करती हैं। ऐसी रचनाएँ बहुत कम पायी जाती हैं।

नृत्य-प्रधान : इस प्रकार की ठुमरियों में विभिन्न प्रसंगों को लेकर भावों को प्रस्तुत किया जाता है। ऐसी रचनाओं के शब्दों में अभिनय प्रस्तुत करने की काफ़ी गुंजाइश होती है। ख़ासतौर से बनारस, लखनऊ और जयपुर-नृत्य-शैली के कथकों के पास ऐसी रचनाओं का भंडार भरा हुआ है। कथक नृत्याचार्यों को ठुमरी-नृत्य-प्रदर्शन का उच्च-स्तर पर अभ्यास व ज्ञान रहा है।

कला साधक की कल्पना का सही प्रस्तुतीकरण व उसकी कलात्मक योग्यता का सही मापदंड 'ठुमरी-नृत्य' ही है, परन्तु वर्तमान में इस प्रकार के प्रदर्शनों का अभाव ही है, जो कथक-नृत्य के एक अंग को अपंग बनाता जा रहा है। ठुमरी-अंग को प्रस्तुत करने के लिए कठिन साधना, उच्च-शिक्षा व कुशल अभिनय-कला का ज्ञान होना आवश्यक है।

ठुमरी-गीत के बोलों का विशेषकर राधा-कृष्ण के संयोग-वियोगात्मक श्रृंगारी जीवन से सम्बन्ध रहता है। राधा के शिकायत सम्बन्धी भावों को कलाकार गायन अथवा नृत्य के द्वारा प्रकट करता है। स्वर-ताल के साथ इस क्रिया में अभिनय का भी सहारा लेना पड़ता है। भारतीय-संगीत में अधिकतर राधा-कृष्ण को लेकर रचनाएँ बनी हैं, जिनमें ठुमरी का सम्बन्ध पूर्णतया राधा-कृष्ण से ही माना जाता है। कुछ रचनाकारों ने राधा-कृष्ण को हटाकर सिर्फ़ नायक-नायिका को लेकर ही रचनाएँ की हैं। ऐसी समस्त रचनाएँ श्रृंगाररस से ओत-प्रोत होती हैं, जो रसिक श्रोताओं के हृदय को आकर्षित करती हुई सामान्य जन पर भी अपना प्रभाव डालती हैं।

वर्तमान में ठुमरी का प्रचलन बहुत ही कम रह गया है। स्वतन्त्रता से पूर्व 'खयाल-गायकी' को लोग सुनना पसन्द नहीं करते थे। प्रत्येक गायक के पास ठुमरियों का अच्छा संग्रह मिलता था। युग-परिवर्तन के साथ खयाल-गायन-शैली ने अपना प्रभाव जमा लिया और ठुमरी-शैली गौण हो गयी। इसमें नृत्यात्मक ठुमरी का तो पता ही नहीं चलता और न कोई साधक मंच पर इसे प्रस्तुत करते दिखलाई देते हैं।

इन सब बातों पर विचार करते हैं तो ऐसा लगता है कि श्रोताओं का दृष्टिकोण बदल गया है। उनके कान राधा-कृष्ण की प्रेम-लीला को सुनते-सुनते ऊब गये हैं और वे सामान्य-जन के जीवन में प्रेम-लीला देखने लगे हैं।

राजस्थानी लोक-गीतों में ठुमरी-अंग से सम्बन्धित प्रसंग व हाव-भाव अच्छी मात्रा में पाये जाते हैं। राजस्थान के कुछ लोक-गीत ऐसे हैं, जिनमें ठुमरी-अंग पूर्ण रूप से प्रस्तुत किया जा सकता है। ऐसे गीतों में सुपनो, पीपली, कुरजाँ, कोयलड़ी, ओलू आदि प्रमुख हैं, जिन्हें ठुमरी-अंग से कुशलतापूर्वक प्रदर्शित किया जा सकता है।

ठुमरी अंग में किसी की रचना भी प्रस्तुति करने वाला साधक श्रृंगार-रस से प्रारम्भ करता है, परन्तु अन्त में वह गीत की पंक्तियों के अर्थ का आत्मा और

परमात्मा से सम्बन्ध स्थापित करता हुआ दर्शकों व श्रोताओं को आध्यात्मिकता की तरफ़ झुका देता है और वहीं कलाकार की साधना सफल मानी गयी है।

राजस्थानी लोक-गीत 'सुपनो' को यदि एक कुशल नर्तक मंच पर ठुमरी-अंग में प्रस्तुत करे तो सर्वप्रथम वह गीत की प्रथम पंक्ति को गाकर वियोग-शृंगार के भावों को प्रकट करके और आगे अपने प्रसंग को कुशलतापूर्वक बदलता जाए। गीत की धुन के साथ मध्य-लय में ताल-रूपक का ठेका बजेगा।

इस गीत में कुल तीन पात्र हैं—1. नायिका, 2. नायक, 3. स्पप्न। नायिका एक युवती है, जिसका पति परदेश चला गया है। एक रात्रि को वह स्वप्न में अपने प्रीतम के दर्शन करती है और उसके निकट जाती है तो अचानक उसकी आँखें खुल जाती हैं। तब उसे बड़ा दुःख होता है। ऐसी स्थिति में वह स्वप्न को उलाहना देती है, उसे मरवाने की धमकियाँ देती है। इसी प्रसंग को आगे बढ़ाता हुआ कलाकार गीत के भावों को गाकर प्रस्तुत करता है—

सूती थी रंग महल में जी कोई,
सूती नै आयो रे जंजाल;
भँवर सुपनै बतलाई जी।

—कलाकार द्वारा प्रस्तुत भाव ।

हमारा यह शरीर रंगमहल है। आत्मा के अन्धकार को दूर करने के लिए अचानक ज्ञान का प्रवेश होता है तो आत्मा को परमात्मा की झलक दिखलाई पड़ती है। आत्मा दौड़कर परमात्मा को प्राप्त करना चाहती है, परन्तु भगवान् अदृश्य हो जाते हैं तब वह ज्ञान को उलाहना देती है, नाराजगी प्रकट करती है—

के सुपना थानै मारसूँ जी कोई,
के थारी कतल कराय;
सुपना रै बैरी भँवर मिलाये रे।

नृत्य भाव : हे स्वप्न (ज्ञान) या तो मैं तेरे को मरवा दूँगी या तेरा कत्ल करवा दूँगी। तू दुश्मन है क्योंकि तून मेरे प्रियतम के दर्शन करवा कर उसी क्षण उसे अदृश्य कर दिया। उस समय स्वप्न (ज्ञान) कहता है—

क्यूँ ए गौरी म्हांने मारस्यो जी कोई,
क्यूँ म्हारी कतल कराय;
गौरी ए थारो भँवर मिलायो ए।

नृत्य भाव : हे सुन्दर आत्मा, तू मुझे मारने और कत्ल कराने की धमकी क्यों दे रही है? मैंने तो तेरा भला ही किया है, तेरे प्रीतम (परमात्मा) के दर्शन कराये हैं। इसमें मेरा क्या दोष है? प्रिय से मिलाने का मुझे दंड क्यों दे रही हो? यह तो तुम्हारी कमज़ोरी है, जो अपने प्रियतम को प्राप्त नहीं कर सकी।

ज्ञान की इन बातों को सुनकर आत्मा की आँखें खुल जाती हैं। वह खेद प्रकट

करती है और साथ ही ज्ञान से क्षमा-याचना भी करती है। आत्मा कहती है :–

सुपना थानैं पूजस्यूँ जी कोई,
भर मोतियन रो थाल;
सुपना रै प्यारा भँवर मिलायो रै।

नृत्य भाव : हे स्वप्न, तू बहुत ही अच्छा है। मैं तुम्हें मोती भरे थाल से पूजूँगी और झुक-झुककर प्रणाम करूँगी। आत्मा की बात सुनकर स्वप्न कहता है–

जावाँ थारै पिवजी रै नैण में ए गौरी,
जाय जगावाँ माँझल रात;
गौरी थाँरी याद दिरावाँ ए।

नृत्य भाव : हे सुन्दर आत्मा, अगर तुम्हारी ज्ञान-ज्योति जागृत हो गयी है तो मैं भगवान् के नयनों में जाकर अर्ध-रात्रि को तुम्हारी याद दिलाऊँगा। फिर तो भगवान् को अपने भक्त के पास आना ही पड़ेगा। इस पर आत्मा कहती है–

सुपना रै सरस सुहावणा जी कोई,
कुल-कुल लागूँ पाँव;
सुपना रै वीरा फेरूँ भल आईजे रै।

नृत्य भाव : हे स्वप्न, तू मेरा भाई है। तू बारम्बार मेरे यहाँ आते रहना। मैं झुक-झुककर तेरे पाँव पड़ूँगी। तू बहुत ही सरल स्वभाव का है।

'सुपनो' गीत के भाव एक कलाकार की दृष्टि से सामान्य जन से भिन्न हो सकते हैं। संगीतज्ञों की साधना में नाद-ब्रह्म को प्राप्त करने की भावना होती है। वे साधक हैं, कलाकार हैं और समाज के माध्यम से एक नवीन राह दिखलाने वाले पथ-प्रदर्शक भी हैं।

राजस्थान की ऐसी नृत्यात्मक रचनाओं का प्रस्तुतीकरण बारम्बार रंगमंच पर ठुमरी-अंग तथा नृत्य-नाट्य के रूप में प्रस्तुत करके हम लोककला को जनप्रिय बना सकते हैं।

संगीत ध्वनि की कविता है

●

वाई. बोरेव

संगीत की भूमिका जब प्रधानतः उपयोगितावादी थी, तब यह सामाजिक विकास के निम्नतर स्तर पर था। कार्य की गति के अनुसार लय को ध्यान में रखकर धुन सुझाई जाती थी, ताकि कार्य अधिक उत्पादक हो, लय लोगों को एक ही प्रक्रिया में संगठित करती थी। संगीत मानवीय वाक् के माध्यम से ध्वनि-संचार की क्रिया को संगठित और विकसित करता है।

आरम्भ में संगीत का विकास साहित्य के साथ-साथ हुआ। एक काव्य-रचना को धुन में बिठाया गया और उसे गाया गया। संगीत के नृत्य से इसी प्रकार का मेल स्थापित किया।

संगीत से एक विशेष प्रकार की ध्वनि की सृष्टि होती है, जो प्रकृति में है और संगीत के बाहर नहीं है। इस प्रकार की ध्वनियाँ कहाँ से आती हैं? डुबोस ने देखा कि जिस प्रकार पेंटर फार्म की अनुकृति बनाता है, प्रकृति के रंगों को अपनाता है, उसी प्रकार संगीतकार ध्वनियों, स्वर-कम्पनों का यानि सभी प्रकार की ध्वनि का अनुकरण करता है, जिसकी सहायता से प्रकृति अपनी भावनाओं की अभिव्यक्ति करती है। हर्बर्ट स्पेंसर ने भी इस बात पर बल दिया है कि संगीत का उद्भव उत्तेजित व संवेगशील वाणी से है। सांगीतिक ध्वनि स्वर-कम्पन के साथ निःसृत ध्वनि है। ध्वनि प्रथम सांगीतिक वाद्य थी। संगीत का आधार लय और स्वरसंहति है, जिससे 'मेलॉडी' की सृष्टि होती है। वाणी-विन्यास का प्रथम सांगीतिक सामान्यीकरण लोकधुनों में हुआ, जिनकी सृष्टि और उन्नत स्वरूप का निर्माण सदियों के प्रयासों से सम्पन्न हुआ। सांगीतिक मूर्ति के आधार-स्वरूप मानवीय वाणी का विन्यास सदैव भावावेगमूलक है। यह संगीत कला पर अपना प्रभाव छोड़ता है, जो अन्तर की भाषा के माध्यम से सीधे रसिक श्रोताओं के साथ सम्बन्ध स्थापित करता है। इसके आनन्द, दुःख, खेद और भावनाओं के सभी स्वरूपों का संचार होता है। मानव की भावनाओं से ही सांगीतिक मूर्ति गढ़ी जाती है।

संगीत में अनुकरणात्मक शब्दों और आवेदनीय तत्त्वों का समावेश रहता है। किन्तु ये अन्तर्निहित अंश नहीं हैं। सांगीतिक मूर्ति में पेंटिंग के दृश्य-प्रभाव और

शब्द के ठोस रूप का अभाव है। यह निश्चित संकल्पना नहीं देता और न दृश्य-चित्र प्रस्तुत करता है। संगीत वस्तुगत विश्व का चित्रण नहीं करता, बल्कि मानवीय भावनाओं और विचारों को प्रतिबिम्बित करता है। असाफीव के मतानुसार विचार ध्वनिगत अभिव्यक्ति के लिए ध्वनि-विन्यास का रूप लेते हैं। संगीत स्वभावतः गतिशील है। इसमें न केवल विशेष प्रकार की ध्वनियाँ हैं, बल्कि इन ध्वनियों की गति भी है, मानवीय भावनाओं की अभिव्यंजना का प्रवाह भी है। ''यह ध्वनि की कविता है।'' (एल. एटोकोवस्की)।

संगीत ध्वनि-मूर्तियों के माध्यम से जीवन की अनिवार्य प्रक्रियाओं को अभिव्यक्त करता है। बीथोवन का संगीत भीषण युद्ध, विजय की प्रतिध्वनियों का संचार करता है, इसमें क्रान्तिकारी मार्च का ध्वनि-विन्यास और लय है। उनकी पाँचवीं सिम्फनी के बारे में यह बात सत्य है। रोम्याँ रोलाँ ने इस संगीत को कीर्ति का महाकाव्य, युद्ध का संगीत और विजय का धूमधमाका कहा है।

संगीत अत्यन्त जटिल कला है, जिसकी मूर्तियों में उद्घोषित आवेदनीय क्रिया नहीं है। इसने अन्तर्ज्ञाननवादी सौन्दर्यगत संकल्पना के लिए आधार प्रदान किया है। बुद्धिवाद (लिबनिज) ने संगीत को मस्तिष्क का प्रच्छन्न गाणितिक अभ्यास बताया है। स्कोपेन्हौर ने संगीत को अन्तर का आध्यात्मिक चिन्तन कहा है, जिसे वह दार्शनिक रूप नहीं दे सकता। स्कोपन्हौर के अनुसार, संगीत का दृश्य-जगत् की मान्यता के साथ कोई सम्बन्ध नहीं है, क्योंकि वह उससे स्वतन्त्र है और विश्व न भी रहे तो भी वह कायम रह सकता है। यह बात अन्य कलाओं के बारे में नहीं कही जा सकती। इसके विपरित स्पेंगलर ने कहा कि संगीत मानव-संज्ञान का सर्वोच्च रूप है। न तो अत्युक्ति, न संगीत की संज्ञान-क्षमता की अस्वीकृति और न युक्तिवादी और अन्तर्ज्ञानवादी संकल्पना उसकी प्रकृति को पूर्ण रूप से अभिव्यक्त कर सकती है। मानव ध्वनि के विन्यास पर आधारित ध्वनि के विशेष प्रकार के माध्यम से भावनात्मक अनुभव और संवेदनशील विचारों की अभिव्यंजना—संगीत की प्रकृति को प्रकट करता है।

सांगीतिक भंगी के मुख्य तत्त्व और अभिव्यंजक माध्यम हैं—श्रुतिमधुर-ध्वनिविन्यास ढाँचा, बन्दिश, हार्मनी, आर्केस्ट्रा-संयोजन, लय, नाद-गुण और गतिशीलता।

संगीत मूर्तिकला के समान है, दोनों ही लय पर अधिक अवलम्बित हैं और दोनों में जीवन असंलग्न मूर्ति का रूप है, दोनों ठोस जीवन से अपसृष्ट हैं जो 'निर्धारित' आकार लेता है और अन्ततः दोनों में व्यक्तिगत तत्वों अथवा जीवन की आनुषंगिक घटनाओं को ही नहीं, बल्कि उसके अन्तर, उसकी रूह को प्रतिबिम्बित करने की क्षमता है।

(अनुवादक : मदनलाल व्यास)

विभिन्न भाषाओं की अप्राप्य नृत्य-रचनाएँ

•

अशोक शर्मा

भारतीय शिष्ट नृत्यों में दो प्रकार की नृत्य-रचनाएँ नाची जाती हैं। एक असार्थक और दूसरी सार्थक। असार्थक नृत्य-रचनाओं का गठन ध्वनि-प्रधान होता है; जैसे—'ता, थेई, थुं, थौं, दिगदिग, त्राम, क्ड़ान् कतान, गिडनग' आदि, जबकि सार्थक रचनाओं के बोल अर्थ-प्रधान होते हैं। कुछ रचनाएँ ऐसी भी होती हैं, जिनमें सार्थक व असार्थक, दोनों प्रकार के बोलों का प्रयोग किया जाता है।

वैसे तो नृत्यकार श्लोक, अष्टपदी तथा मीरा, सूर, तुलसी आदि के पदों पर भी नाचते हैं, पर नृत्य-रचनाओं की प्रस्तुती में लय-ताल जो पाद-संचालन तथा अंग-प्रत्यंगों का संचालन किया जाता है, वह नृत्य के शास्त्रीय पक्ष को उजागर करने वाला माना गया है। प्रचलित नृत्य-शैली कथक में अधिकतर हिन्दी ब्रजभाषा में गठित रचनाएँ उपलब्ध होती हैं, जबकि अन्य भाषाओं में भी नृत्य-रचनाएँ मिलती हैं।

नृत्य-कला का सम्बन्ध जब तक मन्दिरों से रहा, तब तक नृत्य-कला का स्वरूप धार्मिक था। मन्दिरों की कला जब राजा, महाराजा, नवाबों और बादशाहों के दरबार में आयी, वहीं से इसका स्वरूप आमोद-प्रमोद के तौर पर विकसित होने लगा। और, इन लोगों को प्रसन्न करने के लिए वैसी ही नृत्य-रचनाएँ तैयार की जाने लगीं। विद्वानों ने अपनी इच्छानुसार बोलों को तोड़-मरोड़कर रचनाओं का गठन किया और नृत्य-कला के शुद्ध स्वरूप को इतना विकृत कर दिया, जिससे प्राचीन रचनाओं के बोलों से वर्तमान रचनाओं के बोलों में काफी अन्तर आ गया; जैसे—बीकानेर-नरेश के भाई पृथ्वीराज राठौर (जो अकबरी दरबार में मान्य साहित्यकार थे) की उदाहरणार्थ दो रचनाओं की कुछ पंक्तियाँ निम्न-प्रकार हैं। ध्यान रहे, ये रचनाएँ 'संगीत' मासिक के अप्रैल 1977 अंक में प्रकाशित हो चुकी है।

कन्हैया नृत्याष्टकं (अमृत-ध्वनि)

थागड़दिक थागड़दिक तत् थेई तत् थेई, निरतत् स्याम सबन सुख दईया!
थक मृग थकित-थकित सुर गंन्ध्र, सुर विमान सब थकितत् रहिया।
सकल प्राण 'प्रिथिराज सुकबि' कहि, बाजत मृदंग तत् नाचत कन्हैया॥1॥

उपर्युक्त रचना के आठ चरण हैं। दूसरी रचना है 'योगमाया नृत्य', जिसमें कुल चार चरण हैं। प्रथम चरण निम्न-प्रकार है :–

योगमाया नृत्य

ब्रह ब्रह वाग्ड़िदिक ब्रह ब्रह वाग्ड़िदिक ब्रह तत् तत् तत्कार करं।
धप मप पप धम दौं दौं दौं दौं दौं मृदंग धुनि धमसं धरं॥
किट किट धौकिट धौं धौं धौं धौं गुण गुण गुण गुण ताल गुणं।
तो संगति संभ रंभ नाटारंभ जुग जुग जुग जुग खेलत जोगनियाँ॥1॥

उपर्युक्त दोनों रचनाओं के गठन में नृत्यात्मक असार्थक व सार्थक शब्दों का प्रयोग किया गया है। आज की रचनाओं में इस प्रकार के बोलों का प्रयोग नहीं मिलता।

प्राचीन रचनाओं का गठन देखकर ऐसा अनुभव होता है कि नृत्यात्मक शब्दों का चयन बृहद् ध्वनि-प्रधान किया जाता था। ऐसे ओजपूर्ण बोलों के प्रयोग करने से दर्शकों के हृदय पर विशेष प्रभाव होना स्वाभाविक है तथा अपने इष्टदेव को प्रसन्न करने की दृष्टि से भी इसका प्रभाव मन्त्र की तरह होता हो, तो भी कोई आश्चर्य की बात नहीं। ऐसी ही एक रचना 'गणेश शब्दम्' नामक यहाँ दी जा रही है :–

गणेश शब्दम् (संस्कृत-भाषा)

डेडे डंक्किट। किटरिक थों। सिंधुर चर्चित॥
शुंडं भ्रमयन। तथरिकु तथरिकु। क्रुदरिक थों॥
हस्तौ पादौ। चित्रं चलयन। धरिगिड़ धरिगिड़॥
धरि गिदड़ा। विद्या रम्भे। विघ्नं हरयन॥
किटधौं किणं। किणं कुकुदां। यस्तं देवं॥
नमामि शिरसा। हतहत हतकुकु। तहतत तधलां॥
धलधल धिमिथों। किर्रट किर्रट। किर्रणकिण धौं॥
तगधिमि मगथिर। झणकिट डेंडें। तदिदां डणकिट॥
तदिदां तदिदां। डेतरिकि किडदगथों। किड़दक्किड़ दगथौं॥

उक्त रचना 'संगीत-पारिजात' (नृत्य-खंड), पांडुलिपि-पत्र 38 के पीछे के पृष्ठ की तीसरी पंक्ति पर अंकित है। उक्त रचना के जोड़ की (समकक्ष) रचना राजस्थानी भाषा में निम्न-प्रकार है :–

गणेश परण (राजस्थानी), चारताल

द्रेद्रे द्रुमकिट। किटथरि थौं। सिंदुर सोहैं।

तहतह तहतत् । हतहत हस्ती । सूंड सुंडालो ।
दूंद दूंदालो । धिधिकिट धिधिकिट । तकधिलांग तक ।
बिड़द बिनायक । झेंझें झिणकिट । रिधसिध दाता ।
जय गणेशजी । मंगल कारी । तकधिलांग तक ।
गंगं गणपति । गजानंद जी । तनसूँ मनसूँ ।
सीस निवाऊँ । पूजैसो संसार । भर द्यो ।
अन्नधन रा । भंडार भंडार । भंडार ।

हिन्दी व ब्रजभाषा के मिश्रित बोलों की रचनाओं को तीनों घरानों के नर्तक नाचते हैं। किन्तु जयदेव कत्थक* द्वारा रचित 'चीर बढ़ावन' विषय-सम्बन्धी राजस्थानी भाषा की रचना में जो भाव और बोलों का गठन किया गया है, वह अत्यधिक आकर्षक और प्रभावशाली है :–

चीर बधावण (राजस्थानी), तीनताल

द्रौपदी री दक्काल सुण दुष्ट दुशासन काँपगो।
आसी नंदलाल ल्यासी चीर म्हारौ चौगुणों।
द्रौपदी री लाज राखण, चीर तो बधतो गयो।
साँवरिये रा हाथ लांबा, खींचण आलो हारगो।
खींच-खींच हारगो, द्रौपदी मारी दक्काल।
मन में मत राखी धोखो खींचले हजार बार।
सुण ली सिरजनहार हुयो विस्तार राखी लाज आज साँवरो।

(जयदेव कत्थक)

राजस्थानी के अतिरिक्त गुजराती भाषा में भी नृत्य-रचनाएँ उपलब्ध होती हैं, किन्तु किसी नृत्यकार की इन रचनाओं के साथ नृत्य करते हुए देखने का अवसर प्राप्त नहीं हुआ। हो सकता है कि गुजरात के नर्तक किसी समय इन रचनाओं का प्रयोग करते हों।

शृंगारप्रधान गुजराती नृत्य-रचना

थनगन थनगन करती हींडू झाँझरिया झमकावुं॥
जम जम पियुजी सामी जोय तम तम अंग नचावुं॥
पियु कारण मैं सणगार कौयुला माँग सिंदुरे सोही॥
अलवे ऊभी आलस मोडुं मुनी जननां मन मोही॥
सुंदरिया रा स्वभाव एसा तेज त्रिभोवन भावै॥

---

* नृत्यकार जयदेव कत्थक स्व. महाराजा गंगासिंह (बीकानेर) के शासन-काल में राज्याश्रित कलाकार था।

जैनाचार्यों ने भी संगीत व नृत्य-कला को अपने तरीके से अपनाया और संगीत-कला के साथ नृत्य-सम्बन्धी साहित्य भी लिखा। सत्रहवीं शताब्दी की एक रचना को देखने से पता चलता है कि उस युग में नृत्य-बोलों का गठन एक विचित्र शैली में किया जाता था। उदाहरणार्थ एक रचना प्रस्तुत है :–

दों दों दों दप मप द्रग्डिदिक दमके मृदंग।
झण रण रण झें झें झाँझरि झमकित झूंग॥
ठम ठम पाय ठमकति धमकति घूंघरि संग।
तकिट तकिट थै थै नृत्य करत मन रंग॥

इस प्रकार युगानुकूल नृत्य-बोलों में विविध भाषाओं को देखकर ऐसा लगता है कि आनेवाले युग में कथक-रचनाएँ अगर पाश्चात्य भाषाओं में गठित की जाएँ, तो कोई आश्चर्य की बात नहीं। उदाहरणार्थ, पांडवों की सेना को देखकर दुशासन गुरु द्रोणाचार्य से कहता है :–

आदेश परण, तीनताल (English)

Droon guruwar see that Army
Pandav soldiers very strong, Command you our Army
Arrangement in different Form, order order strictly order
go on duty why are you, Standing her now (तिहाई)

(Dr. jaichandra Sharma)

आधुनिक सन्दर्भ में उक्त रचना लय, ताल तथा भावाभिव्यक्ति करने में पूर्णतया सक्षम है। आज के कथकाचार्य विदेशों में शिक्षा प्रदान कर रहे हैं; विदेशी विद्यार्थी इन रचनाओं के अर्थ को समझकर उच्च साधक बन सकते हैं। ऐसी स्थिति में 'घरानेदार कथक' क्या इस प्रकार की बन्दिशों को अपनी नृत्य-शैली में स्थान दे सकेंगे?

बन्दिश के सिद्धान्त और उसकी रचना-प्रक्रिया

•

मधुरलता भटनागर

'स्वर', 'ताल' और 'पद' में सुबद्ध और सुनियोजित रचना को 'बन्दिश' कहते हैं। गान के दो भेद—'निबद्ध गान' और 'अनिबद्ध गान' बताये गये हैं। 'बन्दिश' निबद्ध गान के अन्तर्गत आती है।

संगीत के सूक्ष्म सौन्दर्य को विविध रूपों में व्यक्त करने के लिए तथा उसे व्यापक रूप से सामाजिकों के लिए ग्राह्य बनाने के लिए हमारे संगीत में बन्दिश का विधान किया गया है।

बन्दिश राग की आकृति का दर्पण है, जिसमें राग के स्वरूप और चलन को स्पष्ट रूप से देखा जा सकता है।

बन्दिश-रहित राग के स्वरूप को हम निराकार ब्रह्म और बन्दिश-सहित राग के रूप को हम साकार ब्रह्म की उपमा दे सकते हैं। दोनों में गुणों की समानता है। अन्तर केवल सूक्ष्मता और स्थूलता का है।

बन्दिश के द्वारा राग के अन्तःस्वरूप को एक सुनिश्चित रूप मिलता है, यानी उसकी आकृति स्पष्ट रूप से सामने आती है। अनेक बन्दिशों द्वारा राग के विविध प्रकार से चलन की जानकारी भी होती है।

डॉ. एस.के. सक्सेना ने एक वार्ता में कहा था—"एक ही राग में मुख्तलिफ शक्लों की अनगिनत बन्दिशें हो सकती हैं, यह सचमुच हमारे संगीत की एक विलक्षण बात है।"[1] हम देखते हैं कि वास्तव में विभिन्न गायन-शैलियों अथवा बन्दिशों का रूप, विस्तार, गति और प्रभाव भिन्न-भिन्न होता है। एक ही गायक एक ही राग में विभिन्न बन्दिशों को प्रस्तुत करके विभिन्न वातावरण की सृष्टि करता है। इसीलिए नयी बन्दिश-रचना को प्रोत्साहित किया जाता है। नयी बंदिशों का महत्त्व इसलिए भी है कि आज गायकों और श्रोताओं की संख्या बढ़ रही है। प्रचलित बन्दिशों की पुनरावृत्ति एक सीमा के बाद अरुचिकर बन सकती है। नयी बन्दिशों से राग को नया रूप मिलता है और श्रोताओं की रुचि का विकास होता है, राग-संगीत की लोकप्रियता बढ़ती है। 'भातखंडे स्मृति-ग्रंथ' में भी नवीन बन्दिशों की रचना को एक महत्त्वपूर्ण कृत्य बताया है। यह अवश्य ध्यातव्य

है कि बन्दिश राग-नियमानुसार हो और संगीत-परम्पराओं को सुदृढ़ बनाने में सक्षम हो।

बन्दिश के मूल तत्त्व क्या हैं, उसकी पृष्ठभूमि में कौन-कौन से सामान्य व विशिष्ट सिद्धान्त निहित होने चाहिए तथा बन्दिश की रचना-प्रक्रिया में कौन-कौन से तत्त्व महत्त्वपूर्ण हैं, इन तथ्यों का निरूपण हम संगीत के गान-पक्ष को लेकर करेंगे।

भरत मुनि के अपने ग्रन्थ 'नाट्यशास्त्र'[2] में लिखा है :–

गांधर्वमिति तज्ज्ञेयं स्वरतालपदात्मकम्॥8॥

इस प्रकार गान्धर्व (गीत, वाद्य) को स्वर, ताल, पद का संग्रह कहा है। ये स्वर, ताल और पद ही आज की बन्दिश के मूल तत्त्व हैं। स्वर-तालानुभावित गांधर्व में प्रयोज्य वस्तु को 'पद' कहा जाता है।[3] इस प्रकार 'पद' अथवा 'बन्दिश' स्वर-ताल से युक्त होती है।

पं. शाङ्र्गदेव ने 'संगीत-रत्नाकर' में प्रबन्ध (जिसे आज की 'बन्दिश' का प्राचीन पर्याय कह सकते हैं) को पुरुष-रूप माना है और इनके चार धातु तथा छह अंग बताये हैं। चार धातु[4] इस प्रकार हैं—उद्ग्राह, मेलापक, ध्रुव तथा आभोग।

प्रबन्ध की इन धातुओं के समान हम आज की बन्दिश के स्थाई तथा अन्तरे को मान सकते हैं।

प्रबन्ध के छह अंग इस प्रकार बताये हैं—स्वर, विरुद, पद, तेन, पाट और ताल। स्वर के अन्तर्गत राग-विशेष के स्वर, विरुद में गुण-सूचक शब्द, तेन में मंगल-सूचक शब्द और पद में इनके अतिरिक्त शब्द आते हैं। अतः ये तीन अंग मुख्यतः पद के रूप में ग्राह्य हो सकते हैं। पाट में मृदंग के बोल और ताल में वह ताल-विशेष, जिसमें प्रबन्ध को सुबद्ध किया गया है, होती है। इन दोनों में 'ताल' अंश की ही प्रधानता है।

इस प्रकार प्रबन्ध में स्वर, ताल और पद की ही प्रधानता देखते हैं, किन्तु विविधता की दृष्टि से अन्य अंगों का भी महत्त्वपूर्ण स्थान है।

स्वर, ताल, पद ही आज की बन्दिश के भी प्रमुख सर्जक तत्त्व हैं। बन्दिश के मौलिक तत्त्वों की पृष्ठभूमि में जो सामान्य सिद्धान्त निहित होते हैं अथवा होने चाहिए, अब हम उनका उल्लेख करेंगे :–

1. गीत के सौन्दर्य-गुण को इन शब्दों में वर्णित किया गया है—'रंजकः स्वरसन्दर्भो गीत-मित्यभिधीयते'।[5]

भावार्थ यह है कि गीत रंजक अर्थात् मनोहर स्वर-सन्दर्भों से युक्त होता है। अतः सौन्दर्य-दृष्टि से बन्दिश का प्रथम सामान्य सिद्धान्त यह है कि बन्दिश रंजक स्वर-सन्निवेशों से युक्त होनी चाहिए।

2. बन्दिशों के द्वारा राग का स्वरूप स्पष्ट होना चाहिए, साथ ही बन्दिशें

रागदारी संगीत की भव्यता और माधुर्य से ओत-प्रोत होनी चाहिए।

3. राग के शास्त्रीय नियम बन्दिश में मुखरित होने चाहिए। राग का विशिष्ट चलन, राग के वादी स्वर की प्रधानता, राग के अल्पत्व-बहुत्व, विशिष्ट स्वर-संगतियों का प्रयोग आदि तत्त्व बन्दिश में भी स्पष्ट होने चाहिए।
4. बन्दिश के लिए बोलों का चयन राग के गायन-समय के अनुसार करना चाहिए; जैसे—'भोर भई उठ जागो' अथवा 'चिरियाँ करत गान', 'जागा नया सूर्य, करे दिन का आह्वान' आदि शब्द प्रातःकालीन सन्धिप्रकाश रागों के लिए उचित हैं। इसी प्रकार ऋतुकालीन रागों में बन्दिश के शब्द उस ऋतुविशिष्ट के वर्णन से युक्त हों, तो उचित होगा।
5. बन्दिश के स्वरों का अन्तःचलन व स्वर-शृंगार भी राग की प्रकृति के अनुरूप होना चाहिए; जैसे—गम्भीर प्रकृति के रागों में मीड़, गमक का प्रयोग तथा खटके-मुर्की का अल्पत्व अथवा निषेध।
6. बन्दिश के लिए विशिष्ट गान-शैली (ध्रुवपद, ख़याल, ठुमरी आदि) तथा शैली की गति (विलम्बित, मध्य अथवा द्रुत) के अनुरूप ही शब्दों का चुनाव अथवा रचना करनी चाहिए।
7. बन्दिश के राग और काव्य में भावात्मक एकरूपता होनी चाहिए। चाहे राग के लिए काव्य का चुनाव हो अथवा काव्य के लिए राग का चुनाव। राग की प्रकृति के अनुसार ही बोलों की रचना या चयन करना चाहिए; जैसे—राग भैरव में 'बिना हरि कौन' शब्द राग की प्रकृति के अनुरूप है।
8. बन्दिश के पद की प्रथम पंक्ति यथा-सम्भव ताल के एक आवर्तन में ही पूर्ण हो जानी चाहिए। विशेष रूप से छोटे ख़याल में प्रथम पंक्ति एक वाक्य-रूप में हो।
9. बन्दिश के पद की प्रथम पंक्ति में गीत के भाव का सार निहित होना चाहिए; क्योंकि राग-विस्तार में प्रथम पंक्ति की पुनरावृत्ति होती है। विलम्बित खयाल आदि में पद के प्रारम्भिक शब्द ही सम्पूर्ण गीत के सार से युक्त होने चाहिए।
10. बन्दिश के लिए ताल का चयन भी विशिष्ट गीत-विधा के अनुरूप करना चाहिए।
11. बन्दिश का 'सम' यदि राग के वादी स्वर पर स्थापित हो, तो वह हर दृष्टि से उचित भी होगा और सुन्दर भी लगेगा।
12. राग की प्रकृति, बन्दिश की गति, काव्य का भाव और गायन-शैली में तादात्म्य होना चाहिए।

उपर्युक्त सामान्य सिद्धान्त अधिकांशतः प्रत्येक बन्दिश की पृष्ठभूमि में होते हैं अथवा होने चाहिए। इनके अतिरिक्त कुछ विशिष्ट सिद्धान्त भी हैं, जो बन्दिश

की विशिष्ट गान-विधा से ही जुड़े होते हैं। दूसरे शब्दों में अपने विशिष्ट सिद्धान्तों के ही कारण विभिन्न गायन-शैलियाँ एक-दूसरे से अलग पहचानी जाती हैं। यहाँ हम कुछ प्रमुख गायन-शैलियों की विशिष्टताओं की संक्षिप्त चर्चा करते हुए उनकी रचना-प्रक्रिया में निहित सिद्धान्तों का उल्लेख करने का प्रयास करेंगे।

ध्रुपद

यह एक प्राचीन गायन-शेली है और आज भी प्रचलित है। इसे ध्रुवपद अर्थात् 'अचल पदोंवाली गायकी' भी कहते हैं। शाङ्र्गदेव ने इसे 'शुद्धा गीति' कहा है, क्योंकि इसमें स्वर-राग, लय-ताल और शब्द अपने शुद्ध रूप में विद्यमान रहते हैं। इसमें स्थायी, अन्तरा, संचारी और आभोग—ये चार धातु अथवा खंड होते हैं। अधिकतर ध्रुवपदों में स्थायी और अन्तरा—ये दो ही खंड दिखाई देते हैं। सम्पूर्ण बन्दिश को गाने के उपरान्त इसके बोलों की 'उपज' की जाती है तथा विविध लयकारियों के माध्यम से बन्दिश को प्रस्तुत किया जाता है। साथ ही तिहाइयों से सुसज्जित करके 'सम' प्रदर्शित किया जाता है। रचना-प्रक्रिया की दृष्टि से देखें, तो राग की शुद्धता का ध्यान रखते हुए इस बन्दिश में एक मात्रा में एक ही अथवा अधिकाधिक दो स्वर ही रखे जाने चाहिए, जिससे विविध लयकारियाँ दर्शाने में सुविधा रहे। ध्रुपद एक गम्भीर प्रकृति की गीत-विधा है, अतः इसकी बन्दिश में स्वर-सौन्दर्य के उपादानों के रूप में गमक, मीड़, कण का प्रयोग तो स्वीकार्य है, किन्तु खटके, मुर्की का नहीं। इस शैली के लिए वीर, शान्त और भक्ति रस से युक्त काव्य ही उचित प्रतीत होता है। इस शैली का गम्भीर प्रकृति के अनुरूप ही मृदंग-पखावज की खुले बोलों से युक्त तालों का ही चयन होना चाहिए; यथा—चार ताल, सूल ताल आदि।

संक्षेप में स्वर की दृष्टि से ध्रुपद की बन्दिश में स्वर-राग अपने शुद्ध रूप में होने चाहिए तथा एक मात्रा में एक अथवा अधिकाधिक दो स्वरों का ही प्रयोग होना चाहिए। गमक, मीड़ का प्रयोग स्वीकार्य है, किन्तु खटके-मुर्की का निषेध होना चाहिए। ताल की दुष्टि से ध्रुवपद की बन्दिश मृदंग-पखावज के खुले बोलों की तालों में ही सुबद्ध होनी चाहिए। पद की दृष्टि से ध्रुपद में बोल शुद्ध तथा इसकी प्रकृति के अनुरूप वीर, शान्त व भक्तिरस के युक्त काव्य का चयन होना चाहिए।

धमार

'धमार' नामक ताल में सुबद्ध होली-सम्बन्धी शब्दों से युक्त, ध्रुपद-अंग की गायन-शैली को 'धमार' कहते हैं। रचना-प्रक्रिया की दृष्टि से स्वर-राग की शुद्धता का ध्यान रखते हुए होली-सम्बन्धी शब्द 'धमार' नामक ताल में सुबद्ध करके ही

धमार की रचना सम्भव है। रचना-सम्बन्धी अन्य सब बातें ध्रुपद के ही समान हैं।

ख़याल

स्वर, ताल और पद से युक्त वह बन्दिश 'खयाल' कहलाती है, जिसमें गायक को राग-विस्तार में राग-नियमों का पालन करने के साथ-साथ अपनी कल्पना और प्रतिभा का समुचित प्रयोग करने की अपेक्षाकृत अधिक स्वतन्त्रता रहती है। लेकिन गायक की यह कल्पना राग की शास्त्रीय सीमा तक होनी चाहिए। ख़याल की बन्दिश तबले की तालों—एकताल, झूमरा, तिलवाड़ा, तीनताल, झपताल आदि में सुबद्ध होती है। शाङ्र्गदेव ने शुद्धा, भिन्ना, गौड़ी और वेसरा के पश्चात् साधारणी गीति का परिचय देते हुए कहा है कि साधारणी गीति में शुद्धा गीति की शुद्धता एवं प्रौढ़ता, भिन्ना गीति की भिन्नता, गौड़ी गीति की भावुकता और वेसरा गीति की चंचलता एवं चपलता पायी जाती है। ये ही लक्षण आज खयाल शैली में विद्यमान हैं। खयाल-शैली में ध्रुपद-गायकी की स्वर-लय-शुद्धता, धमार की भिन्नता अर्थात् स्वर-शब्द व लय के भिन्न-भिन्न रूप, ठुमरी की रंजकता व भावुकता, टप्पा (वेसरा—वेगस्वरा) गायकी की तीव्रता, चंचलता व चपलता का विलक्षण समन्वय है। इसीलिए चौदहवीं शताब्दी में इस अत्यन्त भावुक गायकी साधारणी को 'खयाल' (भावुकता, कल्पना, ध्यान)-गायकी का नाम प्रदान किया गया।[0] 'ख़याल' की विधा अपनी विशिष्टताओं के कारण विविध भावों को व्यक्त करने की क्षमता रखती है। सौन्दर्य के विविध उपादानों—गमक, मीड़, कण, खटका, मुर्की आदि का प्रयोग इसमें यथास्थान किया जा सकता है। रचना की दृष्टि से बन्दिश का पूर्ण चलन ऐसा होना चाहिए, जो राग के रूप और प्रकृति के अनुरूप हो तथा काव्य के भाव को भी सम्पुष्ट कर सके।

'खयाल' अपनी दो भिन्न गतियों के कारण दो प्रकार के माने गये हैं—विलम्बित ख़याल और द्रुत ख़याल। इन दोनों की रचना-प्रक्रिया में भी कुछ भिन्नता रहनी चाहिए।

विलम्बित खयाल में मात्राओं का समयान्तर अधिक होता है, अतः मात्राओं की भरावट का महत्त्व है। मात्राओं को यथास्थान अनेक रागवाचक स्वर-समूहों से भरने की आवश्यकता होती है। इस बन्दिश में गमक, मीड़ का कृत्य प्रदर्शित करना भी स्वाभाविक प्रतीत होता है। इस प्रकार राग के विशिष्ट चलन के साथ-साथ राग के ठहराव के स्वर भी स्पष्ट होने चाहिए। धीमी गति के कारण ही यह बन्दिश कुछ गम्भीरता और चैनदारी लिये हुए होनी चाहिए। 'पद' का भाव भी बन्दिश की गति के अनुरूप कुछ गम्भीरता लिये हुए होना चाहिए। विलम्बित खयाल की बन्दिश के लिए विलम्बित एकताल, तिलवाड़ा, झूमरा आदि तालों का ही चयन करना चाहिए।

द्रुत खयाल की गति मध्य तथा द्रुत होती है, अतः इसमें मात्राओं की भरावट दो से चार स्वरों तक ही की जा सकती है, इससे अधिक नहीं। इसके काव्य की रचना अथवा चयन भी इसकी चपल गति और चंचल प्रकृति के अनुरूप ही करना चाहिए। काव्य के बोल सरल और शुद्ध होने चाहिए, जिन्हें द्रुत गति से भी स्पष्ट रूप से उच्चारित किया जा सके। द्रुत खयाल के लिए ऐसी तालों का चयन करना चाहिए, जो मध्य-द्रुत लय में आसानी से बजाई जा सकें तथा जो बन्दिश की गति को बनाए रखें; जैसे—तीनताल, झपताल और द्रुत एकताल।

संक्षेप में बन्दिश के सामान्य सिद्धान्तों के साथ-साथ ख़याल-शैली में स्वर की दृष्टि से स्वर-राग का शुद्ध प्रयोग, गमक, मीड़, खटका, मुर्की आदि का यथास्थान प्रयोग, मात्राओं की समुचित भरावट का ध्यान रखना चाहिए। ताल की दृष्टि से तबले की तालों का बन्दिश की गति के अनुरूप चयन करना चाहिए। पद की दृष्टि से राग की प्रकृति और बन्दिश की गति के अनुरूप भावपूर्ण, शुद्ध व सरल बोलों का चयन करना चाहिए।

तराना

'ना, दिर, दिर, तनन, दीम्' आदि वर्णों से युक्त ख़याल-अंग की शैली को 'तराना' कहते हैं। तराने अधिकतर द्रुत और अतिद्रुत लय में ही गाये जाते हैं। विलम्बित खयाल-अंग के तराने भी कभी-कभी सुनने को मिलते हैं। द्रुत गति के तरानों की रचना में स्वर-संयोजन ऐसा हो, जिससे बन्दिशें द्रुत लय में सरलता से गायी जा सकें, यानी एक मात्रा में एक या दो ही स्वर हों। विलम्बित लय के तरानों में गमक, मीड़, खटका, मुर्की आदि का प्रयोग सम्भव है। लेकिन द्रुत गति के तरानों में इनके प्रयोग की गुंजाइश प्रायः नहीं रहती है। विलम्बित तराने विलम्बित ख़याल की ही तालों में सुबद्ध होने चाहिए। द्रुत तरानों के लिए ऐसी तालों का ही चयन करना चाहिए, जिन्हें द्रुत लय में आसानी से बजाया जा सके; जैसे—तीनताल, द्रुत एकताल आदि।

ठुमरी

ठुमरी शब्द में 'ठुम' और 'री', ये दो अंश हैं। 'ठुम' ठुमकने का द्योतक है और 'री' शब्द सखी से अपने अन्तर की बात कहने को सम्बोधित करता है।[7] मतंग ने अपनी सप्त गीतियों में तथा शाङ्र्गदेव ने पंच गीतियों में इसे 'गौड़ी' नाम से प्रस्तुत किया। 'गौड़ी' शब्द का अर्थ मस्ती और भावुकता है। गौड़ी गीति में स्वर, शब्द और लय की गति मधुर, भावुक और आकर्षक होती थी।[8] यही गुण आज की ठुमरी में भी पाये जाते हैं। रचना की दृष्टि से देखें, तो ठुमरी गीत-विद्या की भावुकता, चपलता को दृष्टिगत करते हुए कुछ विशिष्ट कोमल प्रकृति के रागों

का ही चुनाव इसके लिए किया जाना चाहिए; जैसे—काफी, खमाज, तिलंग, पीलू, भैरवी आदि। विविध ढंग से बोल-बनाव ही इसका प्रमुख गुण है। अतः इसके काव्य के बोल सरल और स्पष्ट होने के साथ-साथ कोमल भावों से युक्त होने चाहिए। बोल-बाँट की ठुमरियों में लय थिरकती है। ऐसी ठुमरियों के लिए तीनताल, झपताल आदि का चयन किया जा सकता है। बोल-बनाव की ठुमरियों में लय झूलती-सी प्रतीत होती है, अतः ऐसी ठुमरियों के लिए दीपचंदी, जत, अद्धा तालों का चयन करना चाहिए।

संक्षेप में स्वर की दृष्टि से ठुमरी की बन्दिश के लिए कोमल प्रकृति के रागों का चुनाव करना चाहिए। भाव-सौन्दर्य को प्रभुत्व देते हुए इसके रागों में अन्य रागों का मिश्रण भी किया जा सकता है। इसकी कोमल प्रकृति के अनुरूप बन्दिश में गमक आदि का निषेध करते हुए खटके, मुर्की, मीड़ आदि का प्रयोग यथास्थान कर सकते हैं। ताल की दृष्टि से तबले की तालों—तीनताल, झपताल, दीपचंदी, जत आदि का ही यथाशैली चयन करना चाहिए। पद की दृष्टि से सरल शब्दों तथा कोमल भावों से युक्त काव्य की ही रचना अथवा चयन होना चाहिए।

सन्दर्भ

1. आकाशवाणी, दिल्ली से प्रसारित (19-4-73)
2. अध्याय 28।
3. गान्धर्व यन्मया प्रोक्तं स्वरतालपदात्मकम्।
   पदे तस्य भवेद् वस्तु स्वरतालानुभावितम्॥
   ('भरत का संगीत-सिद्धान्त', पृष्ठ 249-250)
4. अध्याय 4, श्लोक-संख्या 7-8
5. 'संगीत-रत्नाकर', प्रबन्धाध्याय, श्लोक 1।
6. 'संगीतशास्त्र-विज्ञान', डॉ. पन्नालाल 'मदन', पृष्ठ 94
7. एक सम्भाष्य प्रदर्शन से—प्रस्तुतकर्ता डॉ. शत्रुघ्न शुक्ल, दिल्ली विश्वविद्यालय, दिल्ली।
8. 'संगीतशास्त्र-विज्ञान', पृष्ठ 91

गीत-रचना उनकी : इनके नाम की चिपकी

●

स्वामी वाहिद काज़मी

वर्तमान हिन्दी काव्य-जगत् के जाने-माने कवि स्व. शमशेर बहादुर सिंह पर जो सामग्री उनके निधन पर, पत्र-पत्रिकाओं में दृष्टिगोचर हुई उसमें साहित्यिक पत्रिका 'जतन' का नाम उल्लेखनीय है।[1]

'जतन' पत्रिका का अप्रैल-दिसम्बर (संयुक्तांक) काफ़ी विलम्ब से मेरे हाथ आया। इस अंक में कविवर शमशेरजी पर चौदह पृष्ठों में अच्छी ख़ासी सामग्री प्रस्तुत की गयी है। इसके तहत उनकी चुनिंन्दा कविताओं में से चार कविताओं के अलावा सन् 1982 में लिखी एक चीज़ ग़ज़ल के नाम से पेश की गयी है। इसकी दो पंक्तियाँ हैं :–

राह तो एक थी हम दोनों की,
आप किधर से आये गये।
हम जो लुट गये मिट गये,
आप जो राजभवन में पाये गये॥

अन्तिम शेर है :–

गीत ग़ज़ल है फ़िल्मी लय में,
शुद्ध गले बाजी 'शमशेर'।
आज कहाँ वो गीत जो कल थे,
गलियों-गलियों गाये गये॥

यह किसी भी एतबार से ग़ज़ल की विधा और उसकी परिभाषा में रखी जाने योग्य नहीं है, कविता हो तो हो।[2]

डॉ. तेजबहादुर चौधरी का मार्मिक संस्मरणात्मक लेख 'बड़े भाई शमशेरजी'[3] ऐसी कई बातों को उजागर करता है जो अमूमन नितान्त निजी कहकर प्रकाशित करने योग्य नहीं मानी जाती। मगर ऐसी बातों का भी अपना एक महत्त्व अवश्य होता है और वे शोधकर्त्ताओं के लिए काफ़ी काम की हो सकती हैं।

उक्त संस्मरणात्मक लेख में डॉ. चौधरी ने कई जगह लिखा है कि शमशेर जी

पर माँ के निधन का बहुत गहरा और दुःखदायी प्रभाव था। छुटपन की उसी भावुक मनोदशा में उन्होंने उर्दू में शेर रचना शुरू कर दिया था और पन्द्रह वर्ष के होते-होते अच्छे ख़ासे अशआर रचने लगे थे। डॉ. चौधरी लिखते हैं–'सन् 1919 में हमारी माताजी का देहान्त हुआ। उस समय भैया आठ वर्ष के और मैं छह वर्ष का था। दोनों अबोध थे। भैया को माँ से ज्यादा लगाव था। अतः माँ के मरने के बाद घर में बिना किसी नारी जाति के, चाहे वह चाची, ताई, बहन, मौसी कोई भी हो, भैया को घर एकदम उखड़ा-उखड़ा-सा लगा और उनके मन पर माँ के वियोग ने एक ऐसी छाप छोड़ी जिसमें निराशा, दुःख, असहायपन और सहनशीलता आदि सभी भावनाएँ मिश्रित थीं। तभी भैया का कवित्वपन का स्वभाव जाग्रत हुआ या होना शुरू हुआ। इधर माँ के देहान्त ने मनोदशा को दुःखी और अशान्त किया। उधर अपने शान्त और मौन स्वभाव के कारण किसी से भी ज़्यादा सम्पर्क बनाने की इच्छा भी कम हो गयी। भैया अपने आप में ही सिमटकर रह गये और अपना समय पढ़ने तथा कविताएँ और उर्दू की ग़ज़लें लिखने में व्यतीत करने लगे। इस प्रकार माँ के ग़म को कविताओं की रचना कर-करके शान्त करने लगे।[4]

डॉ. चौधरी आगे लिखते हैं–उन्हीं दिनों की शायरी के कुछ नमूने दे रहा हूँ, जिनको पढ़कर पाठक यह अन्दाज़ा लगा लेंगे कि 15 वर्ष की आयु में जब बच्चा स्वच्छन्द है और बन्धित है फिर वह भीतर से दुःखी भी है :–

अपने दिल का हाल यारो हम किससे क्या कहें,
कोई भी लगता नहीं ऐसा जिसे अपना कहें।
हो चुकी जब ख़त्म अपनी ज़िन्दगी की दास्ताँ,
उनकी फ़रमाइश हुई है इसको दोबारा कहें।

हालाँकि उस आयु में कविताओं में पंछी की उड़ानों की तरह दुनिया की रंगीनी में डूबे विचारों वाली रचनाएँ होनी चाहिए थीं, मगर माँ के स्वर्गवास के ग़म ने एक भावुक लड़के के मन पर ग़म का जो साया डाल दिया था वह उम्र भर नहीं मिटा। देखिए तभी के शेर हैं :–

आज कहते हैं वो किस अन्दाज़ से,
हम नहीं वाक़िफ़ तुम्हारे राज़ से।
राज़दाँ और बेख़बर हो राज़ से,
दिल दुखाना है यह इक अन्दाज़ से।
छेड़ मत दिल को कि पर्टें चाक हैं,
आह निकलेगी फ़क़त इस साज से।
उनकी नज़रें रूह लेने आयीं जब,
शोक़ ने रोका उसे परवाज से।

सबसे ज्यादा मन को विचलित करने वाली बात जो भैया को मन मारे रहने

पर मजबूर करती थी वह थी माँ का वियोग और उनके बाद घर में कोई और स्त्री बहन, चाची, ताई, दादी आदि का नितान्त अभाव। हमारा घर एक मर्दाना घर बनकर रह गया था। उसी वातावरण में जो भी रचा जाना होता था, वह अन्दर की भावनाओं के उबाल को लेकर ही लिखा जाता रहा।

जान ले लोगे तुम्हारी जान है,
इससे आगे और क्या इम्कान हैं
तुमसे बातें रात भर करता रहा,
दिल ने यह समझा कोई मेहमान है।

ये नमूने उसी 15-16 वर्ष की आयु में की गयी शायरी के हैं, जिसमें इस अल्पायु में ही दर्दो-ग़म, लाचारी और दुःख का प्रदर्शन किया है। उस समय की प्रत्येक ग़ज़लों में इसी मनोदशा की व्यथा की झलक मिलती है।[5]

यह मनोदशा, ये भावुकतापूर्ण भावनाएँ, यह अन्दाज़-ओ-बयान, यह अहसास। माँ के निधन से दुःखी व शोक-ग्रस्त एक पन्द्रहवर्षीय अपरिपक्व किशोर-हृदय की भावुकता दरशा रहा है या एक ऐसे युवा मन की ओर संकेत कर रहा है जिसने कहीं कही-सुनी (या आँखिन देखी व ख़ुद महसूसी?) बातों के आधार पर स्त्री-पुरुष के स्वाभाविक आकर्षणजन्य सामान्य प्रेम का काल्पनिक स्वाद अभी लेना शुरू ही किया है? किसी काल्पनिक या वास्तविक प्रेम पात्र (उर्दू शायरी की भाषा में रिवायती माशूक़) को सम्बोधित व उसका वर्णन करते ये अशआर मर्सियों (शोक पूर्ण गीत, ग़ज़ल, रुबाई आदि) के दर्ज़े में भी नहीं अश्क़िया शाइरी के दर्जे में ही रखे जा सकते हैं और इनके पीछे माँ के चिर बिछोह से उत्पन्न दुःख कहीं भी नज़र नहीं आता है।

विचार करके देखिए! अगर यह बालक (शमशेर) माँ की ममतामयी स्नेहछाया से सदैव के लिए वंचित हो, परिस्थितियों के गर्म थपेड़ों में झुलसता, माँ की याद करता जी रहा था। तो उसने माँ की ममतामयी गोद चिर बिछोह होने की पीड़ा कहीं भी बयान नहीं की। माँ की वात्सल्य भरी गोद में फिर से छुप जाने या उसकी स्नेहाछाया फिर से पा लेने की कामना-प्रार्थना नहीं की। माँ की सराहना या उसके लाड़-प्यार का वर्णन नहीं किया। माँ के संग-साथ गुजारे सुखद दिनों-क्षणों की स्मृति का कोई तनिक-सा रंग भी उक्त अशआर में नहीं झलका। यदि वह माँ की स्मृति में डूबा था तो माँ का नाम तक इन अशआर में नहीं लिया। सम्बोधित भी किया तो काल्पनिक प्रेयसी को ही। क्यों?

ब्रजभाषा के काव्य तथा लोकगीतों में तो माँ को सम्बोधित किये जाने का सुवास रची-बसी है ही। माँ की ममता से ओतप्रोत, उसकी स्मृति की सुरभि से युक्त हिन्दी (खड़ी बोली) के गीत व छन्द भी प्रचुरता से मिल जाएँगे। इसके अलावा हिन्दी फ़िल्मों में मातृभक्ति से सरशार गीत ही नहीं और भी अच्छे-अच्छे

गीत ऐसे लिखे व फ़िल्माए गये हैं जिनमें बालक द्वारा व्यक्त माँ का स्नेह, ममता, वात्सल्य आदि के बड़े सुन्दर रंग अपनी मनोहारी छटा बिखेरते मन मोहते हैं। यथा :—

चलो चलें माँ सपनों के गाँव में,
काँटों से दूर कहीं फूलों की छाँव में।

(फ़िल्म : जागृति)

× × ×

माँ तू कितनी अच्छी है,
माँ तू कितनी भोली है।

× × ×

उसको तो नहीं देखा हमने,
पर इसकी जरूरत क्या होगी।

× × ×

ऐ माँ तेरी सूरत से अलग,
भगवान की सूरत क्या होगी।

पीछे उद्धृत अशआर से कहीं भी ऐसा नहीं लगता कि यह बालक (शमशेर) माँ की पावन, वात्सल्यमयी स्मृति को अपना एकमात्र ग़मख़्वार, ग़मगुसार और दुःखों में भागीदार कल्पित कर, उसे सम्बोधित कर अपनी तमाम पीड़ा, दर्दोग़म, मनोवेदना, मनोव्यथा सुनाकर अपने दुःखी दिल का बोझ हलका करना चाहता है। उस स्थिति में जीने का एक सहारा पाना चाहता है। उस स्थिति में अशआर का रंग-रूप एकदम भिन्न होता। माँ के स्वर्गवास से खुद को एकदम एकाकी, तन्हा, अनाथ, उपेक्षित मानकर भीतर ही भीतर घुटता यह बालक, यदि रिवायती अन्दाज़ में कहें तो 'अपना ग़म गलत करने के लिए' ऐसे अशआर का सहारा लेता है, जिनमें स्त्री-पुरुष के सामान्य माँसल प्रेम भाव के काव्यात्मक वर्णन के अलावा कुछ नहीं है।

यहाँ एक और बात 'क़ाबिले-ग़ौर' है। अगर आज इस सदी के नवें दशक का कोई किशोरवयः हृदय ऐसे अशआर को अपना ग़म ग़लत करने का ज़रिया बनाये तो कोई आश्चर्य नहीं होगा, क्योंकि आज का पूरा परिवेश, औसत पारिवारिक माहौल (मीडिया की कृपा से!) कुछ ऐसा है कि आठ साल का बालक भी 'ऐसा' बहुत कुछ जानता-समझता है जो पचास वर्ष पूर्व का सोलह-वर्षीय तरुण भी प्रायः नहीं जानता-समझता था। आज के किशोरों में मादन भावों का जो व जैसा उफान है वह उस समय के किशोरों में नहीं हो सकता था। फिर एक उच्च कुलोत्पन्न, शिक्षित, संस्कारवान परिवार का संकोची स्वभाव वाला बालक इस प्रकार के भावों से पूरित अशआर कैसे रच सकता है और क्यों? सो भी स्व. माँ की स्मृति में। यह बात भी गले से नहीं उतरती है।

प्रसंगवश यहाँ यह अर्ज़ करता चलूँ कि ख़ालिस प्रेम प्रधान शृंगारिक कविताओं व गीतों को भी सदैव के लिए दूर जा चुकी स्वर्गवासी माँ की स्मृति को या अभी विद्यमान माँ को सम्बोधित कर बड़ी खूबसूरती से पेश किया जा सकता है। पंजाबी भाषा के अमर गीतकार एवं कवि **शिवकुमार बटालवी** ने ढेरों प्रेम गीत अपनी माँ को ही सम्बोधित कर रचे और गाये थे। उन्होंने अपनी माँ को सम्बोधित कर क्या अपनी पीड़ा, क्या मनोव्यथा, क्या प्रेम का बाण और उससे उत्पन्न पीर, क्या विरह वेदना, क्या अहसास। जो भी कुछ बयान किया है इतना पूरवासीर और प्रभावशाली बन गया है कि आज भी संवेदनशील लोगों की आँखें उन गीतों को सुनते हुए बरबस सजल हो उठती हैं। शिव बटालवी अपने गीतों में भरे दर्दो-ग़म का असर भलीभाँति जानते थे। उन्होंने एक गीत में खुद कह दिया है कि मेरे मित्र-सखा आदि जो भी मेरे गीत सुनेंगे-पढ़ेंगे आधी-आधी रात तक बेक़रार-बेचैन होकर आँसू बहाएँगे। यही कहते रोते जाएँगे कि वह भी क्या आदमी था जो बस रूलाता ही रहा और अब भी रुला रहा है। मेरे गीतों की एक-एक पंक्ति में इतने आँसू भरे हैं। उक्त गीत की प्रारम्भिक पंक्तियाँ इस प्रकार हैं :–

माय नीं माय मेरे गीताँ दियाँ,
लायणा विच अंजुआ दी रड़क पवे।
अधि-अधि राति माय रोण मरे,
मित्तरा नूँ ज़ग मैंनूँ चंदरा कवे।

एक गीत का यह अंश देखिए जिसमें शिव जी ने माँ को अपना राज़दार बताते हुए शृंगारिक भावनाओं को यों पिरोया है–

माय नी माय!
मैं इक शिकरा यार वणाया
इक ओदे रूप दी दुप्प तिखेड़ी
इजा कौलड़िया तिल पाया।
तीजा ओदा रूप गुलाबी
जेते गोरी माँ दा जाया।

अर्थात्–माँ! शिकारी पक्षी शिकरे जैसा तेज और चालाक मैंने अपना एक यार बना लिया है। जरा सुन तो कैसा है। एक तो उसके हुस्न की अरुणाभा बहुत प्रखर है। दूसरे यह कि उसके गौरवर्ण कपोलों पर काला तिल शोभित है। तीसरे उसके रूप का रंग गुलाबी है। मानो उसने बेहद गोरी-चिट्टी माँ के गर्भ से जन्म लिया है। अपनी माँ को सम्बोधित कर कवि को प्रियतमा की माँ की भी याद आ गयी।

शिव बटालवी के प्रेम गीतों का संकलन 'पीड़ा दा परागा' नाम से छपा था। भुनने के लिए भाड़ में डाले जाते मुट्ठी भर दानों को पंजाबी भाषा में 'परागा'

कहते हैं। शिवजी के गीत सुनने पर ही पता चलता है कि उनके गीत संकलन का यह नाम वाक़ई कितना सार्थक है। उनके गीतों का एक कैसेट 'बिरस दा सुल्तान' नाम से बाजार में उपलब्ध है, जिसमें उनके दस मार्मिक गीत हैं जो जगजीत सिंह व चित्रा सिंह ने गाये हैं। शिवजी द्वारा रचित प्रेम गीतों में माँ को इस तरह बार-बार पुकारा जाता है कि इतने विशाल संसार में बस वही उनकी ग़मख़्वार, राजदार और साझीदार हो। माँ की स्मृति उनकी श्वासों में बसी हो। धड़कनों में धड़कती हो।

हिन्दी फ़िल्मों में बालक द्वारा माँ को सम्बोधित कर गाये व फ़िल्माये गये गीतों के अलावा प्रेम प्रधान गीत भी अच्छी ख़ासी संख्या में हैं। उनमें चुलबुले, नटखट, शोखी से ओत-प्रोत, फड़कते हुए गीत भी हैं। जैसे एक फ़िल्मी समूह-गान का यह प्रारम्भिक अंश :–

उई माँ, उई माँ, यह क्या हो गया।
उनकी गली में दिल खो गया।
बिन्दिया हो तो ढूँढ भी लूँ मैं,
दिल न ढूँढा जाय!

गम्भीर व दर्द भरे गीत भी लिखे और गाये गये हैं। फ़िल्म 'दस्तक' में उसके संगीत निर्देशक मदनमोहन और लता मंगेशकर ने राग मिश्र बागेश्री पर आधारित, जो गीत गाया है वह सुनने से ही ताल्लुक रखता है। उक्त गीत का एक अंश देखिए–

माई री, मैं कासे कहूँ पीर अपने जिया की।
पी की डगर में बैठे, मैला हुआ री मेरा आँचरा
मुखड़ा है फीका-फीका, नैनों में सोहे नहीं काजरा
कोई जो देखे मैया, प्रीत का वासे कहूँ माजरा
लट में पड़ी कैसी बिरहा की माटी
माई री, मैं कासे कहूँ पीर अपने जिया की।

मगर साहब, यह कहे बिना फिर भी नहीं रहा जाता कि माँ की स्मृति से भरे शिव बटालवी के प्रेमगीतों का क्या कहना! अस्तु।

डॉ. चौधरी ने अपने लेख में कहीं भी यह स्पष्ट नहीं किया है कि शमशेर जी ने उर्दू भाषा की शिक्षा कहाँ, कब से, किस से और कितनी पायी थी? शमशेर जी को सबसे पहले उनकी ननिहाल देहरादून में पढ़ने के लिए भेजा गया, जहाँ वे पाँचवीं छठी क्रक्षा में पढ़े। फिर सातवीं-आठवीं कक्षा में डी.ए.वी. कॉलेज में पढ़े।[6] (कोई कॉलेज सातवीं-आठवीं के बालकों की कक्षा लगाता है?) यहाँ क्या यह वाक़ई रोचक प्रश्न नहीं उठता कि स्कूली शिक्षा पाने से भी पहले क्या वे इतने अच्छे अशआर रचने लगे थे। माना कि उस ज़माने में उर्दू का बोलबाला रहा और

अधिकतर सुशिक्षित व सरकारी सेवा में रहने वालों का घरेलू माहौल एक हद तक उर्दूमय रहता था। तब भी, शमशेर जी को इतनी अच्छी उर्दू भाषा अपने आप आ गयी थी या उन्होंने किसी मदरसे या मकतब का रुख़ किया।

नृत्य हो, गीत-संगीत हो, नाट्य-कला हो, साहित्य हो या काव्य-कला। ऐसी अनेक मिशालें मिल जाती हैं कि ईश्वर प्रदत्त उपहार अर्थात् प्रतिभा-सम्पन्न् होने के कारण किसी ने छुटपन से ही नाचना, गाना, लिखना या कविता-रचना शुरू कर दिया। किन्तु देव प्रदत्त प्रतिभा के अलावा उनका पारिवारिक माहौल भी किसी-न-किसी रूप में इसके लिए अनुकूल पाया जाता है। कला या साहित्य की चर्चा रोज़मर्रा की बात होती है। बड़ों की ओर से प्रोत्साहन भी प्राप्त होता है। डॉ. चौधरी का लेख खुद इस सच्चाई को बयान कर रहा है कि शमशेर जी के साथ ऐसा कुछ नहीं रहा। उनके पिता जी तो इस बात से नाराज़ थे कि बालक शमशेर शाइरी जैसी वाहियात बातों में पड़कर 'बिगड़' रहा है। यहाँ तक कि एक बार उन्होंने वह डायरी ही फाड़कर जला दी थी जिसमें अशआर नोट रहते थे।[7]

इसके अलावा किसी के द्वारा छुटपन में रचे गये शेर तो क्या, प्रारम्भिक रचनाओं के नमूने अपने मुँह से बोलते हैं कि ये अभी अनगढ़ से हैं। तराशे नहीं गये हैं। प्रारम्भिक रचनाओं की अपरिपक्वता खुद यह राज़ खोलती है कि इनके पीछे एक अल्पायु बालक की या किशोर-मन की सोच है। विषय वस्तु भी प्रायः वैसी ही भोली-भाली रहती है, चाहे उसमें अपनी किसी प्रिय सखी को हो सम्बोधित क्यों न किया गया हो। शमशेर जी के नाम से उद्धृत उक्त अशआर किसी परिपक्व तथा पुख़्ता सोच की ऐसी बालिग़ उपज हैं जो आज से कई दशक पूर्व के 15 वर्षीय किशोर के मनोमस्तिष्क में नहीं पनप सकती।

लेख में उद्धृत कुछेक अशआर की बन्दिश, शब्द विन्यास, तराश-ख़राश, बहर और वज़न का हिसाब आदि सब ठीक-ठाक होना बता रहा है कि ये किसी काम चलाऊ उर्दू जानने वाले की अक्षम लेखनी नहीं बल्कि ऐसी लेखनी से निकले होने चाहिए जिसे विधिवत् उर्दू भाषा की शिक्षा के साथ-साथ शेर-रचना की भी थोड़ी-बहुत तालीम अवश्य मिली हो। सम्भव है उसे किसी उस्ताद शायर की इस्लाह (संशोधन प्रक्रिया) भी हासिल रही हो, वर्ना क्या मानी कि एक 15-16 वर्षीय बालक किसी उस्ताद की सहायता पाये बिना 'तरह के मिस्रे' (समस्या पूर्ति की पंक्ति) पर ग़ज़ल रचने लगे। मुशाइरों में पढ़ने व जमने भी लगे।[8] अगर उस अल्पायु में ही शमशेर जी उद्धृत अशआर जैसे अच्छे व पुख़्ता शेर लिखने लगे थे तो 55 साल लम्बा साहित्यिक जीवन गुजारने के बाद, पुख़्ता उम्र व परिपक्व सोच पाकर, सन् 1982 में लिखी ग़ज़ल तो एक नमूना होना चाहिए थी, पर पीछे उद्धृत ग़ज़ल तो सिर से ग़ज़ल है ही नहीं। यह कैसे हो गया? लिहाजा डॉ. चौधरी द्वारा जो अशआर शमशेर जी के नाम से उद्धृत किये गये हैं वे आख़िर किस

आधार पर और क्यों शमशेर जी की रचना स्वीकार कर लिये जाएँ? तब विवेच्य अशसआर किसकी रचना माने जाएँ? खोज होनी चाहिए। तलाश करनी चाहिए।

छोटी उम्र में ही शमशेर जी को कविता तथा पुस्तकों ने आकर्षित कर लिया था। जैसा कि काव्य साहित्य के प्रेमियों तथा रसिकों को मनपसन्द कविताएँ व अशआर आदि नोट कर रखने का शौक़ होता ही है, उन्हें भी होगा। डॉ. चौधरी ने अपने लेख में एक डायरी का जिक्र किया भी है। दूसरे शायरों के पसन्दीदा अशआर शमशेर जी उसी डायरी में नोट करते हों जिसमें स्वरचित कविताएँ नोट की जाती हों। कई ऐसे अशआर या ग़ज़लों के अंश उसमें नोट हों जिनके रचयिताओं के नाम या तो शमशेर जी को मालूम ही न हों या वे भूल अथवा प्रमादवश नोट न कर सके हों। डॉ. चौधरी ने उन अशआर को भी शमशेर जी की रचना मान लिया और लिख दिया। क्या ऐसा नहीं हो सकता?

ऐसा होने की सम्भावना मुझे इसलिए नज़र आती है कि उक्त उद्धृत अशआर मेरी दृष्टि से कहीं-न-कहीं, कभी-न-कभी, बखूबी गुज़रे हैं यह तो याद आ रहा है। किन्तु ये किन शायरों के हैं या हो सकते हैं, यह निश्चय नहीं कर पा रहा। इसलिए इन अशआर के वास्तविक रचयिताओं के नाम फ़िलहाल वैसे बता सकता हूँ। पर इतना अवश्य कहना है कि उक्त अशआर 15-16 वर्षीय शमशेर की रचना नहीं हो सकते। डॉ. चौधरी ने इस बात का न कोई संकेत दिया है, न हवाला दिया है कि उन्होंने यह अशआर कहाँ से लेकर नक़ल किये हैं। वह डायरी तो नष्ट की जा चुकी थी, जिसमें कविताएँ आदि नोट थीं। फिर ये अशआर कहाँ से मिले?

डॉ. चौधरी के लेख में सबसे अधिक ध्यानाकर्षक चीज़ है शमशेर जी के लड़कपन में रचे गये अशआर के नमूनों के रूप में उद्धृत यह दो शेर। पहला है—

फिर कोई नग़मा है न कोई साज़ है,
एक मैं हूँ इक मेरी आवाज़ है।

ध्यातव्य है कि 'जतन' पत्रिका के सुधी सम्पादक या फिर उक्त लेखक की ग़लती से इस शेर की प्रथम पंक्ति के प्रारम्भ में छपा शब्द 'फिर' नितान्त निरर्थक है। इससे शेर का भाव तो बदल ही जाता है, पूरा शेर छन्दों भंग दोष का शिकार और हो जाता है। अतः इसे 'कोई नग़मा है न कोई साज़ है' पढ़िए। दूसरा शेर है—

ज़िन्दगी का साज़ भी क्या साज़ है,
बज रहा है और बे आबाज़ है।[9]

अब ज़रा गम्भीरता से ग़ौर कीजिएगा। हिन्दुस्तानी फ़िल्मों के पुराने युग में बम्बई की मिनर्वा मूवीटोन फ़िल्म कम्पनी ने जो नामी फ़िल्में बनायीं उनमें दो फ़िल्मों को, उनकी कई खूबियों के कारण, आज भी याद किया जाता है। पहली थी

'पुकार' दूसरी थी 'सिकन्दर'। फ़िल्म 'पुकार सन् 1939 में प्रदर्शित हुई थी। अपने अनिन्द्य रूप-सौन्दर्य के कारण 'परी चेहरा' संज्ञा से मशहूर एक्ट्रेस नसीम बानो उसकी हीरोइन थीं। उन दिनों हीरोइनें ही अभिनय के साथ-साथ फ़िल्मों में गाने भी खुद गाती थीं। 'पुकार' के नग़मे नसीम बानो ने ही गाये थे। ज़रा ठहरिए! यहाँ फ़िल्म 'पुकार' के बारे में कुछ दिलचस्प बातें बताने का लोभ मेरी लेखनी को संवरण नहीं हो पा रहा है।

अविस्मरणीय फ़िल्म 'पुकार' ने जिन कारणों से लोकप्रियता के शिखर स्पर्श कर दर्शकों के दिलों में अपना अमिट मकाम बनाया। उनमें सबसे प्रमुख कारण था उन दिनों के युवा लेखक अमीर हैदर उर्फ़ कमाल अमरोही के लिखे मर्मस्पर्शी व चुस्त संवाद। कमाल साहब ने ऐसे असरदार और लाजवाब डायलॉग लिखे थे कि उनकी इसी फ़िल्म के बाद लोग यह कहने लगे थे कि–सोहराब मोदी की फ़िल्में अपने सशक्त व चुस्त संवादों के कारण नेत्रहीन लोगों तक को पसन्द आती हैं। भले ही वे नेत्र ज्योति से वंचित रहने से फ़िल्म के चरित्रों को देख न पाएँ किन्तु संवादों के कारण सारा दृश्य उनके मानस-पटल पर उतर आता है। दिलचस्प बात यह है कि इससे पूर्व कमाल अमरोही इतने अप्रसिद्ध से थे कि टेलीफ़ोन पर समय लेकर सोहराब मोदी से मिले थे और अपनी जबानी उन्हें फ़िल्म 'पुकार' की कहानी सुनाई थी। कहानी सुनते ही सोहराब मोदी इतने प्रसन्न हुए कि उन्होंने तत्काल इस स्क्रिप्ट पर कार्य शुरू करके सारा पेपर वर्क कमाल साहब को सौंप दिया था। यहीं से सोहराब मोदी और कमाल अमरोही की दोस्ती का आग़ाज हुआ था। फ़िल्म 'पुकार' के हीरो चन्द्रमोहन थे जिनके बारे में यह मशहूर था कि उनसे ज्यादा खूबसूरत आँखें किसी अन्य एक्टर (हीरो) की नहीं है। अस्तु।

नसीम बानो का गाया इस फ़िल्म का ग़ज़लनुमा एक नग़मा आज भी आकाशवाणी की उर्दू सर्विस के पुराने गीतों के प्रोग्राम 'आख़िरे-सब' व 'उजालों के गीत' के अलावा अन्य प्रोग्रामों के अन्तर्गत आये दिन सुनने में आता है। उक्त ग़ज़ल के शेर वही हैं जो डॉ. चौधरी ने शमशेर जी की लड़कपन की रचनाओं के नमूनों के रूप में नक़ल किये हैं–

ज़िन्दगी का साज भी क्या साज़ है,
बज रहा है और बे-आवाज़ है।

और

कोई नग़मा है न कोई साज़ है,
एक मैं हूँ इक मेरी आवाज़ है।

यहाँ चन्द दिलचस्प किन्तु गम्भीर सवाल सहज ही सामने आ खड़े होते हैं। शमशेरजी सन् 1911 में पैदा हुए। सन् 1919 में माँ के निधन से ख़ुद को नितान्त एकाकी दुखी और असहाय महसूसता यह बालक स्वभावतः कविता-कामिनी

के सतरंगे आँचल की छाँव में पनाह लेने खिंचा चला आया। ख़याल रहे कि अभी यह बालक सिर्फ़ आठ साल का है, किन्तु बिना किसी के मार्गदर्शन या प्रेरणा के, माँ का ग़म गलत करने के लिए, लिखने-पढ़ने के अलावा कविताएँ भी रचने लगा है। 15-16 साल का होते-होते यानी सन् 1927 में इस बालक ने उक्त अशआर रचे। 'पुकार' फ़िल्म रिलीज़ हुई सन् 1939-40 में। अब देखिए :–

* एक कमसिन बालक के रचे ये अशआर 12-13 साल तक इतने ज़्यादा मशहूर रहे कि देहरादून से (जहाँ शमशेर जी रहते थे) बम्बई तक, हज़ारों मील का फ़ासला तय करके, वहाँ 'पुकार' के निर्माता के कानों तक पहुँचे और उसे इतना अधिक प्रभावित कर गये कि उसने इनके दृष्टिगत अपनी ऐतिहासिक फ़िल्म में सिच्यूएशन के मुताबिक हीरोइन नसीम बानो से गवाया और फिल्माया। क्या यह किसी चमत्कार से कम है? वर्ना 'पुकार' के गीतकार को ये शेर कहीं पड़े मिल गये होंगे?
* उक्त ग़ज़ल का रचयिता यह बालक पारिवारिक विषमताओं को झेलता, संघर्षपथ पर आगे बढ़ता हुआ तब 28 वर्षीय युवा पुरुष था, जब सन् 1939 में फ़िल्म 'पुकार' आयी। किन्तु कैसी हैरानी की बात कि न तो उसे भनक लगी, न उसके परिजनों को, न परिचितों-मित्रों आदि को पता चला कि कभी लड़कपन में रचे उसके अशआर सुप्रसिद्ध निर्माता-निर्देशक सोहराब मोदी ने अपनी नामी फ़िल्म 'पुकार' में उपयोग किये हैं। 'पुकार' की यह ग़ज़ल जब आज 56 साल बाद भी अनुरोध करके सुनी जाती है तो अपने प्रदर्शन के समय कितनी धूम मची होगी, कहने की नहीं, सोचने की बात है, अगर ये शमशेर जी की रचना होती तो उसी समय उनका भाग्य पलटने का कारण नहीं बन जाते।
* चलिए, जब फ़िल्म 'पुकार' रिलीज़ होकर लोकप्रिय हुई तब शमशेर जी या उनसे सम्बन्धित किसी भी व्यक्ति को पता नहीं चला। किन्तु शमशेर जी एक लम्बी उम्र पाकर और प्रसिद्धि से मालामाल होकर स्वर्ग सिधारे। अपने समकालीन बड़े-बड़े कवियों तथा दिल्ली के लब्धप्रतिष्ठ वरिष्ठ साहित्यकारों में उनका उठना बैठना रहा। इतनी लम्बी मुद्दत में भी ख़ुद उन्हें या उनके किसी मित्र को इस बात की कानोंकान ख़बर तक नहीं हुई कि फ़िल्म 'पुकार' में उनकी रचना शामिल कर ली गयी है जो आज तक सुनी-सुनाई जा रही है। इस सचाई को घोषित न कर बड़ी चालाकी से छुपा लिया गया कि यह रचना आज के जाने-माने कवि शमशेर बहादुर सिंह की रचना है, सो भी लड़कपन की। कैसी दिलचस्प बात है।
* क्या यह सम्भव है कि 'पुकार' के निर्माता-निर्देशक सोहराब मोदी ने यह रचना कहीं से भी पढ़-सुनकर (ज़्यादा सही होगा अगर कहें हवा में उड़ती

या आसमान से टपक पड़ी।) चुपचाप अपनी फ़िल्म के लिए मार ली और यह तब पता करने की कोशिश नहीं कि इसका रचयिता कौन हैं, न उसे सूचित करने या उससे अनुमति लेने का विचार किया? कदापि नहीं।

उस ज़माने के फ़िल्मकार, गीतकार, संगीतकार आज के टुच्चे बईमान और चोट्टे लेखकों की भाँति नहीं होते थे कि न जाने किस-किस की रचनाएँ, कहानियाँ, ठुमरियाँ, दादरे, लोकगीत व पारम्परिक गीत आदि बड़ी बेग़ैरती से अपनी रचना बताकर चाँदी काटें। अक्सर ऐसा भी हुआ है कि किसी एक ही फ़िल्म के गीत दो या तीन शायरों तक ने लिखे। 'जीनत' के गीत तीन शाइरों ने, 'अनारकली' के गीत दो शायरों ने और 'पाकीज़ा' के गीत दो शायरों ने लिखे थे, पर जिसकी रचना थी वह उसी के नाम से पेश हुई। यदि एकाध शेर भी किसी का लिया गया हो तो वह भी बताया जाता है कि किस शाइर का है। डॉ. अल्लामा इक़बाल की बड़ी मशहूर नज़्म 'तराना-ए-हिन्दी' आज भी इतनी लोकप्रिय है कि अक्सर उसका प्रथम शेर हर खास-ओ-आम के मुँह पर चढ़ा हुआ है :–

सारे जहाँ से अच्छा हिन्दोस्ताँ हमारा,
हम बुलबुले हैं इसकी ये गुलसिताँ हमारा।

यह शेर फ़िल्म 'शहीद' (प्रथम) या किसी अन्य फ़िल्म में लिया गया था और इस शेर के अलावा बाकी सभी हिस्से राजा मेहँदीअली ख़ाँ (या किसी अन्य गीतकार ने) लिखे थे। आज भी जब इस क़ौमी गीत का प्रसारण होता है तो समझदार अनाउंसर यह बताना नहीं भूलते कि इसका प्रथम शेर डॉ. इक़बाल का है, बाकी हिस्सा फलाँ गीतकार ने लिखा है। यह अलग बात है कि गुलज़ार जैसे बुद्धिजीवी गीतकार ने फ़िल्म 'मौसम' के लिए एक युगल-गीत में ग़ालिब की मशहूर ग़ज़ल का यह शेर :–

दिल ढूँढता है फिर वुही फ़ुर्सत के रात दिन
बैठे रहे तसब्बुरे - जानाँ किए हुए।

मुखड़े के रूप में उपयोग किया और ग़ालिब का नाम भी नहीं लिया, क्योंकि सारा संसार जानता है कि यह शेर ग़ालिब का है! वैसे, भूल-चूक आज भी हो सकती है। हो जाती है। दो उदाहरण ऐसे भी पेश करता चलूँ।

वी.आर. चोपड़ा कृत लोकप्रिय फ़िल्म 'निकाह' में गुलाम अली की गायी ग़ज़ल–

चुपके-चुपके रात दिन आँसू बहाना याद है,
हमको अब तक आशिकी का वो ज़माना याद है।

बहुत लोकप्रिय हुई और इसका सारा श्रेय 'निकाह' के गीतकार हसन कमाल को मिल गया था। किन्तु वास्तव में यह ग़ज़ल हसन कमाल की नहीं, ऊूर्द काव्य साहित्य के नामी शाइर 'हसरत' मोहानी (जन्म सन् 1875 ई. निधन : 1951 ई.)

की बड़ी पुरानी रचना है। नतीजा यह कि हसरत साहब के वंशजों ने बी.आर. चोपड़ा के खिलाफ़ अदालत में विधिवत् मुक़दमा ठोंक दिया था। फ़िल्म 'निकाह' में तो केवल चार शेर लिये गये हैं। वैसे इस ग़ज़ल के आठ शेर एक संगीत समारोह में गुलाम अली ने गाये, मैंने भी सुने हैं। फ़िल्म में प्रयुक्त चारों शेरों के अलावा जो बाकी के चार शेर सुने उनकी प्रथम पंक्तियाँ इस समय ज़हन में नहीं उभर रहीं। प्रत्येक शेर की दूसरी पंक्तियाँ (मिश्र-ए-सानी) याद हैं जो यों हैं–

बातों-बातों में वो हाले दिल जताना याद है।

× ×

और तेरा दाँतों में वो उँगली दबाना याद है।

× ×

मुद्दतें गुज़रीं पर अब तक वो ठिकाना याद है।

× ×

सन् 1965 में मगही भाषा की फ़िल्म 'मोरे मन मितवा' आयी थी। इसके गीतकार हरिश्चन्द्र प्रियदर्शी, हृदयेश पांडेय थे। संगीत निर्देशक थे दत्ताराम। इसमें मुबारक बेगम ने हसरत जयपुरी की लिखी एक ग़ज़ल भी गायी थी–'मेरे आँसुओं पे न मुस्करा'। इस फ़िल्म का एक फड़कीला बल्कि ठुमकेदार गीत उन दिनों बहुत लोकप्रिय हुआ था–

कुसुम रंग लहँगा मँगा दे पिया

विख्यात कवयित्री 'पद्मश्री' विन्ध्यवासिनी देवी ने दावा किया था कि उक्त गीत उनका लिखा हुआ है और चोरी से फ़िल्म में उपयोग किया गया है। बात फैली और बढ़ी तो पता चला कि उक्त गीत न उनकी और न किसी दूसरे की रचना है बल्कि एक बहुप्रचलित लोकगीत है और फ़िल्म के लिहाज़ से थोड़ा परिवर्तन कर फ़िल्माया गया है।

उल्लेखनीय है कि विन्ध्यवासिनी देवी बिहारी फ़िल्मों की जानी-मानी गीतकार और नामी कवयित्री हैं। बिहारी फ़िल्मों की नामी निर्माण संस्था 'नालन्दा फ़िल्मस' के फणिमजूमदार के निर्देशन और चित्रगुप्त के संगीत-निर्देशन में फ़िल्म 'भैया' बनाई थी। उसके गीत विन्ध्यवासिनी देवी ने ही लिखे थे। सन् 1966 ई. में मगही भाषा की तीसरी काबिले-ज़िक्र फ़िल्म 'मितवा' आयी थी। गोविन्द मूनिस के निर्देशन में बनी इस फ़िल्म का कर्णप्रिय संगीत बहुत दिलकश था, जिसके लिए इसके संगीतकार सी. रामचन्द्र ने खूब वाहवाही तो लूटी किन्तु एक हरकत यह भी की, कि अपनी पुरानी हिन्दी फ़िल्मों की लोकप्रिय धुनें इसमें दोहरा दीं। मसलन–

सपना देख जुड़ा गइले जियरा

गीत की धुन, उन्हीं के संगीत निर्देशन में बनी फ़िल्म 'सगाई' (1951) के इस लोकप्रिय गीत की कार्बन कॉपी मात्र थी।

दिल की कहानी कहना तो चाहे,
हाय री क़िस्मत कह न सके।

मैंने एक लेख 'संगीत' पत्रिका में दिया था जिसमें बहुत विस्तार से इस विषय पर रौशनी डाली थी कि पुराने उस्ताद शाइरों के अशआर की तर्ज़ पर, उसी बहर, वज़न और क़ाफ़ियों में फ़िल्मी गीतकारों ने बड़ी खूबसूरत रचनाएँ करके बहुत सलीके से उपयोग किया है। इसे शायरी की परिभषा में तसर्रुफ़ कहते हैं। उक्त लेख में मैंने फ़िल्मी गीतों, ग़ज़लों, नग़मों के पचासों नमूने भी पेश किये थे।[10]

ऐसे दस-बीस नहीं जाने कितने अशआर हैं जो बेहद लोकप्रिय होने से पढ़े-लिखे लोगों की ज़बान पर चढ़े और हस्बे मौका उपयोग किये जाते तथा ठुमरी, दादरा आदि में पिरोकर गाये भी जाते हैं। मगर उनके रचयिताओं की जानकारी न होने से किसी और के नाम से मशहूर या मंसूब हो गये। उदाहरणार्थ–

दिल के फफोले जल उठे सीने के दाग से,
इस घर को आग लग गयी घर के चराग से।

उ. 'सौदा' का समकालीन एक युवा शायर

बहुत शोर सुनते थे पहलू में दिल का,
जो चीरा तो इक क़तर-ए-ख़ून निकला।

'आतिश' लखनवी

बाग में लगता नहीं सहरा से घबराता है दिल,
अब कहाँ ले जाके बैठें ऐसे दीवाने को हम।

'नज़ीर' अकबरावादी

गुल के होने की तमन्ना में जिये बैठी है,
हर कली जान को मुट्ठी में लिये बैठी है।

हैदराबाद की शायरा 'चंदा परी' उर्फ़ 'माहेलक़ा' आदि-आदि।

राग पीलू में लक्ष्मणदास संधू की गायी एक ठुमरी–**'मोरे सैयाँ जी उतरेंगे पार नैया धीरे बहो'** में एक शेर भी गया गया है :–

क़ैस जंगल में अकेला है इसे घर जाने दो,
ख़ूब गुज़रेगी जो मिल बैठेंगे दीवाने दो।

यह एक पुराने उ. शायर का बहुप्रचलित शेर है। यहाँ यह जानना दिलचस्प रहेगा कि इस ठुमरी का बतौर कोरस-गीत एक फ़िल्म में भी उपयोग हुआ है। पीछे उल्लिखित फ़िल्म 'दस्तक' का गीत **'माई री मैं कासे कहूँ पीर अपने जिया की'** एक पारम्परिक दादरा है। शिप्रा बोस का गाया एक और पारम्परिक दादरा किसी

फ़िल्म में ज्यों-का-त्यों बतौर गीत उपयोग किया गया है। उक्त दादरा में एक दोहा पिरोया गया है:—

सजन सकारे जाएँगे और नैन मरेंगे रोय,
विधना ऐसी रैन कर भोर कभी न होय।

यह दोहा हिन्दी के सूफ़ी कवि शैख़ शरफ़ुद्दीन अबूअली (निधन 1324 ई०) की रचना है। उक्त दादरा को शिप्रा बोस ने यों गाया है :—

चले जइहौं बेदरदा हम रोय मरि हैं।

जबकि राहतअली ख़ाँ ने 'हम रोय मरि हैं' के स्थान पर 'मैं रोय मरि हौं' गाया है। ख़ैर, पुराने वक्तों की बातें छोड़ें। भारत भर में बतौर आरती घर-घर गायी जाती प्रार्थना।

ओम जय जगदीश हरे, स्वामी जय जगदीश हरे,
भक्त जनों के संकट क्षण में दूर करे।
ओम जय…!

किसी रचना है, कितने लोग जानते होंगे? इसकी लोकप्रियता की यह हालत है कि इसकी तर्ज और वज़न पर न जाने कितने देवी-देवताओं की आरतियाँ बनाली गयी और चाव से गायी जा रही हैं। मनोजकुमार की फ़िल्म 'पूरब पश्चिम' के अलावा भी इसे अन्य फ़िल्मों में परम्परागत भजन कहकर उपयोग किया गया है, जबकि यह फिल्लौर (पंजाब) के एक पंडितजी की रचना है। उनका पूरा नाम याद नहीं आ रहा, किन्तु वे पण्डित फिल्लोरी के नाम से मशहूर शाइर व कवि थे। अस्तु।

इन बातों पर निगाह रखते हुए एक और दिलचस्प बात जान लें। किसी पुराने या उस्ताद शाइर के शेर से शिल्पगत प्रयोग तसर्रुफ़ कर, उसी तर्ज और वज़न पर फ़िल्म के लिए गीत या ग़ज़ल रचना कुछ अनुचित नहीं है और नितान्त आम बात है। किन्तु अक्सर एक और रोचक बात भी देखने में आ जाती है कि किसी लोकप्रिय फ़िल्मी ग़ज़ल या गीत की तर्ज पर कोई जाना माना शाइर या कवि अपनी कविता रचे। दो नमूने पर्याप्त होंगे।

सन् 1946 की मशहूर फ़िल्म 'जीनत' में जे. नख़्शब की लिखी एक ग़ज़ल, जोहराबाई अम्बाला वाली, कल्याणी व नूरजहाँ ने मिलकर बतौर क़व्वाली गायी थी :—

आहें न भरी शिकवे न किये,
कुछ न ज़बाँ से काम लिया।
इस पर भी मोहब्बत छुप न सकी,
जब तेरा किसी ने नाम लिया।

इस ग़ज़ल की तरह पर मशहूर शाइर 'साहिर' भोपाली की इसी भाव भूमि पर इसी बज़न पर लिखी एक ग़ज़ल हमारे हाथ अभी पिछले दिनों आयी, जिसका

पहला शेर यों है :—

ज्ज्बाते मुहब्बत छुप न सके,
गो ज़ब्त से हमने काम लिया।
अश्क आँखों में अपनी भर आये,
जब तेरा किसी ने नाम लिया।

मौजूदा हिन्दी साहित्य जगत के एक वरिष्ठ साहित्यकार बल्कि बहुआयामी रचनाकार हैं—डॉ. रामदरश मिश्र। इनकी बड़ी पुरानी एक ग़ज़ल पिछले दिनों नज़र से गुज़री। इसके दो शेर देखिए :—

बनाया है मैंने ये घर धीरे-धीरे,
खुले मेरे ख़्वाबों के पर धीरे-धीरे।
किसी को गिराया न खुद को उछाला,
कटा ज़िन्दगी का सफ़र धीरे-धीरे।

यह ग़ज़ल एक पुरानी फ़िल्म में लता की गायी लोकप्रिय ग़ज़ल से कितनी मिलती है खुद देखिए। उस ग़ज़ल का पहला शेर है :—

उठेगी तुम्हारी नज़र धीरे-धीरे,
मुहब्बत करेगी असर धीरे-धीरे।

इन तमाम तथ्यों का उल्लेख मैंने अपनी बात स्पष्ट करने के लिए किया है। इन्हें दृष्टिगत रखें और अब मूल मुद्दे पर तवज्जह दें कि अगर 'पुकार' में फ़िल्माई गयी नसीम बानो की गायी ग़ज़ल वाकई शमशेर जी की रचना होती तो क्या वह सम्भव था कि उनका नाम तब भी पर्दे में छुपाकर रखा जा सकता, जब वे भारत भर में प्रसिद्ध कवि के रूप में प्रतिष्ठित हो चुके थे और क्या इस हरकत पर वे चुप बैठे रह सकते थे? कदापि नहीं! ज़ाहिर है कि उक्त ग़ज़ल उनकी नहीं हो सकती। फिर किसकी है?

फ़िल्म 'पुकार' के ज़िक्र से एक नाम बार-बार मेरे ज़हन में सितारे की भाँति चमकने लगता है। यह नाम है—**सैयद अनवर हुसैन उपनाम 'आरज़ू' लखनवी का**। उनका निधन सन् 1951 में हुआ। यह प्रसंग ज़रा तफसीलतलब इसलिए है कि आज लोग उन्हें भूल गये हैं।

भारत की प्रथम सवाक् फ़िल्म 'आलम-आरा' (1931) और उसके शीघ्र बाद आयी फ़िल्म 'इन्द्रसभा' (1932) के गाने, गीतों के नाम पर सामान्य तुकबन्दिशों से ज़्यादा कुछ भी नहीं थे। मसलन :—

दे-दे खुदा के नाम पे प्यारे,
ताक़त है अगर देने की।
कुछ चाहे तो माँग ले मुझसे,
हिम्मत है अगर लेने की।

'आलमआरा'

छल्ला हमारा याद रखना,
याद रखना, पास रखना।

'इन्द्र सभा'

यह आरज़ू साहब ही थे जिन्होंने फ़िल्मी गीतों को साधारण तुकबन्दी की क़ैद से निकाल कर काव्यात्मकता तथा कलात्मकता से सजाकर पेश करना शुरू किया। उन्होंने प्रथमेश बरुआ की फ़िल्म 'मंज़िल' से फ़िल्मों के लिए गीत लिखने का श्रीगणेश किया था। यह सिलसिला सन् 1947 तक अबाध रूप से जारी रहा। के. एल. सहगल ने जिन फ़िल्मों में नायक की भूमिका निभाते हुए अपनी गायकी के ज़ौहर दिखाये कम ही लोग जानते होंगे कि उन फ़िल्मों के लिए ज़्यादातर गीत आरज़ू साहब ने ही लिखे थे। यथा—'प्रेसीडेंट', 'स्ट्रीट सिंगर', 'दुश्मन', 'नर्तकी', 'ज़िन्दगी', 'लगन', 'डॉक्टर' आदि।

उस ज़माने में जबकि उर्दू का बोलबाला था और आरज़ू साहब ख़ुद बहुत बड़े शाइर थे, उन्होंने ठेठ हिन्दी रस-रंग से युक्त गीत पेश करने का महत्त्वपूर्ण कार्य किया। इसके लिए उन्हें आज भीं याद किया जाता है। कुछ बानगियाँ मुलाहिज़ा कीजिए :—

सुन्दर नारी प्रीतम प्यारी,
प्यारी छवि दिखलाए।
नैन रसीले, बाँके कँटीले,
ठाड़ी नैन लड़ाए।
इक तो विरहा अगन जराय,
दूजे···सताय।
मोह भरा मन फूल कमल-सा,
धूप लगे कुम्हलाय।

फ़िल्म 'मंज़िल', गायक-पंकज मलिक

साँवरिया मन भाया रे,
आँख से दिल में समाया रे।
पीताम्बर का रूप निराला,
शीश मुकुट ने लुभाया रे।

फ़िल्म 'मुक्ति', गायिका काननबाला इसी फ़िल्म 'मुक्ति' का एक और गीत था :—

न जाने क्या है दिल का राज़,
सोज़ है या साज़।

फ़िल्म 'पुकार' तब बनी थी जब आरज़ू साहब की फ़िल्मी शाइरी शबाब पर

थी। हिन्दुस्तानी फ़िल्मों के उस युग की खुशनसीबी थी कि बतौर गीतकार उसे जिन विभूतियों की सेवाएँ प्राप्त हुईं वे कोई आज जैसे तथाकथित गीतकार और वाहियात तुक्कड़ नहीं थे। वे काव्य साहित्य के ऐसे नामवर लोग थे, उत्तर से दक्षिण तक जिनके नाम का डंका बजता था। यों तो **'जोश' मलेहाबादी** और **'अज़ीज़' लखनवी** जैसे अज़ीम शायरों ने भी फ़िल्मों के लिए गीत लिखे। किन्तु बतौर सही गीतकार जिन्होंने फ़िल्मों को वाक़ई आबरू बख़्शी, प्रतिष्ठा दिलायी, उनमें–**पं. सुदर्शन, केदार शर्मा, 'ज़िया' सरहदी, कविवर प्रदीप, नरेन्द्र शर्मा, गोपालसिंह नेपाली** और **डॉ. सफ़दर 'आह' सीतापुरी** विशेष उल्लेखनीय हैं। **शैलेन्द्र, शकील बदायूँनी, हसरत जयपुरी, 'साहिर' लुधियानवी, मजरूह सुल्तानपुरी, राजेन्द्र कृष्ण** *और* **कैफ़ी आज़मी** आदि ने तब फ़िल्म जगत में कदम भी नहीं रखा था। ये लोग बहुत बाद में शोहरत के आकाश पर जगमगाये।

फ़िल्मी गीतकार की हैसियत से मशहूर होने के पहले ही आरज़ू साहब एक बेहतरीन शाइर के रूप में प्रसिद्धि पा चुके थे और अपने काव्य-गुरु मीर ज़ामिनअली 'जलाल' की शागिर्दी के प्रताप से केवल अठारह वर्ष की उम्र में शोहरत की बुलन्दियाँ छूने लगे थे। आगे जाकर तो 'शाइरे-आज़म' कहलाये। शाइरी के अलावा उन्होंने गद्य में भी साहित्य सृजन किया, ख़ासतौर से नाटक। उनका पहला नाटक 'मतवाली जोगन' सन् 1914 में छपा और पारसी थियेट्रिकल कम्पनी द्वारा लखनऊ स्थित गोलागंज के मैदान में दिखाया गया था। आगे उन्होंने और भी कई ड्रामे लिखे, जो मंचित होकर ख़ूब प्रशंसित व प्रसिद्ध हुए। मगर, फ़िल्म 'पुकार' के गीत भी उन्होंने ही लिखे थे? जी नहीं!

अब इस सवाल का जवाब हाज़िर है कि फ़िल्म 'पुकार' का गीतकार कौन था? तो सुनिए कि 'पुकार' के गीत भी उसी ने लिखे थे, जिसने संवाद तथा कहानी लिखी थी। जी हाँ, अमीर हैदर उर्फ़ कमाल अमरोही और वे अशआर डॉ. चौधरी ने अपने बड़े भाई शमशेर के लड़कपन की शाइरी का नमूना बताया है, शमशेर जी की नहीं कमाल अमरोही की रचना है। फ़िल्म 'पुकार' में की गयी उक्त ग़ज़ल का पाठ भी मुलाहिज़ा फ़रमाइए–

ज़िन्दगी का साज़ भी क्या साज़ है,
बज रहा है और बेआवाज़ है।
कोई नग़मा है न कोई साज़ है,
इक तेरी और इक मेरी आवाज़ है।
लय न टूटे ज़िन्दगी के साज़ की,
ज़िन्दगी आवाज़ ही आवाज़ है।

फ़िल्म 'पुकार' का संगीत दिया था मीर साहब ने। प्रसंगवश यहाँ मीर साहब का ज़िक्र रोचक रहेगा।

गया (उ.प्र.) के नवाब थे मुज़फ्फ़र ख़ाँ। गीत-संगीत का शौक़ उनके ख़ून में शामिल था। इरशाद नामक एक व्यक्ति नवाब साहब का मोटर मैकेनिक और मुसाहिब होने के अलावा बेहतरीन हारमोनियम-वादक भी था, नर्सिंग की माँ जद्दन बाई की उन दिनों गायन में काफ़ी शोहरत थी, अतः नवाब साहब जब भी उन्हें अपने यहाँ गाने के लिए बुलाते इरशाद को ही संगति के लिए हारमोनियम पर बैठाते। इस तरह अक्सर मिलते-जुलते रहने से जद्दनबाई और इरशाद के दिल में एक-दूसरे की चाहत का दरिया उमड़ने लगा। आरज़ुओं ने अँगड़ाइयाँ लीं। अरमान मचले। एक दूसरे के लिए तड़प यहाँ तक बढ़ी कि जद्दनबाई अपने इस प्रथम प्रियतम के साथ कलकत्ता चली गयीं। एक अर्से तक दोनों का संग-साथ रहा और इस प्रेम-सम्बन्ध के फलस्वरूप जद्दन की गोद में एक और फूल खिला जिसका नाम था—अनवर हुसैन। आगे चलकर अनवर हुसैन ने चरित्र अभिनेता के रूप में काफ़ी नाम कमाया। बदकिस्मती कहें या कुछ और कि जद्दन की यह पहली-पहली मोहब्बत स्थायित्व नहीं पा सकी। इरशाद बेवफ़ा निकला और एक दिन जद्दन को तन्हा और असहाय छोड़कर कहीं भाग गया। अर्से बाद इरशाद मियाँ बम्बई लौटे और फिल्मों में संगीत देने लगे। चूँकि उनके आश्रयदाता नवाब साहब आत्मीयतावश उन्हें मीर साहब पुकारते थे, अतः इरशाद नाम छुप गया और मीर साहब चल निकला। यही मीर साहब फ़िल्म 'पुकार' के संगीत-निर्देशक बने। अस्तु।

अब यह भी कहना चाहूँगा कि जब यह साबित हो गया कि उक्त अशआर सुप्रसिद्ध कवि शमशेर बहादुर सिंह के नहीं सुप्रसिद्ध फ़िल्मकार कमाल अमरोही की रचना है तो यह कैसे मान लिया जाए कि जो बाकी अशआर शमशेर जी के बताये गये हैं, वे उनकी मौलिक रचना हैं। जब तक यह साबित नहीं हो जाता कि डॉ. चौधरी के लेख में उद्धृत अशआर शमशेर जी के ही हैं, तब तक उनके आगे लगा प्रश्नचिह्न हटाया नहीं जा सकता। शमशेर कोई मामूली कवि नहीं थे। उनकी जो रचनाएँ छपती रहीं उन्हें अलग रखें तो भी शमशेर की शोहरत का आलम यह है कि उनकी ग़ज़लों का एक कैसेट इलाहाबाद से निकला है। उन ग़ज़लों को स्वर व संगीत दिया है श्याम मेहता ने। क्या अजब क़ि उन ग़ज़लों में भी कुछ ऐसी हों जिनकी मौलिकाता शंकास्पद हो।

अन्त में, यह निवेदन करना आवश्यक है कि गीत-संगीत हो या काव्य-साहित्य, गम्भीरतापूर्वक छानबीन किये बग़ैर, बिना किसी पुष्ट प्रमाण के, किसी की रचना में किसी और की रचना घोषित कर बैठना या मान लेना और मनवाना समझदारी नहीं है। डॉ. चौधरी ने कमाल अमरोही की रचना को अपने बड़े भाई शमशेर जी की रचना किस आधार पर और क्यों बतायी यह तो वे ही जानें (या फिर 'जतन' के सुधी सम्पादक जानें) पर किसी व्यवित पर कुछ भी लिखते या काम करते हुए बड़ी सावधानी और जिम्मेदारी चाहिए क्योंकि जो लिखकर छप गया वह अमिट हो

जाता है। फिर ऐसी अमिट ग़लती के आधार पर न जाने कितनी ग़लतियों का, ग़लत निष्कर्षों का, एक सिलसिला चल पड़ता है। फिर गीत-संगीत हो या काव्य-साहित्य, शोध प्रवृत्ति के अभाववश इनमें शोध-लेखन की जो स्थिति है वह बस ऐसी है कि ख़ुदा ख़ैर करे।

सन्दर्भ

1. त्रै. 'जतन', सं. तारा पांचाल, प्रोफेसर कालोनी, बाईपास रोड, कुरुक्षेत्र 112, 118, अप्रैल-दिसम्बर (सयुक्तांक) 1993
2. 'जतन', शमशेर बहादुर सिंह : कुछ कविताएँ, पृष्ठ 20
3. 'जतन', डॉ. तेजबहादुर चौधरी : बड़े भाई शमशेरजी, पृष्ठ 21-25
4. 'जतन', बड़े भाई शमशेर जी, पृष्ठ 22, कॉलम 1-
5. 'ज़तन', बड़े भाई शमशेर जी, पृष्ठ 23, कॉलम 1-2।
6. 'जतन', बड़े भाई शमशेर जी, पृष्ठ 23, कालम 1।
7. 'जतन', बड़े भाई शमशेर जी, पृष्ठ 22, कालम 2।
8. 'जतन', बड़े भाई शमशेर जी पृष्ठ 23, कालम 1।
9. 'जतन', बड़े भाई शमशेर जी, पृष्ठ 23, कालम 2।
10. प्रस्तुत लेखक का लेख-एक शिल्पगत प्रयोग : तसर्रुफ़, 'संगीत' मार्च 1987

संगीत और भाषा

●

कु. शरमिंदर कौर

मानव-हृदय में अपने विकास-क्रम के आरम्भ से ही प्राकृतिक सौन्दर्य के प्रति आकर्षण था, अनुभूति थी और उद्गार थे। वह अपने मन में उठनेवाले भावों को व्यक्त करना चाहता था, जिसके फलस्वरूप विभिन्न ललित कलाओं का जन्म हुआ। कला का अर्थ है–सौन्दर्य की रचना, अर्थात् मनोभावों को सुन्दर, सुलझे ढंग से व्यक्त करना ही कला है। ललित कलाओं में सबसे श्रेष्ठ संगीत-कला मानी जाती है। संगीत मानव का चिरसंगी रहा है। संगीत एक ऐसी भाषा है, जिसका प्रयोग आदिकाल से होता रहा है और अनन्त काल तक होता रहेगा। बालक के जन्म के साथ ही संगीत का जन्म भी हो जाता है। बच्चे का रोना, हँसना आदि क्रियाएँ संगीतात्मक होती हैं। इससे यह स्पष्ट हो जाता है कि मानव के जन्म के साथ ही संगीत का जन्म हो जाता है।

संगीत की उत्पत्ति पहले हुई अथवा भाषा की, इस सम्बन्ध में विद्वानों में मतैक्य नहीं है। कुछ विद्वानों के अभिमतों के अनुसार विश्व में संगीत का जन्म प्रथम हुआ, इसके उपरान्त भाषा ने जन्म लिया। किन्तु कुछ विद्वानों की इसके विपरीत विचारधारा है। अगर हम साधारण दृष्टि से विचार करें तो पाएँगे कि भाषा के बिना सिर्फ वाद्यों द्वारा ही संगीताभिव्यक्ति की जा सकती है, वरना गायन तो पूर्ण रूप में भाषा को साथ लेकर चलता है।

अगर हम संगीत की शुरुआत ही भाषा से मानें तो गलत नहीं होगा। सरगम के सातों स्वर 'सा रे ग म प ध नि' भाषा की वर्णमाला से लिये गये हैं। अगर स्वरों का उच्चारण न करके मात्र 'अ'कार में ही सरगम बोला जाए, तब भी 'आ' शब्द का सहारा लिया जाता है, जो हिन्दी भाषा की वर्णमाला का पहला-दूसरा अक्षर है। भाषा या शब्द एक सारगर्भित तत्त्व है, जिसका गहरा सम्बन्ध हमारे संगीत से है। संगीत तो स्वरों पर आधारित है, पर स्वरों के उच्चारण के लिए शब्द जरूरी हो जाते हैं। स्वरों की भाषा मूक होती है, शब्द स्वरों को वाणी देते हैं, उनकी आत्मा को प्रकट करते हैं।

आचार्य बृहस्पति लिखते हैं–"राग भावनाओं को व्यंजित अवश्य करते हैं,

परन्तु यह व्यंजना गूँगे द्वारा की हुई भाव-व्यंजना के समान है, जो चीख, कराह, चिल्ला या घिघिया तो सकता है, शब्द और वाक्य का उच्चारण करने में समर्थ नहीं होता। भाषा राग के इस गूँगेपन को दूर करती है। इसीलिए गीत का दूसरा अंग भाषा है। राग और भाषा, दोनों ही भावना की अभिव्यक्ति के लिए हैं।"

राग के स्वर अपने सही अनुवाद के लिए, शब्दों के लिए लालायित रहते हैं। मानो वे चाहते हों कि भाषा उनकी मूक आत्मा को वाणी प्रदान करे। कभी-कभी ऐसा मालूम पड़ता है कि बिना शब्दों के स्वरों का दम घुटता है। कोई भी गायक बिना भाषा का सहारा लिये अपने मनोगत भावों को प्रकट नहीं कर पाता। गायक भावों व कल्पनाओं वाला भावुक मनुष्य है, जो सदैव शब्दों का मुहताज रहता है। वह स्वर व शब्दों का सहारा लेकर अपने मन के भावों को प्रकट करता है। बिना शब्दों के उसका संगीत गूँगे द्वारा की गयी भाव-व्यंजना के ही समान है।

संगीत को हम शब्दों से अलग नहीं कर सकते। यदि स्वर किसी राग के प्राण होते हैं तो शब्द उसका जीवन होते हैं। शब्दों के सही और मधुर उच्चारण से राग के स्वरों की आत्मा जाग उठती है। शब्दों के सुन्दर ढंग के उच्चारण से कोई भी शास्त्रीय संगीत का कलाकार जनसाधारण को आकर्षित करने में सफल हो सकता है। शब्दों के सही और भावुक उच्चारण करने से गायक को अपने गायन में एक और बड़ी सहायता मिल सकती है, वह यह कि अगर किसी विशेष राग पर गायक का पूर्ण अधिकार न हो तो वह अपने इस दोष को भाषा द्वारा छिपा सकता है—स्वरों को सुन्दर व मोहक ढंग से कहकर।

शास्त्रीय संगीत हो अथवा लोक-संगीत, दोनों में ही संगीत और काव्य या स्वर और शब्दों का सुन्दर मेल देखने को मिलता है। प्राचीन काल में, संगीत में संस्कृत भाषा की प्रधानता रही और सोलहवीं शताब्दी से लेकर आज तक संगीत की विभिन्न गायन-शैलियों में हिन्दी और ब्रजभाषा का प्रयोग होता आ रहा है। बहुत-सी रचनाओं में कभी-कभी उर्दू और फारसी भाषा का भी पुट रहा है, पर मुख्य हिन्दी और ब्रजभाषा ही रही है।

सम्पूर्ण भारत में, विभिन्न गायन-शैलियों में सिर्फ हिन्दी भाषा का प्रयोग ही नहीं होता, अपितु स्थानीय भाषाओं का पुट भी रहता है; जैसे—पंजाब के लोग बहुत-से ख़यालों की बन्दिशें पंजाबी भाषा में रचकर गाते हैं। उदाहरणार्थ, राग हमीर की एक बन्दिश है—'मैंडे रे यार आवीं, कमली रमली फिरदी सदारंग'। ठीक इसी प्रकार भारत के अन्य प्रान्तों के लोग भी अपने प्रान्त की स्थानीय भाषा में खयाल या अन्य गायन-शैलियों की बन्दिशें रचकर उनका गायन करते हैं।

विभिन्न गायन-शैलियों में विभिन्न भाषाओं की प्रधानता रहती है, जैसे ध्रुपद में उर्दू, फारसी, हिन्दी; धमार में ब्रज; ख़याल में हिन्दी, पंजाबी, ब्रज और कभी-कभी उर्दू और फारसी का पुट; ग़ज़ल में मुख्यतः उर्दू और हिन्दी; ठुमरी में हिन्दी, ब्रज

और उर्दू भाषा की प्रधानता पायी जाती है। लोक-संगीत की भाषा तो हर प्रान्त में बदल जाती है।

इस प्रकार हम देखते हैं कि संगीत और भाषा की गंगा-जमुना साथ-साथ बहती हैं। जहाँ सुन्दर भाषा और भाव संगीत को प्रभावोत्पादक बना देते हैं, वहाँ संगीत बिना भाषा के फीका लगता है। भाषा यदि दीपक है तो संगीत उसकी प्रज्वलित ज्योति है, भाषा यदि देह है तो संगीत उस देह में चेतना का संचार करनेवाली आत्मा। भाषा और संगीत एक ही प्रवाह में बहनेवाले दो स्रोत हैं, जिनका मूल प्रवाह एक ही है।

नृत्य शिक्षा

•

श्री सुधाकर

बढ़ते हुए नृत्य के प्रचार के साथ-साथ नृत्य शिक्षा की आधुनिक प्रणाली एक विवादास्पद विषय बन गयी है। अब तक के "संगीत" के अंकों में लेखक ने नृत्य के विषय में अपना दृष्टिकोण रखने का प्रयत्न किया है—अब यह आवश्यक प्रतीत होता है कि 'नृत्य की शिक्षा किस प्रकार दी जाय?' इस प्रश्न को सुलझाया जाय। कुछ पाठकों को यह प्रश्न कुछ बेतुका सा लगेगा, परन्तु ध्यान से देखा जाय तो यह आज का सबसे महत्त्वपूर्ण प्रश्न है।

प्रायः सभी इस बात से सहमत होंगे कि उत्तर भारत में नृत्य शिक्षा का कोई निर्धारित पाठ्यक्रम या कोर्स नहीं है। यही नहीं बल्कि हमारी शैली का कोई नाम तक नहीं। आज भरतनाट्यम् या मणीपुरी से अधिकांश नृत्य प्रेमी परिचित हैं, पर उत्तर भारतीय नृत्य शैली के लिए केवल 'कथक' शब्द है। प्रचलित कथक शैली सर्वांगपूर्ण न होने से लोकप्रिय नहीं है। परन्तु यह "कथक" का दोष नहीं। कथक का अर्थ है कथा कहने वाला, परन्तु आज के कथक का अर्थ रह गया है पैरों से तबला बजाने वाला। यदि 'सर्वांगपूर्ण कथक' की शिक्षा भी दी जाय तो आज के वातावरण में उसे "कथक" कहने का साहस नहीं होता। ऐसी दशा में हमारी शैली किस नाम से पुकारी जाय? यह विद्वान पाठकों को निश्चय करना पड़ेगा।

"कथक" (उत्तर भारतीय शैली को नाम के अभाव में हम इसी नाम से पुकारेंगे) की शिक्षा के लिए क्या पाठ्यक्रम हो, यह दूसरा प्रश्न है। इसमें मतभेद हो सकता है परन्तु बिना इस पर विचार किये, हम किसी सर्वमान्य मत की स्थापना नहीं कर सकते। प्रस्तुत लेख में, मेरे अब तक के अनुभव के आधार पर बना हुआ पाठ्यक्रम दिया जाता है। विज्ञ पाठक इसे समझ कर, अपने सुझाव रखें।

विद्यालय में आने वाले विद्यार्थियों को दो श्रेणियों में बाँटा जा सकता है। बारह वर्ष से कम आयु के बच्चे, इससे अधिक आयु की लड़कियाँ, और लड़के। बारह वर्ष से कम आयु के बालक या बालिकाओं में भावात्मक सृजन शक्ति नहीं होती। इसलिए उन्हें ताल और अंगहार का ही ज्ञान कराया जा सकता है।

मानसिक विकास होने पर लड़की और लड़कों का 'रस' की शिक्षा दी जा सकती है। इस प्रकार यह स्पष्ट है कि बिना एक निर्धारित आयु तक पहुँचे विद्यार्थी नृत्य का कोर्स पूरा नहीं कर सकता।

मेरे विचार से पाँच वर्ष से कम आयु के बालकों को नृत्य कक्षा में नहीं लिया जाना चाहिए। नृत्य के प्रारम्भिक विद्यार्थियों के लिए एक ही कोर्स होगा, जिसे सीखने का समय भिन्न-भिन्न हो सकता है। पहले हम इसको ही विस्तारपूर्वक समझें।

1. कहरवा, दादरा और तीनताल के साथ पैर चलाने का ज्ञान।
2. लय की चेतना पैदा होते ही, अंग संचालन के सीधे कायदे।
3. सीधे टुकड़ों के साथ सरल अंगहार।
4. भिन्न-भिन्न तालों का ज्ञान और भिन्न जातियों के नृत्यों का अंगविक्षेप।

उपर्युक्त पाठ्य-क्रम छोटे बच्चों के लिए, कम से कम चार वर्ष का है और समझदार विद्यार्थियों के लिए दो वर्ष का।

हिन्दी साहित्य में ज्ञात यौवना और अज्ञात यौवना नाम से दो नायिका भेद माने हैं। यह साहित्य में कुछ उपयोगी हों या न हों पर नृत्य शिक्षा के लिए इन दो शब्दों का बहुत महत्त्व है। ऊपर बताया हुआ पाठ्य-क्रम ज्ञात और अज्ञात यौवना दोनों को समान रूप से साध्य है क्योंकि अंगहार और पग संचालन भौतिक क्रियाएँ हैं, जो शारीरिक परिश्रम से सिद्ध की जा सकती हैं। इसके आगे का कोर्स केवल ज्ञात यौवनाओं के लिए है। जब तक विद्यार्थी के हृदय में भावनाओं का स्पन्दन न हो 'रस' की शिक्षा नहीं दी जा सकती।

मुख्य-मुख्य शास्त्रीय तालों और अंगहारों का अभ्यास समाप्त होने पर भावयुक्त नर्तन की शिक्षा आरम्भ होनी चाहिए। पहले अभ्यास किये हुए तोड़े और टुकड़ों के द्वारा हृदयगत भावनाओं को प्रकट करने का अभ्यास करना चाहिए। इसके लिए एक उदाहरण देना अधिक उपयुक्त होगा।

प्रारम्भिक शिक्षा में जैसे विद्यार्थी ने सीखा है, "तका थुंथुं किट तक धूम किट तक–तक धूम किट तक धा, तक धूम किट तक धा, तक धूम किट तक धा।

उपरोक्त टुकड़ा पहले घुँघरू द्वारा याद किया गया, फिर तरह-तरह के अंगहार द्वारा यही टुकड़ा अनेक रूप बन गया। अब इसी टुकड़े को नाचते हुए आकर्षण, अभिमान, व्यंग्य, आश्चर्य और क्रोध आदि भाव दिखाये जाएँ। इस प्रकार सभी तालों में सीखे प्रत्येक टुकड़े और चालों को भावमय बना दिया जाय। अधिक अभ्यास से प्रत्येक दूसरी, तीसरी अथवा चौथी मात्रा पर रस परिवर्तन करने का अभ्यास कराया जाय। इस अभ्यास से विद्यार्थी अपनी मनोभावनाओं को शास्त्रीय ताल और अंगहार द्वारा प्रकट करने लगेगा।

इतना सीख लेने के बाद कथा नृत्यों का अभ्यास कराया जा सकता है।

सम्भव है बहुत से लोग यहीं नृत्य शिक्षा की समाप्ति समझें, परन्तु यहाँ से आगे बहुत कुछ रहता है। ताल को अपनी इच्छानुसार बाँटना या दूसरे शब्दों में ताल के टुकड़े और परन बनाना इसे (Composition) कहते हैं। किसी कथा या भावना के अनुरूप, ताल की मर्यादा रखते हुए, चाल बनाना, भावना को उत्तेजित करने वाले स्वरों से उक्त चाल को सजाना, और नृत्य को उचित वातावरण देने वाले तत्त्वों का ठीक उपयोग करना, यह Composition कहलाता है। यहाँ हम नृत्य-शिक्षण की समाप्ति समझ सकते हैं। इसके बाद केवल अनुभव ही रह जाता है जो शिक्षा की वस्तु नहीं।

उपर्युक्त पाठ्यक्रम को पूरा करने के लिए किसी भी वयस्क विद्यार्थी को कम से कम चार वर्ष लगेंगे। यदि ताल और अंग का अभ्यास बारह वर्ष की अवस्था तक समाप्त किया जा चुका है तो पन्द्रह वर्ष की आयु में विद्यार्थी अपना पूरा कोर्स समाप्त कर लेगा। मेरे विचार से नृत्य शिक्षा दस वर्ष की आयु से प्रारम्भ करनी चाहिए ताकि पन्द्रह या सोलह साल की अवस्था तक विद्यार्थी नृत्य रचना करने योग्य बन सके।

दस वर्ष से छोटे बच्चों को (विशेष को छोड़ कर) नृत्य शिक्षा देने में शिक्षक को व्यर्थ परिश्रम अधिक करना पड़ता है। साथ ही उसमें भावना जाग्रत होने के समय तक प्रतीक्षा करनी पड़ती है। इस प्रकार पाँच वर्ष का कोर्स दस वर्ष का बन जाता है।

आलोचना का सिंहावलोकन

•

विश्वम्भरनाथ भट्ट

गुणावगुणों का विश्लेषण ही आलोचना का वास्तविक अर्थ है। फिर भी आलोचना के कुछ तत्त्व हैं। आलोचना के भी कुछ नियम हैं। जब आलोचना तत्त्वों को छोड़कर मूल विषय से भटक कर, लोग व्यक्तिगत आक्षेपों पर कटिबद्ध हो जाते हैं, तब व्यर्थ की यह "तू-तू मैं-मैं"—एक दूसरे पर कीचड़ उछालने की यह मनोवृत्ति—ओचना नहीं है, और चाहे जो कुछ हो। आश्चर्य है कि आलोचना का ऐसा ही उपहास "संगीत कला विहार" जैसे श्रेष्ठ मासिक पत्र के कतिपय लेखों में दृष्टिगोचर होता है। सामान्य सिद्धान्तों के आधार पर कलाकृतियों के महत्त्व का तर्कपूर्ण निर्णयात्मक (Judicial) समालोचना की मार्मिक विशेषता है, परन्तु वस्तु से सम्बन्धित सिद्धान्तों से तटस्थ होकर जब समझदार व्यक्ति भी पारस्परिक रागद्वेष के वशीभूत होकर व्यक्तिगत आक्षेपों और गाली गलौज के साथ एक दूसरे का छिद्रान्वेषण करने लगते हैं तब वे सचमुच अपने उच्च आदर्श से पतित होकर इतने निम्नस्तर पर उतर आते हैं कि इन तथाकथित विद्वानों तथा साधारण अशिक्षित जनता में कोई भेद दृष्टिगोचर नहीं होता। श्री सी. पंतवैद्य तथा श्री चैतन्य देसाई ने "संगीत कला विहार" में अपनी आलोचना के मूल विषय से भटककर पं. भातखंडे तथा श्री. कृष्णनारायण रातांजनकर पर व्यक्तिगत टीका टिप्पणी करते हुए जिस भाषा का प्रयोग किया है वह निश्चयात्मक रूप से शिष्ट एवम् सभ्य विद्वानों की भाषा नहीं है। ऐसी अभद्र भाषा का प्रयोग करना सचमुच लेखकद्वय का बहुत ही निम्नस्तर पर उतरना है। यदि चरित्र, आदर्श, उच्चवंशाभिमान, एवम् साधु सौजन्य जैसी किसी वस्तु का अस्तित्व है तो 'संगीत कला विहार' के इन लेखकों को अवश्य ही लज्जित होना पड़ेगा। श्री. रातांजनकर जी के लेखों में भी कठोर भाषा का प्रयोग है, परन्तु आक्षेपों का आरम्भ उनकी ओर से नहीं हुआ है, उनके आक्षेपों की मात्रा तथा भाषा की कटुता भी उतनी अधिक नहीं है।

आलोचना का मूल उद्देश्य आलोच्य वस्तु का तथ्यातथ्य निरूपण, मूल्यांकन एवम् उसके विषय में जन-हित के दृष्टिबिन्दु से ज्ञानवर्धन है। परन्तु जब कोई आलोचक किसी प्रकार के पक्षपात के मोह में आबद्ध हो जाता है, तब वह साक्षर

होते हुए भी राक्षस बन बैठता है। इसी से किसी विद्वान ने कहा था कि–

साक्षरा विपरीताश्चेद् राक्षसा एव केवलम्।
सरसो विपरीतोपि सरसत्वं न मुंचति॥

मनोवैज्ञानिक दृष्टि से इसे हम मानव का स्वभाव मान सकते हैं, कि वह अकारण ही अपनों से मोह तथा पराये से द्रोह करता है। महाभारत में भी एक ऐसी ही उक्ति मिलती है–

मुनेरपि वनस्थस्य स्वानि कर्माणि कुर्वतः।
उत्पद्यन्ते त्रयः पक्षाः मित्रोदासीन शत्रुवः॥

अर्थात् अपने-अपने कर्मों को करते हुए बनवासी मुनि भी मित्र, शत्रु और उदासीन इन तीन पक्षों को बिना बनाये नहीं रह सकते। अतः आलोचना का कार्य बड़ा ही दुरूह कार्य है। जो व्यक्ति बुद्धिमान, विद्वान, निष्पक्ष एवम् गुणग्राही न हो उसे वस्तुतः आलोचना करने का कोई अधिकार नहीं है। आलोचक को सदैव आलोच्य विषय को उसके वास्तविक रूप में ही देखना चाहिए। यदि वह उपरोक्त गुणों से युक्त एवम् तटस्थ प्रकृति का न हुआ तो घृणा अथवा पक्षपात के वशीभूत होकर विवेचना करने से उसका निर्णय निन्दा अथवा स्तुति मात्र ही हो सकता है, आलोचना नहीं। इस प्रकार की एकांगी आलोचना से जनता को आलोच्य विषय का उतना ज्ञान नहीं होता, जितना उस आलोचक की मनःस्थिति और आत्मा का हो जाता है। किसी विषय की आलोचना करने से पूर्व आलोचक को अपना हृदय टटोल कर पहले यह सोच लेना चाहिए कि उसके हृदय में कहीं पक्षपात तो नहीं है। 'भिन्नरुचिहिं लोकः' एक प्रत्यक्ष सत्य है। परन्तु किसी वस्तु का पसन्द या नापसन्द होना वस्तु विशेष के विषय में व्याख्यात्मक एवम् पांडित्यपूर्ण गवेषणा करने से सर्वथा पृथक् है। यदि आलोचक नीर-क्षीर विवेक में कुशल नहीं है, तो उसकी आलोचना का मूल्य ही क्या हो सकता है? यद्यपि अधिकांश आलोचकों में गुणग्राहकता, बुद्धि, विद्वता इत्यादि आवश्यक गुण विद्यमान होते हैं, परन्तु पक्षपात और पारस्परिक राग-द्वेष से मुक्त आलोचक क्वचित ही दृष्टिगोचर होंगे। वस्तुतः यही भूल "हारमोनियम का स्वीकार आवश्यक क्यों?", "कुदरत का मज़ाक" तथा उसके प्रत्युत्तर 'हार्मोनियम और श्री रातांजनकर जी का मज़ाक" इत्यादि लेखों में दिखाई देती है।

"संगीत कला विहार" के जनवरी सन् 1948 के अंक में श्री पंचानन पाठक बी. ए. संगीत प्रभाकर के "हारमोनियम का बहिष्कार आवश्यक क्यों?" शीर्षक एक लेख लिखकर, हार्मोनियम को भारतीय संगीत के लिए निरोपयोगी ठहराया था। लेखक की यह विचारधारा सर्वथा युक्तियुक्त थी, तो बहुत कुछ ऐसी ही

भावनाओं से प्रेरित होकर विद्वानों द्वारा लगभग 15-20 वर्षों पहले से ही हारमोनियम का बहिष्कार किया जाना प्रारम्भ भी हो चुका है। उपरोक्त लेख के प्रकाशित होने के लगभग छह महीने पश्चात् जुलाई 1948 के अंक में "हार्मोनियम का स्वीकार आवश्यक क्यों?" शीर्षक एक लेख श्री सी.बी. पन्त वैद्य तथा श्री चैतन्य देसाई के संयुक्त नाम से प्रकाशित हुआ। इस लेख के शीर्षक को यदि श्री पंचानन जी के लेख-शीर्षक से मिलाया जाय तो स्पष्ट विदित हो जाता है कि लेखकद्वय ने हार्मोनियम के बहिष्कार के नाम से चिढ़कर बेचारे हार्मोनियम के प्राण बचाने के लिए यह लेख लिख डाला है। लेखकद्वय ने अपने लेख को तर्क पूर्ण बनाने की भी चेष्टा की है। सचमुच किसी भी वस्तु के दोनों पहलुओं पर बहुत कुछ कहा सुना जा सकता है। परन्तु न तो हारमोनियम के पक्ष में कही हुई श्री पंचानन जी की बातों में ही कोई नवीन विचारधारा थी और न उपरोक्त लेखकद्वय ने ही कोई नवीन दृष्टिकोण पाठकों के सामने रखा है। जिन दिनों अखिल भारतीय रेडियो से हारमोनियम का जनाज़ा निकाला गया था, उन दिनों हारमोनियम के पक्ष तथा विपक्ष में बहुत कुछ ये ही बातें तत्कालीन अनेकों लेखों में, उभय पक्षीय विद्वानों द्वारा कही गयी थीं। फिर यह बासी कढ़ी में उबाल क्यों? रेडियो तथा विद्वानों से बहिष्कृत होकर भी हारमोनियम अभी तक भारतवर्ष में विद्यमान है और उसका सर्वनाश न होने पर भी संगीत के जिज्ञासुओं से अब यह छिपा नहीं है कि हारमोनियम भारतीय संगीत की आत्मा हनन करने वाला है। अतः अब हारमोनियम जनता को धोखा देकर अपने पूर्व गौरव पर पुनः आसीन होने में सर्वथा असमर्थ है। जो लोग हारमोनियम का विरोध करते हैं, वे हारमोनियम की भरपेट बुराई करते हैं, तथा जो लोग हारमोनियम के पक्ष में हैं वे उसकी प्रशंसा करते ही नहीं थकते। परन्तु लेखकद्वय के लेखों से पाठक यह नहीं समझ सकते कि हारमोनियम के पक्षपात का समर्थन या विरोध करते-कराते किसी व्यक्ति, वर्ग या समुदाय के प्रति अभद्र भाषा का प्रयोग करने लगना कहाँ तक युक्तिसगंत और सज्जोनोचित है। जुलाई 1948 के अंक में प्रकाशित लेख में निम्नलिखित वाक्य आपत्तिजनक कहे जा सकते हैं।

(1) "टेंपर्ड स्केल' की कहावत स्कूल के बच्चों को लेकर के रातांजनकर के जबान तक फैल गयी।"

(2) "गायन मास्टर हैं वे तो भातखंडे आदि पुस्तकों को ही मोक्ष मार्ग समझते हैं। गुरुवर्य का ग्रन्थ इनका वेद और शिष्यों ने लिखी प्रस्तावना इनकी स्मृति उनमें से एक अक्षर भी यहाँ का वहाँ नहीं हो सकता। वेद क़ुरान में सुधार की बात ही कैसी!"

उपरोक्त उद्धरणों में राष्ट्र भाषा हिन्दी की कुछ भद्दी भूलें हैं। 'संगीत कला विहार' हिन्दी भाषा-भाषी प्रान्त का पत्र नहीं है, अतः हमारा पाठकों से निवेदन है

कि वे हिन्दी की भूलों पर ध्यान न देकर, उपरोक्त वाक्यों द्वारा प्रकट की हुई मनोवृत्ति पर ही विचार करें। संसार में कुछ लोग ऐसे होते हैं, जो दूसरों के दुख को देख कर दुखी होते हैं। इन व्यक्तियों के सर्वथा विपरीत कुछ लोग ऐसे होते हैं जो दूसरों के सुख, मान, प्रतिष्ठा और गौरव को देख कर एक विचित्र प्रकार के दुःख का अनुभव करते हैं। मानव-मनोविज्ञान-वेत्ताओं ने इस भाव को ईर्ष्या के नाम से पुकारा है। आलस्य, नैराश्य एवमं अहंकार के संकट से उद्भूत यह मनोवृत्ति जिसे आक्रान्त करती है, उसे नाना प्रकार के नाच नचाती रहती है। अपने से श्रेष्ठ व्यक्ति को देखकर, ऐसे लोगों के हृदय में इसी कारण ताप की उत्पत्ति होती है कि, उनसे इन श्रेष्ठ व्यक्तियों की उत्कृष्टता सह्य नहीं होती। ऐसे व्यक्ति जब उन लोगों के सम्पर्क में आते हैं, जो उनकी बराबरी के होते हैं, तब उनके हृदय में क्रोध उत्पन्न होता है। वे लोग यदि सन्तुष्ट हो सकते हैं, तो ऐसे ही व्यक्ति के सम्पर्क में आने पर सन्तुष्ट होते हैं, जो उनसे निम्नकोटि के हैं, क्योंकि उन्हें देख कर उनके अभिमान की तुष्टि हो जाती है। आधुनिक युग के श्रेष्ठ लेखक स्वर्गीय श्री भातखंडे जी का पांडित्य तथा भारत के अमर कलाकारों की पंक्ति में बैठने वाले श्री रातंजनकर जी की प्रतिभा भी इन्हीं मनोवृत्तियों के फलस्वरूप बहुत से ईर्ष्यालुओं के ताप का कारण बनी हुई है। हिन्दी के जाज्वल्यमान रत्न तुलसी ने अपने 'मानस' में कहा है—

बहुरि बन्दि खलगन सति भाये। जे बिनु काज दाहिनेहु बाये॥
जे परदोष लखहिं सहसाखी। परहित घृत जिन्ह के मन माखी॥
वचन वज्र जेहि सदा पिआरा। सहसनयन परदोष निहारा॥

अतः ऐसी भावनाएँ यदि हृदय में घर न बना सकें तो ज्यादा अच्छा है।

जुलाई 1948 के उपरोक्त लेख के अन्तिम पंक्तियों में लेखकों ने क्षमा याचना करते हुए भी लिखा है कि "गुणदोष चर्चा में टीकाकार के नाते से उल्लेखित व्यक्तिनामों में कोई भला-बुरा न मान ले और ज्ञन्तव्य समझे, यह प्रार्थना है।" परन्तु बारम्बार एक दोष का पुनरावर्तन करते जाना, और क्षमा याचना करते जाना कदापि समीचीन नहीं है। जुलाई के इस अंक के पश्चात् अगस्त 1948 के अंक में अपने लेख को चालू रखते हुए लेखकद्वय ने पुनः लिखा कि—"कई दफ़ा यह भी देखन में आया कि प्रसिद्ध बड़े गवैयों के तानपुरे के खरज में से सुनाई देता मोटा गन्धार धुरन्धर पंडित भातखंडे के कान तक न पहुँचा।" यहाँ ग्रान्थिक विद्वत्ता काम नहीं देती है, यह प्रैक्टीकल विषय है।" हिन्दी की भूलों को हम यहाँ भी छोड़े देते हैं, परन्तु बड़े अक्षरों में भातखंडे जी का नाम तथा अवशिष्ट शब्दावली से प्रकट होने वाला ईर्ष्याजन्य ताप यहाँ भी सुस्पष्ट है। सचमुच दूसरे की कृतियों को देख कर प्रसन्न होने वाले समुदाय थोड़े ही होते हैं। रामचरितमानस में इसी से महाकवि तुलसी ने कहा था कि—

जे पर भनिति सुनत हरपाहीं। ते बर पुरुष बहुत जग नाहीं॥
जग बहु नर सुरसरि-सम भाई। जे निज बाढ़ि बढ़हिं जल पाई॥
सज्जन सुकृत सिन्धु-सम कोई। देख पूर विधु बाढ़ई जोई॥

लेखकद्वय की मनोवृत्ति का वैषम्य अमर कलाकार तथा 'राग विज्ञान' के यशस्वी लेखक, श्री विनायक नारायण जी पटवर्धन की सम्मति देखने से सर्वथा स्पष्ट हो जाता है। श्री पटवर्धन जी का अनेक स्थलों पर श्री भातखंडे जी से विरोध है, परन्तु वे उदार हृदय, यशस्वी तथा उच्चविचारशील व्यक्ति हैं, अतः वे अपने विरोध को अभद्र भाषा में कभी व्यक्त नहीं करते। राग विज्ञान के पाँचवें भाग की भूमिका में वे लिखते हैं–

(1) "इसलिए वर्तमान समय में प्रचलित रागों के स्वरूप के आधार पर पिछले तीस-चालीस वर्ष के अन्दर लिखे गये "लक्ष्य संगीत" आदि ग्रन्थों को ही हम प्रायः प्रमाण रूप मानते हैं। तथापि इन ग्रन्थों में प्रतिपादित थाट पद्धति और बारह स्वरों को राग वर्गीकरण के लिए अपूर्ण और संकुचित समझते हैं।"

(2) "इसी प्रकार स्वर्गीय श्रीमान् पं. विष्णुनारायण भातखंडे के विभिन्न ग्रन्थों में हमें 'राग विज्ञान' के सभी भागों के निर्माण में बहुत सहायता मिली है। पूर्वोक्त दोनों महानुभावों की पुण्य स्मृति में हम अपनी श्रद्धांजलि अर्पित करते हैं।"

उपरोक्त उद्धरणों में श्री पटवर्धन जी की साधु भाषा देखिए। वे चाहते तो भातखंडे जी को दस पाँच खोटी खरी सुना कर बारह स्वर और थाट पद्धति का विरोध कर सकते थे। परन्तु जो उच्चाशय तथा महान् व्यक्ति होते हैं, उनकी बात करने की शैली ही निराली होती है। झूठा अहंकार दम्भ, ईर्ष्या, इत्यादि दुर्गुण उनके पास नहीं फटकते। विषय प्रतिपादन की इस शैली से तुलना करने से उपरोक्त लेखक द्वय की संकीर्ण मनोवृत्ति का आभास मिल जाएगा। श्री स्वामी समर्थ रामदासजी ने पठित मूर्खों के लक्षण बताते हुए कहा है कि–"पढ़ा लिखा मूर्ख वह होता है जो बहुश्रुत और विद्वान तो होता है...पर फिर भी मन में दुराशा और अभिमान रखता है।...वह अपने ज्ञान के अभिमान में हठ या दुराग्रह करता है, क्रोध को रोक नहीं सकता और उसके कार्यों तथा बातों में अन्तर होता है। वह बिना अधिकार के वक्ता बनना और उपदेश देना चाहता है और उसके वचन कठोर होते हैं। यदि वह श्रोता होता है तो अपनी बुहश्रुतता और वाचालता से वक्ता के दोष बतलाता है।" परन्तु जिस प्रकार आकाश को चूहा नहीं काट सकता है उसी प्रकार दुर्जनों के वाक्य-वाणों से महापुरुषों का यश-रूपी शरीर भी छिन्न-भिन्न नहीं होता।

पं. भातखंडे जी के शास्त्रीय ज्ञान के विषय में कुछ कहना सूर्य को दीपक

दिखाना है। इस विषय में तो उनकी 'हिन्दुस्तानी संगीत पद्धति' नामक मराठी भाषा में चार भागों में प्रकाशित विस्तृत पुस्तक अभी तक संगीत जिज्ञासुओं का पथ-प्रदर्शन कर रही है। अब रहा उनके क्रियात्मक ज्ञान का प्रश्न, जिसके ऊपर कटाक्ष करते हुए लेखकद्वय ने यह कहा है कि "यहाँ ग्रान्थिक विद्वता काम नहीं देती है, यह प्रैक्टीकल विषय है।" उनकी इस कुशंका के समाधान स्वरूप हम 'संगीत कला विहार' के सम्पादक श्री देवधर जी का वह लेख उद्धृत कर देना चाहते हैं, जो उन्होंने सितम्बर 1948 के अंक में "पं. विष्णुनारायण भातखंडे-व्यक्तित्व तथा कार्य" शीर्षक से प्रकाशित किया है। सचमुच जिज्ञासु हो तो ऐसा होना चाहिए। जिस कौशल से देवधर जी ने श्री भातखंडे द्वारा अपनी ज्ञानवृद्धि की है वह प्रत्येक संगीत विद्यार्थी के लिए अनुकरणीय है। वे लिखते है..."यह कहकर उन्होंने एक ध्रुपद गाना शुरू किया। अब तक तो उनके बारे में यही एक आलोचना जहाँ-तहाँ से मैंने सुनी थी कि पंडित जी को गाने का इल्म नहीं है। लेकिन उस वक्त गाने के लिए जरूरी तम्बूरे, पखावज वगैरह साजो सामान के न होते हुए भी उन्होंने वह ध्रुपद बहुत अच्छी तरह गाकर सुनाया।" वास्तविक विद्वान तथा संकुचित हृदय-व्यक्ति में यही तो एक महान अन्तर है। सुसंस्कृत हृदय वाले व्यक्ति में संकीर्णता नहीं होती। वह तो विद्वता का आदर करता है। उदार-हृदय-व्यक्ति, विद्वता को देश, काल, अपना, पराया, जाति इत्यादि के बन्धनों से नहीं बाँधता। ऐसे व्यक्ति की गुण ग्राहकता स्पृहणीय होती है। भला जिन भातखंडे जी की शिष्य परम्परा में श्री राजाभैया पूछवाले तथा श्री रातांजनकर जैसे कलाकार विद्यमान हों उनके विषय में यह कैसे कहा जा सकता है कि उन्हें क्रियात्मक संगीत का ज्ञान नहीं था।

ऐसा प्रतीत होता है कि श्री रातांजनकर जी ने लेखकद्वय के लेखों को लगभग चार महीने बाद देखा, तथा जनवरी 1949 में उपरोक्त लेखों के प्रत्युत्तर स्वरूप 'कुदरत का मज़ाक' शीर्षक लेख लिखा।

श्री रातांजनकर जी के लेख का शीर्षक 'कुदरत का मज़ाक' आरम्भ में कुछ विचित्र सा प्रतीत होता है। परन्तु ध्यान में रखना चाहिए कि लेखकद्वय ने जुलाई 1948 के अंक में लिखा है कि—"मगर कुदरत का मज़ाक यह था कि देवल क्लीमेंट्रस की ज़िन्दगी हारमोनियम-विरोध में व्यतीत हुई।" हमारा अनुमान है कि इसी वाक्य में से प्रत्युत्तर स्वरूप 'कुदरत का मज़ाक' शब्द समुदाय को चुन कर श्री रातांजनकर जी ने अपने लेख का शीर्षक बनाया है। श्री रातांजनकर जी के लेख की निम्नलिखित पंक्तियाँ इस बात पर प्रकाश डालती हैं कि उनका लेखक किस उद्देश्य से लिखा गया है। वे कहते हैं—"श्री पंत वैद्य को पं. भातखंडे जी एवं उनके अनुयायिओं पर बहुत क्रोध है, यहाँ तक कि झूठी बातें भी उनके नाम पर लिखकर उन्होंने उनकी निन्दा की है।" श्री रातांजनकर जी के लेख में नैतिक

दृष्टिकोण से निम्नलिखित वाक्य विचारणीय हैं–

1. "वास्तव में श्री पन्त वैद्य जैसे धुरन्धर संगीतज्ञ के मुँह से इतनी जोरशोर से हारमोनियम के लिए हाय हंगामा उठाना यह एक कुदरत का मज़ाक ही है।"
2. "मेरे जैसे अल्प-बुद्धि संगीत विद्यार्थी के मन में हारमोनियम ही गायन कला की इस अवनति का कारण हो सकता है।
3. "अगर उन्होंने लिखी हुई बात गलत हैं, तो पन्त वैद्य जी के लेखकी एवं उनको प्रसिद्ध करने वाले नियतकालिक की भी कीमत कौड़ी भर की भी न रहेगी।"
4. "जो पन्त वैद्य जी के प्रत्यक्ष सम्पर्क में आये हैं, उनको तो उनका लेख 'छोटे मुँह बड़ी बात' जैसे ही लगेगा।"
5. "हाँ, कोई भी धूर्त पुरुष सैकड़ों गायक वादकों में से दो तीन नामांकित कलाकारों को चुनकर अपने सुरीले कानों का दूर तक प्रदर्शन कर सकता है।"

हिन्दी की भूलें यहाँ भी हैं तथा दो तीन बार व्यक्तिगत आक्षेप हैं। अच्छा होता यदि व्यक्तिगत नामोल्लेख न करके बात को साधारण बनाकर कहा जाता। वैसे मी बड़ों को छोटों के मुँह न लगाना चाहिए। साधारण कहावत है कि हाथी निकल जाता है और कुत्ते भूँकते ही रहते हैं। अतः बुद्धिमान विद्वान कभी किसी पर व्यक्तिगत आक्षेप नहीं करते। किसी विचार की समीक्षा करते-करते, फिर विचार को छोड़कर व्यक्तिगत आक्षेप, अथवा चरित्र पर नोंक-झोंक करने से कोई लाभ नहीं होता। इससे तो कटुता ही बढ़ती है। लेखक श्रीकृष्ण को हम स्मरण दिला देना चाहते हैं कि द्वापर के श्रीकृष्ण ने किसी के 100 अक्षम्य अपराध क्षमा किये थे। दुर्जनों की बात जाने दीजिए परन्तु सज्जनों के लिए क्षमा का विधान दंड से अधिक भयंकर होता है।

यदि कोई व्यक्ति गुणवान तो हो, परन्तु साथ ही वह बड़ा अभिमानी भी हो, तो प्रायः वह दूसरे के गुणों के प्रति अपनी आँखें बन्द कर लेता है। इसका परिणाम यह होता है कि दूसरे लोग भी उसके गुण का समादर नहीं कहते। ऐसे बहुत से लेखक हैं जिनकी लेखनी में अपूर्व शक्ति है, जो प्रतिभा सम्पन्न हैं, जिनके लेख पांडित्य से पूर्ण तथा जनसाधारण की ज्ञानवृद्धि करने में भी समर्थ हैं, परन्तु उनके अभिमान ने ही उन्हें कहीं का न रखा। उनके अहंकार के दर्प से आहत व्यक्तियों की प्रतिक्रिया अथवा उदासीनता के परिणामस्वरूप उन्हें यही कहकर अपना मन समझाना पड़ा कि–

"उत्पत्स्यते हि मम कोऽपि समान धर्म्मा।
कालो ह्ययं निरवधिर्विपुला च पृथ्वी॥"

सचमुच अभिमान न करना एक श्रेष्ठ-गुण है, परन्तु उससे भी श्रेष्ठ-गुण है, दूसरे के अभिमान को देखकर क्षुब्ध न होना। तथापि यह मानना ही पड़ेगा कि अहंकार एवम् अभिमान के साथ आक्षेप तथा कठोर शब्दों का प्रयोग पहले श्री पन्त वैद्य तथा श्री देसाई ने ही प्रारम्भ किया है।

जनवरी में प्रकाशित श्री रातांजनकर जी के इस लेख का अवशिष्टांश मार्च 1949 के अंक में प्रकाशित हुआ तथा इसी अंक में "हारमोनियम तथा श्री रातांजनकर जी का मजाक" शीर्षक एक अन्य लेख श्री देसाई तथा श्री पन्त वैद्य के सम्मिलित नाम से छपा। हमें प्रसन्नता है कि श्री रातांजनकर जी ने इस लेख में उपरोक्त लेखकद्वय पर सीधी टीका टिप्पणी अथवा स्पष्ट कठोर शब्दों का कहीं प्रयोग नहीं किया है। अपने इस लेख में उन्होंने विद्वतापूर्वक हारमोनियम का विरोध मात्र ही किया। परन्तु श्री रातांजनकर जी के जनवरी में प्रकाशित लेख के प्रत्युत्तर स्वरूप उपरोक्त लेखकद्वय ने जो लेख इस अंक में प्रकाशित किया था, उसमें व्यक्तिगत आक्षेप, कटु अभद्र भाषा, तथा निरर्थक अभिमान का पुट विशेष है। जो पाठक केवल मार्च 1949 के ही दोनों लेखों को पढ़ेंगे वे तो सचमुच एक लेख के सौजन्य तथा दूसरे की कटुक्तियों को देखकर स्थाम्भित रह जाएँगे। लेखक द्वय का लेख वस्तुतः जनवरी के लेख का प्रत्युत्तर है। परन्तु आपस की यह तनातनी सचमुच शोचनीय है। गायक वादकों में तो वह दैवी शक्ति है, जिसके प्रयोग से हिंसक जीव भी अपना कटु स्वभाव छोड़कर मन्त्र मुग्ध से हो जाते हैं, तब यह दैव-दुर्विपाक नहीं तो और क्या है, कि अपनी उसी शक्ति के विद्यमान रहते हुए भी, गायक वादक एक दूसरे को देखकर क्रोध, ईर्ष्या, तथा द्वेष से जले मरते हैं। क्या गाने, बजाने और नाचने वालों के भाग्य में लड़ना झगड़ना ही बदा है? आलोचना करना बुरा नहीं है। इससे तो आलोच्य विषय पर विभिन्न दृष्टिकोणों से प्रकाश पड़ने पर, उसी सभी विशेषताएँ लोगों के सामने आ जाती हैं, जिससे समाज का उस विषय विशेष में ज्ञान वर्धन ही होता है। हारमोनियम के चाहे पक्ष में लिखिए चाहे विपक्ष में, परन्तु हारमोनियम की आलोचना छोड़कर किसी व्यक्ति के चरित्र की आलोचना करने लगना निश्चित रूप से विषयान्तर तथा अशिष्ट व्यवहार है। आलोचना का महत्त्व तो इस बात में है कि आलोचक के तर्कों और विषय प्रतिपादन की शैली को देखकर विरोधी भी अपना मत परिवर्तन करके आलोचक का मतानुयायी हो जाय।

"है इल्तिजा यही कि अगर तू करम करे।
यह बात दे ज़बां में कि दिल पर असर करे॥"

जनवरी 1949 के पश्चात मार्च 1949 के अंक में पुनः दो लेख दृष्टिगोचर होते हैं। उपरोक्त लेखकों ने अपने-अपने पिछले लेखों के सिलसिले को आगे बढ़ाते हुए, "कुदरत का मज़ाक" तथा "हारमोनियम और श्री रातांजनकर जी का

मज़ाक'' इत्यादि लेखों के अवशिष्टांशों को लिखा है। इसी अंक में 'मुरादा खाँ बीनकार' के ऊपर एक लेख श्री देवधर जी का भी है। इसमें उन्होंने लिखा है ''पं. भातखंडे के प्रति मेरे हृदय में अत्यन्त आदर होते हुए भी मैं उनके इस मत से सहमत नहीं हो सकता''। किसी के भी मत को कोई भी सदैव मान्य करने के लिए बाध्य नहीं किया जा सकता। पर यहाँ ध्यान देना चाहिए कि, किसी के मत से विरोध प्रकट करने का यह ढंग कितना सुन्दर है। इसके सर्वथा विपरीत इस अंक के उपरोक्त लेखों में व्यक्तिगत आक्षेपों का बाहुल्य है। श्री रातांजनकर जी ने यहाँ भी पर्याप्त संयम से काम लिया है। परन्तु श्री चैतन्य देसाई तथा श्री सी. बी. पन्त वैद्य का संयुक्त लेख संयत भाषा का अनुसरण नहीं कर सका है। यही नहीं, प्रत्युत अप्रैल 1949 के अंक में लेखकद्वय ने अपने लेख को चालू रखते हुए पुनः व्यक्तिगत आक्षेपों की झड़ी बाँध दी है। इस अंक में रातांजनकर जी का लेख नहीं है तथा मई सन् 1949 के अंक में भी श्री रातांजनकर जी का कोई लेख नहीं है, परन्तु उपरोक्त लेखक द्वय की कटुक्तियाँ इस अंक में भी विद्यमान हैं। हारमोनियम के विषय पर चर्चा चलते-चलते 'नेचुरल स्केल' और 'टैम्पर्ड स्केल' पर भी चर्चा उठ खड़ी हुई है। विषय अच्छा है। उभयपक्षीय तर्क-वितर्क से पाठकों का ज्ञानवर्धन ही होता है। श्री रातांजनकर जी का जीवन बड़ा ही व्यस्त साधनामय, और क्रियाशील है। अतः संगीत के ऐसे अधिकारी विद्वान के पास साधारण बातों की चर्चा के लिए समयाभाव होना सर्वथा स्वाभाविक है। कदाचित इसी कारण इस ''तू-तू मैं-मैं'' से अलग रहना ही ठीक समझकर अप्रैल और मई के अंक में उन्होंने चुप्पी साध ली थी। परन्तु लेखकद्वय की भातखंडे जी के विषय में कटुक्तियों ने उन्हें जून 1949 के अंक में पुनः कुछ लिखने को बाध्य कर दिया है। इस लेख के प्रत्युत्तर स्वरूप जुलाई 1949 के अंक में श्री रातांजनकर जी को पुनः कटुक्तियों से विभूषित किया गया हैं। दो एक उदाहरण ये हैं–

1. "श्री रातांजनकर जी यदि सुन पाते और अच्छे कलाकारों के सहवास में आते तो उनका मत इतना संकुचित नहीं बनने पाता। श्री रातांजनकर साहब की दूसरी ज़बरदस्त अड़चन यह है कि सुरीले स्वरों का शास्त्र आप समझने नहीं पाये हैं।"
2. "श्री रातांजनकर जी स्वयं 'महफ़िली' गायक नहीं हैं, यदि होते तो वह भी हारमोनियम की संगत आवश्यक है यह समझ लेते।"

उपरोक्त आक्षेपों के तथ्यातथ्य का निरूपण विज्ञ पाठक स्वतः ही कर लेंगे। किसी प्रसिद्ध कवि ने एक बार कुछ इस तरह कहा था

खल परिहास होइ हित मोरा। काक कहहिं कल कंठ कठोरा॥

व्यक्तिगत आक्षेपों का चरमोत्कर्ष तथा असंयत भाषा का पूर्ण परिपाक अगस्त 1949 के अंक में दिखाई देगा। लेखक द्वय ने यहाँ जिस भाषा का प्रयोग किया

है। वह किसी भी पत्र की कीर्ति को कलुषित कर सकती है। 'संगीत कला विहार' जैसे प्रतिष्ठित पत्र के लिए ऐसी बातों का प्रकाशन गौरव और यश का विषय नहीं है। सम्पादक को लेखकों की भाषा, शैली, विषय इत्यादि में अपने पत्र की नीति के अनुसार परिवर्तन करने का पूर्ण अधिकार होता है। अतः हमारा तो यही विचार है कि उपरोक्त पत्र के यशस्वी सम्पादक को अपने इस अधिकार का प्रयोग करके उभयपक्षीय लेखों में से व्यक्तिगत आक्षेपों को दूर करके ही उन्हें प्रकाशित करना चाहिए था। ये बातें सचमुच 'संगीत कला विहार' जैसे पत्र की कीर्ति के विरुद्ध हैं, किसी भी विषय के पक्ष तथा विपक्ष की विचारधाराओं का हृदय से स्वागत किया जा सकता है, परन्तु असाधु भाषा, अथवा व्यक्तिगत टीका टिप्पणी से न तो किसी का ज्ञानवर्धन ही शक्य है, न उससे कोई और ही लाभ होता है।

भारत के विभिन्न नगरों से हमारे पास पिछले कुछ महीनों में अनेक लेख तथा पत्र उपरोक्त वैमनस्य के विषय में आये हैं! उनमें इस झगड़े को लेकर बहुत कुछ कहा गया है, तथा इस पर मासिक पत्र 'संगीत' की विचारधारा को प्रकट करने का भी आग्रह किया गया है। इस प्रतिदिन बढ़ती हुई पत्र तथा लेख संख्या से बाध्य होकर ही हमें यह लेख लिखना पड़ा है। इस विषय में हमारा यह प्रथम तथा अन्तिम लेख है, क्योंकि मासिक पत्र 'संगीत' किसी भी प्रकार की दलबन्दी में भाग लेना अपनी नीति के सर्वथा विरुद्ध समझता है।

गायकी के 'बोलों' का साहित्यिक सौन्दर्य

•

डॉ. राजेन्द्र रंजन

बरन-बरन की कलियाँ खिलियाँ, लहरानी बन बेलरियाँ

जैसे गंगा को 'त्रिपथगा' कहा जाता है, उसी प्रकार भारतीय संगीत भी तीन धाराओं में विकसित हुआ है। एक धारा भक्ति-संगीत, दूसरी दरबारी संगीत और तीसरी धारा लोक-संगीत। ब्रज-भाषा का भक्ति-साहित्य भारतीय संगीत का जीवन-धन है। स्वामी हरिदास, सूरदास, परमानन्ददास, गोविन्द स्वामी, हितहरिवंश आदि भक्त कवियों ने भारतीय संगीत के स्वरों में ब्रजी के रस-बोलों के जो फूल पिरोये हैं, भारत के लोक-मानस में उनकी सुरभि आज तक रसी-बसी है। ध्रुपद, धमार और विष्णु-पद की गायकी के ये बोल जब भारत के किसी संगीत-मंच पर उभरते हैं, तो ऐसा भला कौन होगा, जो गोकुल की माटी की सौंधी सुरभि से गद्गद न हो जाएगा। नृत्य-मंच पर जब इन बोलों से वृन्दावन के वंशीवट के नीचे नटवर नागर और नवल-नागरी राधारानी की बाँकी रस-भंगिमा साकार होती है, तो 'चित्रकढ़े-से रहे मोरे नैन, न बैन कढ़ै मुख'—जैसी स्थिति बन जाती है—

गिड़गिड़ तत थुंगथुंग तत्तत्थेई
गावत मिल राग रस लीने।
धिधिकिट सुधिकिट मृदु मृदंग बाजै॥
चल नितम्ब किंकिन कटि लोल बंक ग्रीवा।
राग-तान मान-सहित बैन नाद सींवा॥

भारतीय संगीत में जितनी गायकी आजकल प्रचलित है, विष्णुपद और ध्रुवपद की गायकी सबसे अधिक प्राचीन है। संस्कृत के अनन्तर ब्रज-भाषा ही ध्रुपद की भाषा बनी। इसका उल्लेख 'अनूप संगीत-रत्नाकर' नामक ग्रन्थ में है—

गौर्वाण मध्यदेशीय भाषासाहित्यराजितम्

ध्रुपद की गायकी गम्भीर होती है और ध्रुपद के बोलों में भक्ति, शृंगार, वीर और शान्त रस की रचना होती है। स्वामी श्री हरिदास ध्रुपद-गायकी के महान् आचार्य थे। उन्हांने एक सौ अट्ठाइस ध्रुपदों की रचना की है। अष्टछाप की कीर्तन-प्रणाली या हवेली-संगीत की गायकी ध्रुपद-शैली की है। हरिदास डागुर की रचनाओं में निर्गुन का बखान और संगीत-सम्राट् तानसेन की रचनाओं में 'सप्त

सुर, तीन ग्राम, इकीस मूरछान' का वर्णन है। ध्रुपदों के बोल प्रायः गुरु-वन्दना, गणेश, सरस्वती, काली, राधा, राजा रामचन्द्र के अनुराग-रंग से रँगे और राजा-बादशाहों की विरुदावली से अनुगुंजित हैं।

भारतीय संगीत का जो दूसरा रूप राजदरबारों में खेला-खिला, उसका कलात्मक विकास खयाल, ठुमरी, दादरा, चतुरंग, टप्पा, ग़ज़ल और तरानों की गायकी में निखरा है। खयाल, ठुमरी और दादरा में प्रायः ब्रज-भाषा के बोलों के सहारे स्वरों का ताना-बाना बुना हुआ है। अमीर खुसरो के खयाल से लेकर वाजिदअली शाह की ठुमरियों तक के विकास में ब्रजी के शृंगार-साहित्य ने जो नाजुक अदा और नजाकत पैदा की है, वह देखते ही बनती है।

खयाल-गायकी के कलावन्तों ने ब्रज-भाषा में जो गुनन-गरूली रचना रची हैं, उनके सौन्दर्य पर रीझ-रीझकर न्यौछावर होना ही सूझता है। मुगल बादशाह मुहम्मदशाह रँगीले के पास 'सदारंग-अदारंग' नाम के जो गायक थे, उन्होंने हजारों खयाल रचे हैं। उनके अतिरिक्त आनन्दघन, बेगम बाजबहादुर, शेख रँगरेजिन, तुराबअली, दादन, नजीर निजमी, सरसरंग, मनरंग, हररंग, तानप्रबीन, रामतरंग, कादिर, करीम, कदरपिया, ललनपिया, सनदपिया, गुदरगुरु और आलम आदि खयाल के गायक-कवियों की संख्या करना दूभर है।

यों तो इन खयाल-रचनाओं में कृष्ण की अनेक लीलाएँ मुखरित हुई हैं, पर पनघट, होरी, रास और मुरली उनके प्रिय विषय हैं। काफी राग तो होली के बोलों से ही रगमगा-रसपगा है। मुरली की मधुरता के जादू का रंग प्रायः प्रत्येक राग की बन्दिश में है। मालगुंजी का खयाल है–

मुरली की धुन सुनी सखी री आज,
सूझत नाहिं कछु काम-काज,
जात रही मैं जमना-जल भरन,
भरन गई डूब गई गगरी मोरी,
कहा री! करौं, सुध गई मेरे तन की,
चोर लियौ चित बंसीधरन॥

खयाल-रचना में ब्रज-साहित्य की रीतिकालीन प्रवृत्तियों का स्पष्ट प्रभाव है, क्योंकि दोनों का विकास राज-दरबार में हुआ है। किसी खयाल में लक्षिता नायिका की सुथरी अलकें आनन पर बिथुर रही हैं। अँखियन का कजरा बिखर गया है और बैनी शिथिल हो गयी है। कोई अन्य संभोग-दुःखिता कह रही है–

ना बोलौ स्याम, हमी सन।
कुबजा नारी अत मन भाई,
अब कैसौ हमरौ सँग॥

इन खयालों में कहीं संयोग है, तो कहीं वियोग है। कहीं मान है, तो कहीं मनुहार है। कहीं उपालम्भ है, तो कहीं परेखौ है। कहीं आतुर प्रतीक्षा है, तो कहीं करुणा है।

प्रेम-समुद्र की हजार-हजार तरंगें इन गीतों में अपनी न्यारी-प्यारी अदा समेटे हुए हैं। बागेश्री राग की विरहिणी गायिका के इस स्वर में मानो युग-युग की व्यथा सिमट आयी है–

कैसें कटै रजनी सजनी,
अब पिया बिन मोपै रह्यौ न जाय।
घरि-पल-छिन मोहि जुग-सी बीतत,
उन-बिन जिया अति ही अकुलाय॥

परन्तु जौनपुरी राग की गायिका-नायिका की दशा तो बिलकुल अनोखी है। वह तो संयोग में भी वियोग की व्यथा से आकुल है। बात इतनी-सी है कि उसके पैरों में पायल बँध रही है और सास-ननद समीप ही हैं–

पायल की झनकार बैरिनियाँ
झन-झन बाजे कैसें मोरे,
पिया सों मिलन कौं जाऊँ अब मैं।
बिरहा सों तन ताप तपत है,
अंग-अंग सब लाग रही लौ,
सदा रँगीले उठत जिया हूक ॥

खयाल-गायकी में प्रकृति का बड़ा सजीला और उदात्त वर्ण है। रात्रिकालीन रागों में चाँदनी रात, अँधेरी रात, चंद्रमा और कुमुदिनी का वर्णन है, तो प्रातःकालीन रागों में 'अरुन किरन सखि पुरब प्रकासत, बोलत केकी-कीर-कोकिला' और कुसुम कमल खिल रहे हैं। वसंत राग में 'बरन-बरन की कलियाँ खिलियाँ, लहरानी बन बेलरियाँ'-रूप परिकर के साथ ऋतुराज स्वयं उपस्थित हैं, तो हमीर राग में जेठ की दुपहरी और मल्हार राग में वर्षा-ऋतु। विरहिणी ने उमड़ते-घुमड़ते बादल देखे, तो उसके कंठ से गौड़मल्हार के सुर फूट पड़े–

कारी बदरिया घिर-घिर आवें,
कोउ जा पिया सों कहै, घर आवें।

रिमझिम मेहा बरस रहा है, पुरवैया बह रही है, परन्तु पापी पपीहा विरहिणी के प्राण पिये लेता है। वह पपीहा से कहती है–

पपीहा रे, पी की बोली न बोल।
सुन पावै कोऊ बिरहा की मारी,
डारैगी पाँख मरोर।

भारतीय संगीत का तीसरा रूप लोक-संगीत है। जितना विष्णु-प्रभविष्णु लोक है, उसका संगीत भी उतना ही असीम और अछोर है। चकिया पीसती, मठा बिलोती, धान कूटती, आँगन-पौरी बुहारती और पनघट पर पानी भरती हुई व्रजनारी के कण्ठ से जनम लेकर यह लोक-संगीत शताब्दियों से खेत, बाग, झरना, पहाड़, सरोवर और आँगन-पौरी में खिल-खेल रहा है।

कवि और गायक!

•

श्री. अरुणकुमार सेन 'संगीत रत्न'

काव्य और संगीत के समन्वय का प्रयत्न आज ही नहीं! कई वर्षों से चल रहा है। शब्दों के आडम्बर से ऐसा समन्वय करना, उनके वास्तविक मेल का परिचायक नहीं, क्रियात्मक रूप से जब तक यह कार्य न हो तब तक न कवि को और न गायक को ही सन्तोष होता है। कवि चाहता है अपने शब्दों की मधुर रचना से, अपनी नैसर्गिक भावधारा से पाठकों और श्रोताओं को अपनी ओर खींच लेना, एक सुगायक भी 'रंजको जन चित्तानाम् स रागः कथितो बुधैः' का आदर्श अपने सामने रख आगे बढ़ने की चेष्टा करता है। जब दोनों का उद्देश्य एक ही है तब वे पूर्णतया एक दूसरे से भिन्न हो ही कैसे सकते हैं। सुगायक वही है जिसमें संगीत की चरम कलात्मक अभिव्यक्ति के साथ-साथ काव्य का सौन्दर्य भी निखर उठा हो, और सुकवि भी बिना संगीतमय भाव एवं भाषा के नहीं बन सकता।

समझ में नहीं आता क्यों हमारे गायक और कवि अपने आपको अलग-अलग समझते हैं। कवि सोच लेता है कि वह गायक नहीं और गायक के लिए भी काव्य माधुर्य की ओर आकृष्ट होना या उसे अपनाना अनावश्यक हो जाता है। (कहीं-कहीं तो उचित भी नहीं समझा जाता) इस प्रकार की उपेक्षा से आज काव्य और संगीत कला की कितनी बड़ी क्षति हो रही है, यह कला मर्मज्ञों की आँखों से छिपी नहीं, एवं यही बात यदि भविष्य में भी कायम रही तो दोनों कलाओं की मृत्यु अवश्यम्भावी है। यदि हम इतिहस के पृष्ठ उलटें तो हमें दिखाई देगा कि प्रत्येक सुकवि गायक था और एक सुगायक के लिए भी काव्य ज्ञान बहुत आवश्यक माना जाता था। तानसेन बहुत बड़ा गायक था यह सबको विदित है, पर साथ ही साथ वह कवि भी था, इसका उल्लेख इतिहास में है। मीरा और सूर की संगीतमय भावधारा कितने निखरे काव्य का सृजन कर सकी यह साहित्य का प्रत्येक विद्यार्थी जानता है। संगीत से अलग हो साहित्य 'केशवदास' के समान 'प्रेत' कवियों को ही जन्म दे सकता है जिनके काव्यात्मक चमत्कार कहीं-कहीं मनुष्य को वास्तविकता से इतने ऊपर उठा ले जाते हैं कि वह सच्चे संसार को भूत कल्पना से एक विकृत संसार

की सृष्टि करता है और उसी में रमने का प्रयत्न कर नष्ट हो जाता है। संगीत का आश्रय ले जो अनोखी काव्यधारा साहित्य के भक्ति काल और सन्त युग में बही है, रीतिकाल अपने असंख्य अलंकार और चमत्कारों से सज-धज कर भी उसकी समता नहीं कर सकता।

मम्मटाचार्य जी के अनुसार काव्य के कई उद्देश्यों में से "कान्तासम्मित-तयोपदेशयुजे" भी एक है। काव्य इतना मोहक होना चाहिए कि पढ़ने वाले पर प्रियतम के मधुर शब्दों की सी छाप लग जाए। विशेषतः वह काव्य साहित्य जिसका सम्बन्ध वैयक्तिक (Subjective) विचारधाराओं से है, अवश्य ही इन गुणों से सम्पन्न होना चाहिए। यद्यपि महान् लेखक और कवि अपनी अलौकिक प्रतिभा से दर्शन का सृजन करता है, पर यह कैसे भूला जाए कि सच्चा काव्य निरा दर्शन नहीं है। जितने महाकवि हुए हैं वे स्वाभाविक ढंग से ही, अपने हृदय की आह लेकर राष्ट्र के सेनानी बन सके हैं। सच्चा काव्य न कभी देश काल तक सीमित रहा है और न किसी वाद के आवरण में विषाक्त हुआ है, उसकी सृष्टि संसार में रह कर और एक आवश्यक तटस्थता लेकर ही सम्भव हुई है और होगी। काव्य क्या है उसे कोई क्या समझावे। तभी तो सेंट अगस्टाइन ने इसके लिए कहा था "If not asked, I know, If you ask me, I know not." जीवन की सच्ची से सच्ची आलोचना (मेथ्यू आरनाल्ड) एवं वह भी संगीत की भाषा में, (कारलाइल) यही काव्य की सच्ची परिभाषा है।

साहित्यिक गानों का उचित मूल्य अधिकांश गायक नहीं समझते और उनकी उपेक्षा करते हैं यह आक्षेप कई बार कवियों ने गायकों के लिए किया है। यह सचमुच कुछ अंश तक है और ऐसे संकुचित विचारों का त्याग गायकों से वांछनीय है इसमें कोई सन्देह नहीं, पर इसका यह अर्थ नहीं कि जो कुछ भी कवि-पुंगवों की उग्र लेखनी से निकल जावे, अभागे संगीतज्ञों को बाध्य होकर उनका स्वागत करना ही चाहिए। काव्य से उचित गीतों का चुनाव ही प्रस्तुत निबन्ध का उद्देश्य है। आजकल जैसे गीतों की रचना हो रही है उन्हें यदि हम संगीत की तुला से तोलें तो स्पष्ट हो जावेगा कि उनमें से अधिकांश रचनाएँ संगीत के लिए घातक हैं, इन रचनाओं से हमारे संगीत का गला न घुट जाय इस पर विद्वानों को ध्यान देना चाहिए। कई साहित्यिक नाटकों में गानों की आड़ में विद्वता की झलक दिखाई जाती है या यूँ कहिए कि साधारण मस्तिष्कों को फिरा देने का षड्यन्त्र रचा जाता है। मैंने पहले ही कहा है कि गान योगशास्त्र और दर्शनशास्त्र सिखलाने के लिए नहीं, उसका सीधा सरल प्रवाह हृदय तक हो सके, यही श्रोताओं की इच्छा होती है। खेद है कि उनकी यह मनोवांछा मृगतृष्णावत् निरर्थक सिद्ध हो रही है।

सुन्दर गानों की रचना के लिए कवि को सर्वप्रथम ऐसे शब्दों का बहिष्कार करना चाहिए जिनकी ध्वनि कठोर हो और जिन्हें उच्चारण करने में भी असुविधा

हो। सेठ गोविन्ददास कृत नाटक 'शशिगुप्त' इस क्षेत्र में उल्लेखनीय है। नाटक की साहित्यक मर्यादा के बारे में मुझे कुछ नहीं कहना है, पर मेरी यह क्षुद्र बुद्धि मुझे यह अनुभव करने के लिए बाध्य करती है कि यदि इस नाटक के गानों में से "उर्वी, अनवरुद्ध, उद्‌बुद्ध, उच्छ्‌वास, वीछण, अभ्यन्तर आदि क्लिष्ट शब्दों को हटाकर सरल और स्वाभाविक शब्दों का सहयोग होता तो सम्भवतः इस नाटक की साहित्यिक मर्यादा और भी उच्च हो जाती। यह मैं स्वीकार करता हूँ कि नाटक साधारण रंगमंच के लिए प्रस्तुत नहीं किया गया है और केवल 'कुम्भी भरणी' आदि शब्दों से परिचित दर्शक ही इसका आस्वाद ले सकते हैं, पर जहाँ तक संगीत का प्रश्न है स्वाभाविक संगीतमय प्रवाह वाले शब्दों का उपयोग ही अधिक उपयुक्त होता है।

भावनाओं के लिए भी मुझे यही कहना है। जो मधुर ध्वनि गायक के कंठ से निर्गत होती है, उसी के साथ-साथ बहने वाली भावनाओं का समावेश गानों में होना चाहिए। रस की सृष्टि हो ही कैसे यदि गीतों की एक-एक पंक्ति श्रोताओं को चक्रव्यूह में फँसा दे? जो सुकवि उच्चता और प्रगतिवाद की आड़ लेकर ऐसे गेय काव्य का सृजन करते हैं उनसे मेरा अनुरोध है कि वे कम से कम इस क्षेत्र से अपने आपको अलग कर किसी अन्य दिशा में अपनी प्रतिभा का दिग्दर्शन करें। साहित्य सेवा के कई मार्ग हैं।

यह हम कदापि नहीं मान सकते कि उच्च संगीत में उच्च काव्य को स्थान नहीं दिया जा सकता। क्या 'सूरसागर' के जीवित पद काव्य रसिकों तक ही सीमित हैं? क्या साधारण जन उसका आस्वाद नहीं लेते? क्या तुलसीदास जी की चिर सुन्दर पंक्तियाँ घर-घर में बिना समझे ही गाई जाती हैं? क्या गेय पदों को अस्पष्ट होना ही चाहिए? क्या बिना शब्दों का धुँधला मायाजाल रचे आज का 'दार्शनिक कवि' अच्छे गानों की रचना करने में असमर्थ है?

गायक के पास स्वर हैं और स्वरों से जितने भी कार्य-सम्भव हैं वह करता है, इनका पूर्ण उत्तरदायित्व उस पर है, किन्तु उसके लिए कवि भी होना तो सम्भव नहीं, यह कार्य तो हमारे कवियों का है कि गायकों को उत्तम से उत्तम गीत मिल रहे हैं या नहीं, इस पर ध्यान दें। कवि अच्छे-अच्छे गीतों की रचना करें और गायक अपनी मधुमय स्वर लहरी से उन्हें सजाकर संसार के सामने रखें, यही सीधा और सुन्दर मार्ग है। स्वर और भाषा के समन्वय का अनिर्वचनीय सौन्दर्य, काव्य और संगीत दोनों की अपरिमित सेवा करेगा। क्या देश के विद्वान सुकवियों पर यह गहन उत्तरदायित्व का भार दे गायक वर्ग निश्चिन्त हो सकेगा?

आवश्यकता है, रचनाकारों की

•

नलिनचन्द्र 'स्वरदास'

भारतीय संगीत को अस्तित्व में आये एक युग-सा बीत गया है। इस बीच इसमें अनेकों परिवर्तन होते आ रहे हैं। यहाँ तक कि आज से चार-पाँच सौ वर्ष पहले के संगीतज्ञ को वर्तमान समय का संगीत सुनाया जाए तो वह उसे समझने के प्रयत्न में असफल ही होगा। वह शायद यह भी कहे कि भारतीय संगीत पतनोन्मुख है। परन्तु यह चार-पाँच सौ वर्ष पुरानी राय है। संगीत या किसी भी कला का एक ही स्वरूप दीर्घकाल तक नहीं रह सकता। कला में परिवर्तन—उचित परिवर्तन—ही प्रगति है। प्रगति रुक जाना मृत्यु है। इसलिए संगीत का जो रूप पाँच सौ वर्ष पहले था, वह आज न हो तो इसमें आश्चर्य की कोई बात नहीं है। फिर कला के परिवर्तन का इतिहास से भी सम्बन्ध है। भारत में आने वाली बाहरी जातियों के साथ आने वाली कला का प्रभाव यहाँ की कला पर भी पड़े, यह स्वाभाविक है।

मुसलमानों के आगमन के पूर्व संगीत पवित्र वातावरण में पनपा है। उसे मनोरंजन की अपेक्षा ईश्वर-भक्ति का साधन माना जाता था। संगीत को धर्म में विशेष स्थान दिया गया था। उस समय गाये जाने वाले प्रबन्ध अधिकतर भक्ति-रस से ओत-प्रोत रहते थे। जन साधारण में संगीत के प्रति मान था। उस समय के संगीतज्ञ भी उच्च भावना से युक्त और माता सरस्वती के सच्चे सेवक थे। संगीत साधना उनके जीवन का एकमात्र ध्येय था। एकान्त सेवन में उनका विशेष विश्वास था। वे कला-विक्रय न करके 'स्वान्तः सुखाय' गाते थे। फलस्वरूप उस समय का संगीत प्रभावोत्पादक, गम्भीर, शास्त्र सम्मत व आत्म-उद्धारक था।

मुसलमानों के आगमन के पश्चात् वातावरण बदलने लगा। जब तक मुस्लिम शासक शान्ति स्थापित करने और शासन की नींव दृढ़ करने में व्यस्त थे, तब तक संगीत किसी प्रकार अछूता रह सका। परन्तु शान्ति होते ही बादशाहों ने यहाँ की कलाओं की ओर ध्यान देना शुरू किया। संगीत की ओर इनका ध्यान विशेष रूप से आकर्षित हुआ। अपनी सुविधा के लिए भारतीय संगीत को अपने रंग में रँगना शुरू किया। भारतीय संगीत के ऊपर यावनिक संगीत का बोझ लादने का प्रयत्न किया जाने लगा। फलस्वरूप संगीत में क्रमशः परिवर्तन होने लगा। किन्तु जब

तक मुसलमान शासकों में विलासिता का अतिरेक नहीं हुआ तब तक ध्रुवपद प्रणाली प्रचलित रही। यह प्रणाली गम्भीर व शास्त्रोक्त थी।

परन्तु धीरे-धीरे मुसलमान शासकों में विलासिता के प्रति प्रेम बढ़ता गया। उनमें आध्यात्मिकता का सर्वथा अभाव था, इसलिए संगीत भक्ति-रस की ओर से शृंगार-रस की ओर बढ़ने लगा। संगीत की रचनाएँ शृंगारिक वर्णनों से भरी जाने लगीं। ईश्वर के वर्णन की अपेक्षा नायिका के विरह वर्णन का महत्त्व बढ़ने लगा। भारत का अलौकिक संगीत लौकिक हो रहा था।

औरंगजेब के बाद के शासकों ने तो विलासिता की हद ही कर दी। इन्होंने राज्य प्रबन्ध करने की अपेक्षा रागरंग में व्यस्त होना अधिक श्रेष्ठ माना। फलस्वरूप शायरी के साथ संगीत पर भी इनके कृपा कटाक्ष का प्रभाव पड़ा और ख़याल गायकी का निर्माण हुआ। इस पद्धति पर तत्कालीन वातावरण का प्रभाव पड़ना स्वाभाविक ही था। फलस्वरूप ध्रुपद प्रणाली की गम्भीरता और पवित्रता, ख़याल गायकी की चंचलता व अश्लीलता में परिवर्तित हो गयी।

ख़याल पद्धति के उद्धारक और निर्माता न्यामतखाँ 'सदारंग' पर किसी कारणवश बादशाह अप्रसन्न हो गये। इन्हें दरबार से निकाल दिया गया। 'स्वान्तः सुखाय' गाने का युग हिन्दू गायकों के साथ चला गया था, इसलिए सदारंग ने बादशाह को प्रसन्न करके दरबार में स्थान पाना आवश्यक माना फलस्वरूप इन्होंने नये प्रकार का गायन (ख़याल) अपने शिष्यों के द्वारा बादशाह को सुनवाकर उसे प्रसन्न किया। विलासी बादशाह को प्रसन्न करने का प्रश्न था, इसलिए इन्होंने उनकी प्रणय क्रीड़ा के वर्णन से ओत-प्रोत अनेक ख़याल रच डाले। इनके ख़यालों में उस समय के वातावरण के अनुसार कुत्सित शृंगार रस का प्राधान्य है। बादशाह की की गयी चाटुकारिता आज तक शास्त्रीय संगीत में चली आ रही है।

यद्यपि उत्तर भारतीय संगीत स्वरप्रधान है, फिर भी इसमें शब्दों का महत्त्व है ही—होना चाहिए। सत्तर प्रतिशत श्रोता स्वर के साथ शब्द योजना का आनन्द भी उठाना चाहते हैं। अकेले स्वरों से संगीत का गायन अंग पंगु हो जाएगा, इसमें सन्देह नहीं। इसलिए स्वरों के साथ शब्दों को भी उचित महत्त्व देना चाहिए।

अब देखना यह है कि संगीत कला के आश्रयदाता श्रोतागण जिस शब्द अंग से आनन्द उठाने की अपेक्षा रखते हैं वह शब्द अंग हमारे वर्तमान संगीत की प्राचीन रचनाओं में इस स्तर पर है कि वह श्रोताओं के हृदय को छू सके? प्राचीन रचनाओं की शब्द रचना लालित्य व कलापूर्ण कही जा सकती है? क्या वे साहित्य की कसौटी पर खरी उतरेंगी, ऐसा कहा जा सकता है?

इन अनिवार्य प्रश्नों के उत्तर में हमें खेद-पूर्वक कहना पड़ेगा कि शब्दों की दृष्टि से वे रचनाएँ दरिद्र हैं। उनमें लालित्य नहीं है, कलापूर्ण काव्य के स्थान में अव्यवस्थित शब्द टुकड़ों की प्रधानता है। साहित्य की दृष्टि से वे अशुद्ध भी हैं।

अधिकतर रचनाओं में 'सास ननद मोरी जनम की बैरिन' 'पिया बिन सारी रैन जगी' आदि विरह-वर्णन ही दीखता है। ऐसी रचनाओं का बाहुल्य है जिन्हें सभ्य समाज में गाना उचित नहीं कहा जा सकता। उदाहरण के लिए हम इस रचना को देखें—

जागी तोरे संग रंगीले रे।
सोवन दे हो जगावो ना पिया
सियरे लगावो न हाथ॥

या फिर.....

जानी जानी जुमरे मन की सब जानी बात।
पियरवा जावो हमें न समझाओ अब बस करो अपनी मेहरबानी।
औरन के सब रात जगे हो,
नैन उनींदे तन में रँगे हो।
पीक कपोल अधर पर अंजन,
कपट चाल तुमरी पहचानी॥

इन रचनाओं के उदाहरण से समझा जा सकता है कि अन्य रचनाएँ कैसी होंगी। भातखंडे जी की क्रमिक पुस्तक मालिका के किसी भी भाग को उठाकर देखें तो उसमें पचहत्तर प्रतिशत रचनाएँ इसी प्रकार वासना-विलाप से भरी पड़ी हैं। क्या इन रचनाओं को हमारे देश के इस नव-निर्माण के युग में समयोचित कहा जा सकता है? स्वतन्त्रता के इस महान् युग में बादशाहों के क्रीड़ा वर्णन को गाना, आदर के साथ गाना—हमारी गुलामी मनोवृत्ति का परिचायक है। प्राचीनता से चिपके रहने की कुंठित वृत्ति ने ही हमें प्रगति के पथ में आगे बढ़ने से रोका है।

इसके अतिरिक्त प्राचीन ख़यालों का शब्द अंग शुद्ध नहीं रह गया है। सदारंग-अदारंग को हुए लगभग ढाई सौ वर्ष हो गये। इतने विशाल समय के थपेड़े खाकर कोई भी वस्तु अपने मूल स्वरूप की रक्षा करने में असमर्थ ही होती—सदारंग के ख़याल भी अपवाद न हो सके। फलस्वरूप उन ख़यालों का मूल स्वरूप नहीं रह गया है। फिर भारतीय संगीत को काग़ज़ में अंकित करना शक्य नहीं है इसलिए एक के बाद एक को सिखाकर, याद कराकर ही परम्परा की रक्षा की जाती है। इस पद्धति के कारण अनेक मस्तिष्कों से चीजों के गुजरने के कारण कई चीजों की वास्तविकता, मौलिकता न रह सकी।

दूसरा मुख्य कारण कला का मुसलमान गायकों के हाथ में पड़ जाना है। अधिकतर मुसलमान गायक अपढ़ थे, वे स्वरों को समझते थे, परन्तु साहित्य से अनभिज्ञ थे। इन्होंने शब्दों की ओर ध्यान देने की आवश्यकता न समझी, इस अनावश्यक उपेक्षा के कारण शब्द-अंग अशुद्ध होता गया। जो समझते थे या समझाए जाते थे वे हठधर्मी के कारण रचनाओं में परिवर्तन—केवल शुद्ध करके

गाने का परिवर्तन—करने की आवश्यकता महसूस करने पर भी नहीं करते थे। उनकी प्रमुख दलील यह रहती थी कि गुरुमुख से सुनी रचनाओं में परिवर्तन नहीं किया जा सकता, अशुद्ध होने पर भी! वही प्राचीनता का प्रेम।

इसका परिणाम यह हुआ कि आज जो रचनाएँ गायी जाती हैं, उनमें से अधिकतर भाषा की दृष्टि से अशुद्ध हैं। कई पुरानी चीज़ों का स्वरूप ऐसा हो गया है कि उसका मूल स्वरूप क्या था, यह कहना कठिन हो जाता है। कई चीजों में गाने में शब्दों का अशुद्ध उच्चारण करने से अशुद्ध रूप हो गया है। किसी-किसी चीज में शब्दों का परिवर्तन हो गया है, एक शब्द के बदले दूसरा शब्द हो गया है। इनका वास्तविक रूवरूप क्या था? यह जानने का प्रयत्न करना चाहिए। या फिर संकुचित विचारों को त्याग कर रचनाओं के शब्दों में उचित परिवर्तन करना चाहिए। किन्तु यह कार्य विद्वान, जिम्मेदार, अनुभवी व अधिकारी संगीतज्ञों के द्वारा होना चाहिए।

अब प्रश्न यह उठता है कि शास्त्रीय संगीत के शब्द अंग को पुष्ट बनाने के लिए—आज के वातावरण के उपयुक्त कौन-सा कदम उठाया जाय। यदि पुरानी रचनाओं में सुधार नहीं किया जा सकता, तो क्या उन कुत्सित शृंगार रस-युक्त प्राचीन रचनाओं के सहारे ही रहा जाय? अठारहवीं शताब्दी के विलासी वातावरण से प्रभावित रचनाओं को आज के युग में (उन्नति के युग में) गाना हमारी अयोग्यता का (नवीन प्रयोग करने की असमर्थता) का द्योतक है। आज जबकि हमारा देश अपनी समग्र शक्ति लगाकर उन्नति की ओर अग्रसर हो रहा है, उस समय प्रगति व शान्ति की प्रतीक संगीत कला के कलाधर 'तड़पत बीती सारी रैन' गाते फिरें, यह हमारी संस्कृति के पोषकों का सिर नीचा करने के लिए काफी है। इन रचनाओं को बादशाह मुहम्मद शाह की कल्पित या वास्तविक प्रेमिकाओं के विरह वर्णन को सभ्य श्रोताओं की महफिल में गाना संगीत जैसी पवित्र कला के साधकों के लिए लज्जास्पद है।

अतएव वर्तमान में प्रमुख आवश्यकता है रचनाकारों की। गायक और वादकों की संख्या बढ़ती जा रही है परन्तु रचनाकार-(प्रतिभावान रचनाकार) कम ही दीखते हैं। इसलिए हमें ऐसे रचनाकार की आवश्यकता है जो संगीत-जगत में क्रान्ति मचा दे। सदारंग-अदारंग आदि की रचनाओं पर प्राचीनता की मिट्टी चढ़ गयी है। उसे साफ करने की आवश्यकता तो है ही, साथ ही नव-निर्माण करने वाले रचनाकारों की भी आवश्यकता है। प्राचीनता के खंडहरों की चहारदीवारी से मुक्त करने वाले रचनाकार ही हमारे वास्तविक हितैषी होंगे।

पश्चिमी संगीत में रचनाकारों को विशेष सम्मान की दृष्टि से देखा जाता है। उनका महत्त्व सब समझते हैं, किन्तु भारतीय संगीत में रचनाकार—आधुनिक

रचनाकार को आवश्यक उत्साह ही नहीं दिया जाता, महत्त्व देने की तो बात ही अलग है। हमारे यहाँ कुमार गन्धर्व और उस्ताद बड़े गुलामअली खाँ 'सबरंग' जैसे प्रतिभाशाली रचनाकार हैं किन्तु उनकी कितनी कद्र होती है, यह इसी से जान सकते हैं कि अधिकतर लोगों को पता ही नहीं है कि ये लोग भी रचनाकार हैं। वर्तमान समय के रचनाकारों की रचनाओं को मान्यता नहीं दी जाती, यह दुर्भाग्य की बात है। इनकी रचनाओं को गाना अन्य गायक अपना अपमान समझते हैं। लकीर के फकीर बन कर प्राचीन वैभव के कंकाल को पकड़ कर बैठे रहने में स्वयं संगीत का ही अपमान है, यह इन्हें कौन समझाए! उन्नति के पथ में रोड़ा अटकाना अपमान ही है न? गायकों की तरह रचनाकारों को भी उचित स्थान दिया जाए तो कोई कारण नहीं है कि रचनाकारों का अभाव रहे।

गायक, वादक, नर्तक की तरह हम रचनाकार को भी महत्त्व देने लगेंगे तब संगीत की प्रगति के बन्द द्वार खुल जायँगे। भारतीय संगीत की बहुत बड़ी कमी की पूर्ति में हम सहायक तभी होंगे जब कि हम नवीनता को ग्रहण करने में समर्थ होंगे। नवरचित ख़याल गाने में हम गर्व का अनुभव करेंगे, तभी हम आगे बढ़ सकेंगे।

आइए, माँ वीणा वादिनी से प्रार्थना करें कि वह हमें ऐसे प्रतिभावान रचनाकार दे जो प्रावीनता के गर्त से हमारा उद्धार करें!

उस्तादी गीत और उनका भविष्य

•

श्री. नलिनी रंजन घोष

—

भारतीय संगीत का आविर्भाव वैदिक काल में ही हुआ था और प्रधानतः वेदों ही से। समय-समय पर संगीत को कठिन परिस्थितियों का सामना करना पड़ा था किन्तु ऋषियों की बनायी हुई वह अमूल्य निधि आज भी अपने उसी रूप में स्थित है।

मेरा ध्येय यहाँ संगीत की उत्पत्ति तथा उसका इतिहास बताना नहीं है बल्कि संगीत के कुछ पहलुओं पर प्रकाश डालना है।

मुसलमानी शासन काल में भारतीय उस्तादी गीत ने एक नया रूप धारण किया और उस रूप के स्रष्टा थे महान् संगीतज्ञ तानसेन। उनमें साधारण विलक्षणता थी और उनको मिला था ईश्वरीय वरदान। उन्होंने भारतीय संगीत को अपने जादुई स्वर और लय में सँवार कर उसे उन्नति के शिखर पर पहुँचा दिया। वे शाहंशाह अकबर के दरबारी गायक थे। भारतीय संगीत को उसकी चरम सीमा पर पहुँचाने के लिए ही उनका प्रादुर्भाव हुआ था। वे एक संन्यासी गायक बाबा हरिदास स्वामी के शिष्य थे। हरिदास बाबा ने संगीत के जो-जो चमत्कार दिखाये हैं संगीत की दुनिया आज भी उसके लिए आभारी है।

भारतीब संगीत से मेरा मतलब है शास्त्रीय संगीत जिसे उस्तादी गीत भी कहते हैं, यहाँ पर हम ध्रुपद के विषय में कुछ कहना चाहते हैं।

ध्रुपद में वीर, श्रृंगार और शान्त रस प्रमुख हैं।

तानसेन ने ध्रुपद की उन नयी विशेषताओं को अपनाया जो प्राचीन समय में दुर्लभ थीं। उन्होंने नयी खोज करके भारतीय उस्तादी गीतों का एक नया युग कायम कर दिया जो समयानुकूल आर्ट और कल्चर की बराबरी में कायम रह सके। उन्होंने ध्रुपद को बहुत ही खूबी के साथ व्यक्त किया है। उनके हृदय के सूक्ष्म भाग उनके गीतों के स्वर शान्त और सुस्थिर गति में मिलकर मानव हृदय पर अपनी अमिट छाप छोड़ देते थे। इसके अतिरिक्त मीड़ और गमक ध्रुपद में जान डालने वाली चीज़ें हैं।

एक कला विशेषज्ञ और नये-नये रागों के स्रष्टा की हैसियत से तानसेन ने

संगीत की जो-जो अमूल्य सेवाएँ की हैं, वे भारतीय संगीत के इतिहास में स्वर्णाक्षरों में अमर हैं। संगीत से उनका इतना घनिष्ठ आत्मिक सम्बन्ध था कि उनका नाम ही "तानसेन" संगीतमय है। उनके दरबारी कान्हड़ा, दरबारी टोड़ी, मियाँ की मल्हार, दीपक तथा मियाँ का सारंग इत्यादि अपने विषय के सर्वोत्तम तथा अद्वितीय राग हैं। और यह कहा जाता है कि शाहंशाह अकबर को इन रागों ने बहुत प्रभावित किया था।

उनके हृदय के सूक्ष्म भाव संगीत के द्वारा प्रवाहित हुए और उस संगीत ने हज़ारों मनुष्यों को अपनी ओर आकर्षित किया और आज भी हम तानसेन की उस संगीत चातुरी तथा जन्मगत खूबियों को सोचते-सोचते अपने को खो देते हैं।

समय धीरे-धीरे बीतता गया और मुगल बादशाह के समय में सदारंग और अदारंग के द्वारा "ख़याल" (दूसरे प्रकार का उस्तादी गीत) गीतों का निर्माण हुआ। इन्होंने "ख़याल" के हज़ारों गाने बनाये हैं। इसकी चाल विलम्बित होती है। ख़याल एक फारसी शब्द है जिसका अर्थ है "कल्पना"।

किन्तु मुगल बादशाह अमीर खुसरू के समय में एक नये ख़याल का निर्माण हुआ, जिसकी गति पहले ख़याल की अपेक्षा द्रुत थी।

ख़याल गीतों में शृंगार रस और वीर रस प्रमुख हैं। उन सूक्ष्म तरकीबों में जिनके द्वारा ख़याल में सुन्दरता तथा मोहकता आती है "तान" प्रमुख है। तान के द्वारा ही ख़याल गीतों ने अति शीघ्र ख्याति प्राप्त की है। तान लेना एक कठिन कार्य है। तान व्यवहार करते समय गायक को समय का और स्वर का भली प्रकार ख़याल रखना चाहिए। असल बात तो यह है कि जो उस्ताद गीत नहीं जानते हैं या जिनको उस्तादी गीतों की पूरी जानकारी नहीं है, उनके लिए यह पता लगाना कि गायक वास्तव में जो राग गा रहा है वह उस राग का शुद्ध रूप है या नहीं, कठिन ही नहीं बल्कि असम्भव है। ख़याल गीतों में इस तरह की तान की बहुत सी क़िस्में हैं। किन्तु ध्रुपद में तान का अभाव है।

तान ही की तरह उस्तादी गीतों में "आलाप" भी एक मुख्य चीज़ है। आलाप लेते समय गायक को उस राग के नियम को खूबी के साथ निभाना चाहिए, जिस राग का वह आलाप ले रहा हो, उसमें एक पल की बेख़बरी भी गायक को राग-भ्रष्ट कर देगी। इसलिए आलाप लेते समय खूब होशियार और स्थिर चित्त रहना चाहिए।

भारतीय उस्तादी गीतों में ध्रुपद और ख़याल का स्थान सर्वश्रेष्ठ है किन्तु ख़याल दिन प्रतिदिन अपनी ख्याति बढ़ाता जा रहा है तथा संगीत के पुजारी ख़याल गीतों की ओर भी उन्नति करने के लिए नयी-नयी तरकीबों की खोज कर रहे हैं।

संगीत सर्वोत्तम कला (Art) है। यह ध्वनि की एक सुरीली झंकार है जो

मानव समाज के कोमल इच्छा-तन्तुओं को अपनी ओर आकर्षित करती है। जीवन में इसकी बहुत ही आवश्यकता है। किन्तु आर्ट है क्या? बड़े-बड़े दार्शनिक, लेखक तथा कला विशेषज्ञों ने आर्ट की ठीक-ठीक परिभाषा खोजने में कोई कसर बाकी नहीं रखी हैं। यह कहा जाता है कि सुन्दरता से उसका घनिष्ठ सम्बन्ध है। किसी ने कहा है कि "Art consists in imitating the beauty of nature its aim being enjoyment" Voltaire के मतानुसार "It is taste that decides what is beautiful" अर्थात् यह वह शक्ति है जो हमें सुन्दरता का ज्ञान कराती है। Schnasse ने कहा है–"There is no perfect beauty in the world. In nature there is only an approach towards it. Art gives what nature can not give" संसार में सम्पूर्ण सौन्दर्य का सर्वथा अभाव है। प्रकृति में तो सौन्दर्य का आभास मात्र ही है। आर्ट हमें वह वस्तु प्रदान करता है जो प्रकृति के लिए सर्वथा असम्भव है।

संगीत ऐसा ही एक आर्ट है। किसी ने सच ही कहा है Music is the language of emotions अर्थात् संगीत हृदय के सूक्ष्म भावों की परिभाषा है। यह एक साधना है जिसमें आश्चर्यजनक आकर्षण शक्ति है। वास्तव में इसमें एक ऐसी शक्ति है जो हर मानव के हृदय में आनन्द की एक गुदगुदी-सी पैदा कर देती है। अगर इसे पवित्र भाव और भक्ति के साथ ईश्वर की ओर लगाया जाय तो मनुष्य अति शीघ्र निर्वाण पद प्राप्त कर सकता है। कहा भी है–

"मद्भक्ता यत्रगायन्ते तत्रतिष्ठामि नारदः"

वास्तव में उस्तादी गीत ही भारतीय संगीत की पृष्ठभूमि है और इसे उन्नति के शिखर पर पहुँचाने के लिए जहाँ तक हो सके प्रयत्न करना चाहिए। ईश्वरीय देन, जन्मगत संस्कार, तीव्र बुद्धि, ब्रह्मचर्य पालन, अटूट परिश्रम और सच्ची लगन के द्वारा ही उस्तादी गीतों में प्रवीणता प्राप्त की जा सकती है।

बीच में एक समय ऐसा भी आया जब भारतीय उस्तादी गीतों का भाग्य मन्द होता जा रहा था किन्तु श्री भातखंडे जी ने एक बार फिर भारतीय उस्तादी गीतों में नयी जान फूँक दी। उनके त्याग और सेवाओं का विस्तारपूर्वक उल्लेख इस छोटे से लेख में नहीं दिया जा सकता। यदि उनकी सेवाओं का इतिहास लिखा जाय तो किताबों की कई वॉल्युम तैयार हो जायँगी। उनका नाम भारतीय संगीत के इतिहास में तथा हर एक संगीत प्रेमी के हृदय में अमर रहेगा और है। वास्तव में वे ही उस्तादी गीतों के रक्षक हैं। संगीत की दुनिया उन्हें बराबर श्रद्धा की दृष्टि से देखेगी। आज भी संगीत के पुजारी इसकी उन्नति के लिए एड़ी-चोटी का पसीना एक़ कर रहे हैं और अत्यन्त हर्ष की बात है कि उनका परिश्रम दिन-दिन सफलता की ओर बढ़ता जा रहा है।

❑❑